编审分工说明

郑未媚

未成年人刑事责任年龄，危害公共安全罪，妨害对公司、企业的管理秩序罪，侵犯知识产权罪相关案例

黄肖娟

生产、销售伪劣商品罪，破坏金融管理秩序罪，金融诈骗罪相关案例

徐文文

侵犯公民人身权利、民主权利罪相关案例

孙世民

危害公共卫生罪、破坏环境资源保护罪相关案例

司冰岩

侵犯财产罪、扰乱公共秩序罪相关案例

以案说法 · 以案释法 · 以案析法

刑法修正案(十一)新规则案例适用

最高人民法院司法案例研究院 / 编

中国法制出版社
CHINA LEGAL PUBLISHING HOUSE

序

刑法是国家的基本法律，在中国特色社会主义法律体系中居于基础性、保障性地位，对于打击犯罪、维护国家安全、保障社会稳定和保护人民群众生命财产安全具有重要意义。党中央和全国人大常委会历来十分重视刑法的修改和完善工作。1997年全面修订刑法以来，先后通过了一个决定、十一个刑法修正案和十三个有关刑法的法律解释，及时对刑法作出修改、补充和明确适用。

《中华人民共和国刑法修正案（十一）》（以下简称《刑法修正案（十一）》）的颁布，是新时代中国特色社会主义法治建设的重大标志性成果，是贯彻落实习近平法治思想的重要体现，对于全面推进依法治国，建设社会主义法治国家，推动国家治理体系和治理能力现代化具有重大意义。也是在新时代背景下根据新任务、新要求、新情况对现行刑法作出的局部调整和完善。

本次刑法的修改：一是落实党中央决策部署的要求。党的十八大以来，党中央对安全生产、产权保护、金融市场秩序、食品药品安全、生态环境、公共卫生安全等领域的刑法治理和保护提出了明确要求。二是适应国内国际形势变化和当前面临的新情况、新斗争需要，与疫情防控相关的公共卫生安全、生物安全，以及知识产权领域等法律的制定修改进一步衔接，需要刑法作出相应调整，以增强法律规范的系统性、完整性、协同性。三是近年来司法实践中出现了一些新情况、新问题，全国人大代表、中央政法机关和有关部门、地方等都提出了一些修改刑法的意见建议，需要修改刑法予以明确和解决，回应关切。

精准把握《刑法修正案（十一）》新规则的立法精神和条文要义，是当前学习领悟《刑法修正案（十一）》新精神、新理念的核心任务，是保障《刑法修正案（十一）》精准、统一适用的关键。从总体来看，《刑法修正案（十一）》共48条，修改、补充刑法47条，主要内容有加大对安全生产犯罪的预防惩治、完善惩治食品药品犯罪规定、完善破坏金融秩序犯罪规定、加强企业产权刑法保护等。

为帮助读者尽快掌握《刑法修正案（十一）》新规则蕴含的新精神、新知识，增强读者体系化理解和运用《刑法修正案（十一）》的能力，最高人民法院司法案例研究院在国家法官学院刑事审判教研部的配合下，与全国法院案例通讯编辑共同组织一线法官，立足司法实践，围绕《刑法修正案（十一）》新规则的理解和法律适用问题，对适用或参照《刑法修正案（十一）》新规则及其基本原理所裁判并审结的案例进行了研究评判，选取其中适合于解析《刑法修正案（十一）》新规则，适合于精准理解、统一适用《刑法修正案（十一）》新规则，具有指导、参考价值的典型案例。先由承办法官以《刑法修正案（十一）》新规则为基本依据撰写案例分析，从司法实务视角重点解析《刑法修正案（十一）》新规则的价值功能、基本法理、适用规则、适用难点、新旧法衔接处理等内容，再由最高人民法院司法案例研究院编著《刑法修正案（十一）新规则案例适用》一书，为《刑法修正案（十一）》的适用提供可操作性指引。

在《刑法修正案（十一）新规则案例适用》的编写过程中，共收到全国法院选送的稿件121篇。最高人民法院司法案例研究院和国家法官学院刑事审判教研部的专业教师共同组成编审组，根据案例的典型性、裁判思路的合规性、案例分析的精准性，以及政治效果、法律效果和社会效果的有机统一性进行精心选编，最终选取53篇案例分析。

《刑法修正案（十一）新规则案例适用》一书采用由国家法官学院和最高人民法院司法案例研究院共同编著的《中国法院年度案例》系列丛书的案例体例，保持了简洁明快的风格，追求“好读有用”，坚持以下编辑方法：一是高度提炼案例内容，控制案例篇幅，每篇案例控制在8000字左右，基本案情和裁判要旨控制在3000字以内；二是突出与《刑法修正案（十一）》新规则相关的争议焦点、适用难点，剔除无效信息，尽可能在有限的篇幅内为读者提供有益的信息；三是注重案例的指导价值，每篇案例的分析内容不少于5000字，通过深度解读条文要义、指明司法适用路径，突出其司法适用的指导价值。同时，本书的体例设计以读者为本，方便检索。首先，本书内容以《刑法修正案（十一）》涉及的条文和相关罪名为基本框架展开典型案例选择和评析，每部分内容按照所涉新规则刑法条文为序将案例进行编排。其次，每篇案例之标题列明所涉新规则的关键词，即将概括的裁判规则、裁判思路或焦点问题作为主标题，其所涉罪名作为副标题。最后，每篇案例之整体结构上包括基本案情、裁判要旨、适用解析等，分析的重点着眼于案例视角下的新规则适用。此种编排让读者一目了然，迅速定位目标法条和新规则案例。

《刑法修正案（十一）新规则案例适用》一书旨在帮助读者通过阅读案例，学习《刑法修正案（十一）》新规则，领悟其新精神、新理念，既可作为法官、检察官、律师等司法实务工作者的办案参考和司法人员培训推荐教程，也是社会大众学用《刑法修正案（十一）》的辅导用书，还是教学科研机构案例研究的精品素材。

当然，《刑法修正案（十一）》内涵丰富，本书难免存在不足或错漏，所述观点和所提建议还有待司法实践的检验和法学理论的探讨，欢迎广大读者批评指正，我们愿听取建议，并不断改进！

中国法制出版社为本书的出版给予了大力支持，在此谨表谢忱，并希望通过共同努力，不断探索编辑案例书籍、挖掘案例价值的新路径，更好地服务于学习、研究法律的读者，服务于司法审判，服务于全面深化依法治国的伟大实践！

最高人民法院司法案例研究院

《刑法修正案（十一）新规则案例适用》编委会

2021 年 3 月 21 日

目　录

Contents

第一章　犯罪和刑事责任

第二章　危害公共安全罪

第四章　侵犯公民人身权利、民主权利罪

第五章　侵犯财产罪

第六章 妨害社会管理秩序罪

第一节 扰乱公共秩序罪

第一章　犯罪和刑事责任

【第 17 条　犯罪和刑事责任（未成年人刑事责任年龄）】

1

利用未成年人实施黑恶势力犯罪

——吴某某等恶势力犯罪集团案

【基本信息】

1. 裁判书字号

江苏省常州市中级人民法院（2020）苏 04 刑终 168 号刑事裁定书

2. 罪名：组织、强迫卖淫罪，协助组织卖淫罪，聚众斗殴罪，非法拘禁罪，强奸罪，敲诈勒索罪

【基本案情】

2018 年 4 月至 2019 年 3 月 25 日，被告人吴某某纠集胡某、邱某等人，由邱某纠集、引诱被告人张某某等 7 名未成年人（其中一名为初中在校生），实施组织、强迫卖淫等违法犯罪活动，逐步形成以吴某某为首要分子，胡某、邱某为骨干成员，张某、李某某、曹某某以及张某某等 7 名未成年人为一般成员的恶势力犯罪集团。被告人邱某在被告人吴某某、胡某的授意下，纠集未成年被告人长期以假意处男女朋友的方式诱骗女性至其暂住地，后采用没收手机、拳打脚踢、砍刀威胁、电棍电击、罚蹲马步、拍裸照、奸淫等手段，组织、强迫十余名未成年被害人（其中

三名被害人为不满 14 周岁的幼女）卖淫。该恶势力犯罪集团在常州市武进区、钟楼区等地，多次实施组织、强迫卖淫、强奸、聚众斗殴、非法拘禁、敲诈勒索等违法犯罪活动，为非作歹，扰乱当地的社会治安、生活秩序，造成极其恶劣的社会影响。

未成年被告人除张某某仅参与组织、强迫卖淫外，其余均参与组织、强迫卖淫、强奸、聚众斗殴、非法拘禁等犯罪。其中，被告人张某某参与组织、强迫卖淫犯罪，负责跟随该组织骨干成员邱某寻找卖淫女并多次参与殴打卖淫女，引诱、强迫 3 名未成年女性卖淫。被告人邱某协助组织卖淫，负责接送卖淫女；积极参与持械聚众斗殴；以磨炼性服务技术为由强奸未成年女性 1 名；参与敲诈勒索。另 5 名未成年被告人均已满 14 周岁未满 16 周岁，依法只追究其实施的强奸犯罪的刑事责任。被告人赵某参与对 2 名未成年女性实施轮奸；被告人王某参与对 1 名未成年女性实施轮奸和协助邱某强奸 1 名未成年女性；被告人赵某、朱某某、王某某、郭某某将未成年女性灌醉后由赵某、朱某某实施轮奸，被告人赵某、王某伙同他人采用言语威胁、电棍电击等暴力手段威吓未成年女性并实施轮奸，被告人王某、王某某伙同他人采用拳打脚踢、电棍电击等手段殴打未成年女性后帮助邱某强奸未成年女性 1 名。

案发后，未成年被告人朱某某主动至公安机关投案，并如实供述本案事实。被告人吴某某向公安机关检举他人贩卖毒品的事实，被告人邱某向公安机关检举他人介绍卖淫的事实。

【案件焦点】

1. 未成年人是否能被认定为恶势力犯罪集团成员；2. 未成年人犯罪是否应当一律从宽处理。

【裁判要旨】

江苏省常州市武进区人民法院经审理认为，根据相关规定，恶势力犯罪集团是指符合恶势力全部条件，同时又符合犯罪集团法定条件的犯罪组织，其特征表现为：有三名以上的组织成员，有明显的首要分子，重要成员较为固定，组织成员经常纠集在一起，共同故意实施三次以上恶势力惯常实施的犯罪活动或者其他犯罪活动。本案中，被告人吴某某为牟取非法利益，纠集被告人张某、胡某、邱某等人，再由被告人邱某纠集被告人王某、王某某等多名未成年人，通过假意处男女朋友的方式诱骗未成年女性从事卖淫活动，在未成年被害人不愿卖淫时，采用电棍电击、罚蹲马步、奸淫、拍裸照等手段，强迫并控制多名未成年被害人卖淫；为争抢卖淫女或达到让卖淫女至店内卖淫等不法目的，又实施了非法拘禁、聚众斗殴、敲诈勒索等多起犯罪活动，已形成以被告人吴某某为首要分子，被告人胡某、邱某为重要成员，被告人张某、李某某、曹某某、张某某、赵某、王某、朱某某、王某某、郭某某为一般成员的恶势力犯罪集团。其中，被告人张某某、朱某某明知被告人邱某强迫他人卖淫仍积极参与，并非被临时雇用或受蒙蔽参与，应当认定为恶势力犯罪集团成员。

被告人吴某某、邱某归案后能检举揭发他人犯罪，并经查证属实，属有立功表现，但其利用未成年人实施犯罪，依法不予从轻处罚。未成年被告人朱某某、赵某事先均参与了轮奸他人的预谋，并分别有灌酒或暴力胁迫的行为，且轮奸行为已经完成，应当认定为犯罪既遂，但二人放弃实施强奸的行为可在量刑时予以考虑。在案证据证明，未成年被告人王某某、郭某某，经常与被告人邱某等人纠集在一起，实施了强迫他人卖淫的行为，因犯罪时未满 16 周岁仅被指控强奸罪，且属恶势力犯罪集团，社会危害性大，不符合缓刑条件。

2020 年 6 月 8 日，江苏省常州市武进区人民法院作出一审判决，判处该犯罪集团首要分子吴某某有期徒刑二十四年，并处罚金人民币 21 万元，剥夺政治权利五年；五名成年被告人分别被判处二年六个月至二十年不等的有期徒刑并处罚金，其余七名未成年被告人分别被判处二年至六年不等的有期徒刑。

宣判后，部分被告人对判决不服，向江苏省常州市中级人民法院提出上诉。江苏省常州市中级人民法院经审理后于 2020 年 9 月 22 日作出二审裁定：驳回上诉，维持原判。

【适用解析】

未成年人犯罪已经成为不可忽视的社会问题，且呈现低龄化状态。同时，性侵未成年人的犯罪问题也屡见不鲜。2020 年 12 月 26 日全国人大常委会通过的《刑法修正案（十一）》对刑法的相关规定作出修改完善，个别下调了法定最低刑事责任年龄、修改奸淫幼女犯罪条款、增加特殊职责人员性侵犯罪等，彰显了对未成年人优先保护、特殊保护的价值取向，其目的是有效预防未成年人犯罪和加强对未成年人的保护力度。

现实生活中，一些别有用心的成年人，为降低自身的犯罪成本，往往利用未成年人辨别能力低、自我保护能力不足、社会经验少等弱点，拉拢、引诱、指使未成年人实施违法犯罪活动。在扫黑除恶专项斗争中，亦出现成年人利用未成年人实施黑恶势力违法犯罪活动，导致未成年人涉黑恶势力犯罪问题逐渐凸显，应引起社会高度重视。那么，在审理利用未成年人实施黑恶势力犯罪案件中，如何理解和适用《刑法修正案（十一）》涉及未成年人的相关规定，笔者认为可以从以下几个方面把握：

一、依法严惩利用未成年人实施黑恶势力犯罪的成年被告人

《刑法修正案（十一）》修改了奸淫幼女犯罪，将奸淫不满10周岁的幼女或者造成幼女伤害等严重情形明确适用更重刑罚；增加特殊职责人员性侵犯罪，对负有监护、收养、看护、教育、医疗等特殊职责人员，与已满14周岁不满16周岁未成年女性发生性关系的，不论未成年人是否同意，都应追究刑事责任；修改了猥亵儿童罪，进一步明确对猥亵儿童罪从重惩处的具体情形。上述修改和完善，显然是针对性侵未成年人犯罪问题多发引起社会广泛关注的回应，通过加大对性侵未成年人犯罪的惩治力度，来加强对未成年人的刑法保护。本案中，以吴某某为首的恶势力犯罪集团所实施犯罪的被害人大多数是不满18周岁的未成年人，甚至是不满14周岁的幼女；该犯罪集团实施的作案手段极其恶劣，该集团骨干成员邱某纠集多名未成年被告人，通过假意处男女朋友的方式诱骗未成年女性从事卖淫活动，在未成年被害人不愿卖淫时，采用电棍电击、罚蹲马步、奸淫、拍裸照等手段，强迫并控制多名未成年被害人卖淫；为争抢卖淫女或达到让卖淫女至店内卖淫等不法目的，又实施了非法拘禁、聚众斗殴、敲诈勒索等多起犯罪活动；该犯罪集团所造成的社会影响重大，在该集团所实施的聚众斗殴犯罪中，成年被告人邱某以争夺未成年卖淫女为由，纠集多名未成年被告人持砍刀、铁棍与他人等数十人发生追逐、斗殴。作案时正值一学校学生放学期间，部分涉案人员甚至冲进学校追打，导致在学校门口等家长的学生进入保安室躲避，大量人员围观，道路拥堵，造成极为恶劣的社会影响。因此，本案被告人吴某某、邱某虽然归案后检举揭发他人犯罪，并经查证属实，属有立功表现。但是，吴某某系犯罪集团首要分子，邱某系犯罪集团骨干成员，且多次利用包括一名初中在校生在内的未成年人实施犯罪，依法不予从轻处罚。故对于本案恶势力犯罪集团的首要分子和骨干成员，依法从严从重处罚，分别被判处十九年至二十四年不等的有期徒刑。

二、准确把握未成年人被认定为黑恶势力犯罪组织成员的情形

近年来低龄未成年人实施严重犯罪的案件时有发生。因此，《刑法修正案（十一）》个别下调了法定最低刑事责任年龄，这一规定只是作出了非常有限制、有条件的微调，“既坚持了对未成年人违法犯罪教育为主、惩罚为辅的原则，结合未成年犯罪人的特点，又兼顾被害人和社会的感受”。① 具体到对于参与黑恶势力犯罪活动的未成年人是否应认定为涉黑恶犯罪组织成员来说，可以参考《刑法修正案（十一）》有关刑事责任年龄规定的精神，既不能因为实施黑恶势力犯罪的主体是未成年人需要特殊保护就一律不予认定，也不能因为未成年人实施的黑恶势力犯罪属于严重犯罪就一概加以认定。因此，对于被黑恶势力利用、临时雇用或受蒙蔽参与黑恶势力犯罪活动的未成年人，仅按其所实施的具体犯罪行为定性，一般不认定为黑恶势力犯罪组织成员。同时，在认定未成年被告人为黑恶势力犯罪组织成员时应慎重把握，须充分考量其家庭背景、成长经历、参与涉黑涉恶犯罪的时间长短、加入的原因、是否出于自主意识、参与的程度、具体的犯罪手段、造成的危害后果等因素。本案中，虽然包括朱某某在内的多名未成年被告人仅以强奸罪单独一罪定罪量刑，但是，在案证据可以证明，该案多名未成年被告人经常与本案恶势力犯罪集团骨干成员邱某等人纠集在一起，通过殴打、奸淫等手段强迫并组织多名未成年人卖淫，且在骨干成员纠集或指使下实施了聚众斗殴、敲诈勒索犯罪，是因犯罪时未满16周岁才仅以强奸罪定罪处罚。同时，在案证据亦可以证明，未成年被告人未被迫加入犯罪集团，对集团内部层级关系具有明确地清晰认识，均主动积极参与多起违法犯罪活动。从犯罪手段和危害后果看，未成年被告人通过假意处男女朋友的方式诱骗未成年女性从事卖淫活动，在未成年被害人不愿卖淫时，通过殴打、奸淫、拍裸照等方式强迫卖淫，同时还实施了聚众斗殴等违法犯罪活动，虽未达到相关罪名刑事责任年龄，不予追究相应刑事责任，但具有明显的社会危害性。因此，

---

① 朱宁宁：《更好守护人民群众生命健康安全——解读刑法修正案（十一）》，载《法治日报》2020年1月5日，第5版。

对于涉案的未成年被告人均被认定为恶势力犯罪集团成员，也是对未成年人实施的因达到相关罪名刑事责任年龄而不予追究相应刑事责任的违法犯罪活动的负面评价。

三、对于参与黑恶势力犯罪的未成年人坚持宽严相济的刑事政策，但不应一律从宽处理

《刑法修正案（十一）》增加追究已满 12 周岁不满 14 周岁的未成年人（简称低龄未成年人）刑事责任（个别下调法定最低刑事责任年龄）的规定，虽然下调了法定最低刑事责任年龄，但是，对于追究低龄未成年人刑事责任进行了严重限制，不仅包括犯罪行为、作案手段和危害后果，还包括情节恶劣和核准程序，这一规定体现了预防低龄未成年人犯罪及对之严管厚爱的立法本意。总体上，这与我国对犯罪的未成年人坚持实行教育、感化、挽救方针和以教育为主、惩罚为辅的原则相一致。本案中，对确属自愿加入、参与时间长、参与程度深、手段恶劣并造成较为严重危害后果的未成年被告人，可以不予从宽处理。本案中，虽然赵某、王某、王某某等多名未成年被告人实施了组织、强迫卖淫、强奸、聚众斗殴、非法拘禁、敲诈勒索多种犯罪活动，但因未达到相关罪名刑事责任年龄，不予追究相应刑事责任，仅以强奸罪单独一罪定罪量刑。同时，因为上述被告人犯罪时均不满 18 周岁，依照《刑法修正案（十一）》的规定，均应当从轻或者减轻处罚。再结合上述未成年被告人在共同犯罪中的作用，对涉案未成年被告人均减轻处罚，在法定刑以下量处刑罚。但是，《刑法修正案（十一）》追究低龄未成年人刑事责任中“情节恶劣”的规定，体现了刑法重视区分低龄未成年人主观恶性的精神。对于该条规定中“情节恶劣”的理解，中国法学会案例法学研究会会长胡云腾提出从三个方面去把握：“第一是从低龄未成年人的主观恶性去把握。如果低龄未成年人顽劣霸凌、多次欺凌他人甚至屡教不改的，一旦有上述两种行为，就属于情节恶劣可以追诉；第二是从社会影响的角度去把握，如果低龄未成年人的杀人行为或者伤害行为造成极为广泛的社会影响，就可视为情节恶劣；第三是从后果上看，如果造成多人死伤的，或者以极其残忍的手段杀害父母等尊亲属的或者残害婴幼儿的，则都可视为情节恶劣。”①

① 胡云腾：《追究低龄未成年人刑事责任刍议》，载《法治日报》2020 年 1 月 6 日，第 10 版。

该条规定和理解对于处理犯罪的未成年人亦有很好的参考价值，即对于犯罪的未成年人不应一律从宽处理。本案中，从主观恶性来看，涉案未成年被告人通过假意处男女朋友的方式诱骗未成年女性从事卖淫活动，在未成年被害人不愿卖淫时，通过拳打脚踢、砍刀威胁、电棍电击、拍裸照、奸淫、体罚等手段强迫卖淫，同时还实施了轮奸、聚众斗殴、敲诈勒索等犯罪性质恶劣的犯罪活动，足以体现其多次实施犯罪屡教不改的特点；从社会影响来看，在聚众斗殴犯罪中，赵某、王某某、王某等多名未成年被告人持砍刀、铁棍与他人等数十人发生追逐、斗殴，造成极其恶劣的社会影响；从犯罪后果来看，涉案未成年被告人实施犯罪的被害人大多数是不满18周岁的未成年人，甚至是不满14周岁的幼女，在被诱骗强迫卖淫期间被殴打、拍裸照、奸淫等，给未成年被害人的身体和心灵造成难以磨灭的创伤。鉴于上述考虑以及被认定为恶势力犯罪集团成员，虽然张某某、赵某、王某等七名被告人犯罪时不满18周岁，均自愿认罪认罚，且其中朱某某有自首情节，但是，对涉案未成年被告人均不适用缓刑而量处实刑，从严处理。

总之，对于未成年人犯罪问题，要严格依法办案，落实宽严相济的刑事政策，对成年利用者依法从严惩处，切实加强法律的震慑力度；对被利用的未成年人，坚持教育为主、惩罚为辅的原则从宽处罚，但不应一律从宽处理。

编写人：江苏省常州市中级人民法院　潘安民　张斌

第二章　危害公共安全罪

【第 133 条之二　妨害安全驾驶罪】

2

抢控行驶公共交通操纵装置危害公共安全的裁判规则

——杜某全以危险方法危害公共安全案

【基本信息】

1. 裁判书字号

重庆市綦江区人民法院（2019）渝 0110 刑初 455 号刑事判决书

2. 罪名：以危险方法危害公共安全罪

【基本案情】

2019 年 3 月 27 日 7 时 44 分许，被告人杜某全在綦江区南桐镇支路转盘乘坐 332 路公交车到南桐镇平山工业园区某搅拌站上班。当公交车行驶到某搅拌站大门口公路弯道处，杜某全要求司机停车开门，因该处非停车站点，公交驾驶员拒绝停车。杜某全在车里另有 12 名乘客且车辆在行驶状态的情况下，强行拉拽方向盘，后驾驶员紧急刹车停下。被告人杜某全拉拽公交车方向盘时，公交车行驶速度为 35～36km/h。公交驾驶员及时停车，未造成严重后果。2019 年 3 月 28 日 11 时许，被告人杜某全经公安民警电话通知到案，其到案后如实供述了上述事实。在审查起诉阶段，被告人杜某全签署了《认罪认罚具结书》，对公诉机关提出有期徒刑一年的量刑建议没有异议。

【案件焦点】

抢夺行驶中公共交通工具方向盘的行为，是否构成以危险方法危害公共安全罪。

【裁判要旨】

重庆市綦江区人民法院经审理认为，被告人杜某全强行拉拽行驶中公交车的方向盘，干扰公共汽车驾驶员的正常驾驶，尚未造成严重后果，其行为已构成以危险方法危害公共安全罪。公诉机关指控事实及罪名成立。被告人杜某全主动投案，到案后如实供述罪行，系自首，依法从轻处罚；被告人杜某全认罪认罚，依法从宽处理。根据被告人杜某全的犯罪事实、情节及悔罪表现，且宣告缓刑对所居住社区没有重大不良影响，依法对其适用缓刑。据此，依照《中华人民共和国刑法》第一百一十四条，第六十七条第一款，第七十二条第一款，第七十三条第二款、第三款，《中华人民共和国刑事诉讼法》第十五条之规定，判决如下：

被告人杜某全犯以危险方法危害公共安全罪，判处有期徒刑一年，缓刑一年。

【适用解析】

抢夺行驶中的公共交通工具方向盘或者辱骂、殴打司机的行为，具有严重的社会危害性，已具备把其单列刑法分则具体条款予以规制的条件。从先前公布的类似案件的刑事裁判看，认定为以危险方法危害公共安全罪是这类刑事案件主要的裁判办法。《刑法修正案（十一）》在《刑法》第一百三十三条之一后增加一条，作为第一百三十三条之二："对行驶中的公共交通工具的驾驶人员使用暴力或者抢控驾驶操纵装置，干扰公共交通工具正常行驶，危及公共安全的，处一年以下有期徒刑、拘役或者管制，并处或者单处罚金。前款规定的驾驶人员在行驶的公共交通工具上擅离职守，与他人互殴或者殴打他人，危及公共安全的，依照前款的规定处罚。有前两款行为，同时构成其他犯罪的，依照处罚较重的规定定罪处罚。"这项标本兼治的立法举措，更加保障了社会公众乘坐交通工具出行的公共安全，对保护乘客和驾驶人员、行人的生命财产安全具有极为重要的意义。

一、将抢控驾驶装置或对驾驶中驾驶员使用暴力等单独入刑，符合刑法价值目的

在公共交通工具上抢夺方向盘或者殴打驾驶人员等妨害驾驶的行为，不仅干扰公共交通正常行驶，而且随时危及公共安全。这类行为入刑是对人民群众生命财产安全的尊重与保护，更是体现了以人民为中心的科学立法要求。

一般而言，此类事件因琐事而起，如因公交刷卡产生争议、乘客坐反方向产生争议、乘客未到站欲提前下车、乘客要求立即停车遭拒绝、乘客坐过站等，而引发公共交通“司乘冲突”，继而升级，甚至导致了惨剧。行为人对严重后果的发生之初未必全是出于故意，若一律按照“以危险方法危害公共安全罪”进行严厉打击，未必能起到刑法的法律效果和社会效果。就目前“司乘冲突”引发的刑事案件定罪量刑情况来看，基本上认定为以危险方法危害公共安全罪，多数被告人的量刑在三年到三年六个月，少数被告人的量刑在三年以下，且很多情况下都是处以缓刑。在实践中，时有发生抢夺方向盘事件，表明以前普遍适用“以危险方法危害公共安全罪”进行定罪量刑，通过事后打击的效果并不十分理想。因此，根据罪责刑相一致原则，《刑法修正案（十一）》作出了相应规定，对行驶中的公共交通工具的驾驶人员使用暴力或者抢控驾驶操纵装置，干扰公共交通工具正常行驶，或者驾驶人员在行驶的公共交通工具上擅离职守，与他人互殴或者殴打他人，危及公共安全的，作为单独罪名定罪处罚。从本质上看，抢夺方向盘行为对公共安全的危害与放火、决水、爆炸以及投放危险物质的危害性有一定差异。因此，《刑法修正案（十一）》对此作了不同规定，将其纳入违反公共交通安全项下的刑法调整范围。

二、对适用以危险方法危害公共安全罪裁判此类案件的检视

以危险方法危害公共安全罪是兜底罪名，该罪主观方面为故意，客观方面有足以危害公共安全的行为。在大多数情况下，行为人抢夺公交车方向盘的目的，仅是迫使司机停车而非危害公共安全，毕竟行为人与公交车司机以及车上的乘客处于同一危险状态，很难认定其主观上具有危害公共安全的故意。此外，根据同类解释规则，如将抢夺方向盘的行为认定为以危险方法危害公共安全罪，就意味着其对公共安全造成的具体危险程度应当与放火、决水、爆炸、投放危险物质相当，即具有同质性。如果被告人实施的行为并不会造成严重后果，那么该行为就不能被认定为“危险方法”。参照爆炸罪等罪的构成要件，被告人实施爆炸等行为后并没有办法作出相应的行为进行事后控制。那么，与之类似，抢夺公交车的行为若想以“以危险方法危害公共安全罪”定罪，也必然需要行为的波及性，即无法立即控制，或者该行为的结果通常会体现高度复发性。而按照公交车行驶中的“司乘冲突”刑事案件调研的结论显示，受害人为不特定人群的占比不到20%，显然在实际数据上不能定义该行为具备相同意义上的危害。此外，该行为的一大特征是对乘客以及路边行人的心理损伤，因而这一后果显然不能纳入这一罪名的保护范畴。从统计数据来看，有相当一部分的行为是不宜按照该罪名来处理的。如若倡导按照“以危险方法危害公共安全罪”定罪并推广成一种“惯例”，不符合我国当前刑法的罪责刑相适应原则。①

公共危险必然是对不特定人或者多数人的权益侵害，即行为的危害不能够被合理限定和预设，具体涉及生命权、健康权以及财产权。按照张明楷教授的观点，在特定少数人的情形下，这一罪名是不适用的。由此可见，如果从行为本身来看直接造成的后果，则又很难处理特定少数人的问题，因为我们不能把“特定少数人”的安全扩张解释为公共安全。此外，也正因为其兜底罪名的概括性，虽然能够适用于抢夺方向盘等妨害安全驾驶的情形，但却并非量身定做的罪名，在争执程度、情节判断等诸多方面尚缺乏统一的标准。由此可见，按照“以危险方法危害公共安全罪”处理此类交通安全问题略显宽泛。与此同时，通过以“以危险方法危害公共安全罪”定罪倒逼公众形成安全意识的观点值得商榷。

公共交通工具在当前绿色经济与可持续发展的理念下，使用频繁，处于积极推广的阶段，而公交车司机的安全状况与行驶状态将直接导致整车乘客甚至是周边人群的安全。此前法律并没有对司机遭遇的风险与威胁进行规避与保护。因此，出现了诸多通过暴力、胁迫等手段危害公交车司机人身权与妨碍安全驾驶的行为，通过暴力抢夺公交车方向盘来强行干扰正常驾驶，威胁到公共安全。因而，《刑法修正案（十一）》将此类行为纳入“妨害安全驾驶罪”，可以填补现行刑事法律缺失，统一了法律适用标准，借鉴了“酒驾入刑”的先例，具有重大的实践意义。

---

① 陈琦：《刑法视域下抢公交车方向盘行为之定性》，载《广西政法管理干部学院学报》第34卷第4期。

三、抢夺方向盘等干扰驾驶的行为与以危险方法危害公共安全罪的区别

以危险方法危害公共安全罪是具体危险犯，行为人对行为造成的具体危险持故意态度，对造成的实害结果可能是故意也可能是过失。抢夺方向盘等干扰驾驶的行为对实害结果的发生一般是过失，对产生的具体危险可能是故意也可能是过失。因此，二者在行为人对具体危险以及实害结果发生方面的态度是不一样的。由于以危险方法危害公共安全罪没有明文规定本罪的具体行为结构与方式，实践中“其他危险方法”的认定相当宽泛，从而导致本罪成为一个新的“口袋罪”。张明楷教授认为，应当对“其他危险方法”进行必要的限定，“其他危险方法”仅限于与放火、决水、爆炸、投放危险物质相当的方法，而不是泛指任何具有危害公共安全性质的方法。因为《刑法》将本罪规定在第一百一十四条和第一百一十五条之中，根据同类解释规则，它须与前面所列举的行为相当。①

从以往各地处理类似行为的共性来看，基本掌握以下两个原则：一是对于这类行为，原则上定性为以危险方法危害公共安全，作为刑事案件处理；如果危害不大的，特别是没有造成任何危害结果的，则定性为扰乱公共交通工具秩序，作为治安案件处理。二是对于以危险方法危害公共安全的，原则上应当判处实刑，但情节轻微、悔罪明显的，也可以适用缓刑。②

四、本案适用以危险方法危害公共安全罪裁判规则

就抢夺公交车方向盘或者殴打行驶中公共交通工具的驾驶人员的行为而言，是否属于危害公共安全的行为呢？笔者认为，答案是肯定的。行为人实施这样行为的目的可能不是危害公共安全，但犯罪故意和犯罪目的不能等同而言。具体危险的产生和严重后果的发生是不一样的，不能以行为人对严重后果的发生是过失，而得出行为人对具体危险的产生也持过失态度的结论。行为人在实施过程中，应该是不希望严重后果的发生，但是对产生的具体危险是有认识的，至少对具体危险的发生持放任态度。

本案中，案发时间是在上班高峰期，案发地点在公路的弯道处，当时车上另有12名乘客，公交车的行驶速度为35～36km/h，如果驾驶人员未采取及时有效的措

---

① 张明楷：《刑法学》，法律出版社2016年版，第695页。

② 叶良芳、应家赟：《抢夺公交车方向盘行为之定性》，载《南都学坛（人文社会科学学报）》第36卷第3期。

施，行为人抢夺行驶中公交车方向盘的行为就可能导致不特定多数人生命安全出现危险，且这种危险具有向现实转化的高度可能。考虑到案发道路上人流、车流较多且速度较快，一旦撞击，造成危害后果的严重程度及范围具有不可预测性以及不可控性，而且侵害对象不仅包括本车的人和物，还包括本车之外的不特定多数人的生命财产安全，故抢夺行驶中公交车方向盘属于危害公共安全的行为。主观恶性方面，被告人作为具备刑事责任能力、具有多年工作经验、经常乘坐公交车出行、对抢夺方向盘可能造成的危害后果具有生活常识的人，为了一己之私利，不顾全车人的生命安全，强行拉拽方向盘，主观恶性不言而喻；由于驾驶员处置得当，未造成严重后果，但这种危险性具有转化为现实危险的极大可能；因被告人具有自首情节，认罪认罚，法院以危险方法危害公共安全罪对其判处有期徒刑一年，缓刑一年的处罚是适当的。

编写人：重庆市第五中级人民法院　彭德军　潘建兴

3

妨害安全驾驶行为的认定

——桑某某以危险方法危害公共安全案

【基本信息】

1. 裁判书字号

黑龙江省穆棱市人民法院（2019）黑 1085 刑初 92 号刑事判决书

2. 罪名：以危险方法危害公共安全罪

【基本案情】

2019 年 2 月 24 日 16 时 40 分，黑 C×××××号客车从穆棱市八面通镇客运站发车去往牡丹江市，被告人桑某某系该车乘务员，楚某某系该车驾驶员，发车时车上共有乘客 16 名，客车行驶到八面通镇宇宙广场时上来一名乘客，交给桑某某车票款 10 元，桑某某提出与楚某某平分，被楚某某拒绝，双方因此发生争吵。客车沿鸡马公路行驶过八面通镇城南红绿灯约600米处时，桑某某用右手打楚某某右侧脸部一巴掌，楚某某被打导致操作失控，客车在公路上发生剧烈摇晃，在距离道路右侧边缘处停住，桑某某被乘客赶下车。GPS记录证实，黑C×××××号客车案发时车速78km/h。2019年4月16日，桑某某被公安机关电话传唤到穆棱市公安局八面通镇第二派出所，如实供述犯罪事实。

【案件焦点】

1. 对妨害安全驾驶的行为，如何定罪量刑；2. 对公交车司机在车辆行驶中擅离职守足以危及公共安全的行为，如何定罪量刑。

【裁判要旨】

黑龙江省穆棱市人民法院经审理认为，结合本案物证、书证、证人证言、被害人陈述、被告人供述、现场勘查笔录、指认笔录及照片、视听资料等证据，足以认定被告人桑某某在行驶的客车上，殴打正在驾驶客车的驾驶员，导致在公路上行驶的客车失控，危害公共安全，尚未造成严重后果，其行为已构成以危险方法危害公共安全罪。桑某某经公安机关电话传唤到案，如实供述犯罪事实，系自首，可以从轻处罚。综合考虑本案事实情节以及桑某某在取保候审期间的表现，不宜适用缓刑。据此，黑龙江省穆棱市人民法院认为，鉴于本案具体情节，依照《中华人民共和国刑法》第一百一十四条、第六十七条第一款的规定，认定被告人桑某某犯以危险方法危害公共安全罪，判处有期徒刑三年六个月。

【适用解析】

抢夺公交车方向盘是近年来社会各界普遍关注的问题，继民法典针对严重干扰运输秩序和危害运输安全相关问题作出规定后，《刑法修正案（十一）》也明确了抢夺公交车方向盘行为的刑事责任。此次修改刑法的一大亮点就是将维护人民群众生命健康安全作为核心任务，解决实践中涉及公共、经济、民生领域的重大安全问题，维护人民权益、增进人民福祉。

一、增加妨害安全驾驶罪具有重要现实意义

一些地方接连发生在公共交通工具上妨害安全驾驶的行为。有的乘客仅因琐事纷争，就对正在驾驶公共交通工具的驾驶人员实施暴力干扰行为，造成重大人员伤亡、财产损失，严重危害公共安全，社会反响强烈。如2018年10月28日，重庆一辆公交车撞断大桥栏杆坠入长江，致使13人遇难、2人失联。事故原因为：一位乘客错过了下车站点，与驾驶员激烈争执并互殴，导致车辆失控。针对此情况，2019年1月8日，最高人民法院、最高人民检察院、公安部联合印发了《关于依法惩治妨害公共交通工具安全驾驶违法犯罪行为的指导意见》（以下简称《指导意见》）。该《指导意见》第一条第一款规定，乘客在公共交通工具行驶过程中，抢夺方向盘、变速杆等操纵装置，殴打、拉拽驾驶人员，或者有其他妨害安全驾驶行为，危害公共安全，尚未造成严重后果的，依照《刑法》第一百一十四条的规定，以以危险方法危害公共安全罪定罪处罚；致人重伤、死亡或者使公私财产遭受重大损失的，依照《刑法》第一百一十五条第一款的规定，以以危险方法危害公共安全罪定罪处罚。《指导意见》第一条第二款规定，乘客在公共交通工具行驶过程中，随意殴打其他乘客，追逐、辱骂他人，或者起哄闹事，妨害公共交通工具运营秩序，符合《刑法》第二百九十三条规定的，以寻衅滋事罪定罪处罚；妨害公共交通工具安全行驶，危害公共安全的，依照《刑法》第一百一十四条、第一百一十五条第一款的规定，以以危险方法危害公共安全罪定罪处罚。《指导意见》第一条第三款规定，驾驶人员在公共交通工具行驶过程中，与乘客发生纷争后违规操作或者擅离职守，与乘客厮打、互殴，危害公共安全，尚未造成严重后果的，依照《刑法》第一百一十四条的规定，以以危险方法危害公共安全罪定罪处罚；致人重伤、死亡或者使公私财产遭受重大损失的，依照《刑法》第一百一十五条第一款的规定，以以危险方法危害公共安全罪定罪处罚。《指导意见》第一条第七款规定，本意见所称公共交通工具，是指公共汽车、公路客运车，大、中型出租车等车辆。

干扰公共交通工具正常行驶的行为具有高度危险性，极易诱发重大交通事故，造成重大人身伤亡、财产损失，严重威胁公共安全。要高度重视妨害安全驾驶行为的现实危害，深刻认识维护公共交通秩序对于保障人民群众生命财产安全与社会和谐稳定的重大意义，准确认定行为性质，依法从严惩处，充分发挥刑罚的震慑、教育作用，预防、减少妨害安全驾驶不法行为发生。为了回应人民群众关切，维护人民群众“出行安全”，《刑法修正案（十一）》对社会反映突出的妨害公共交通工具安全驾驶的犯罪作出明确规定，即“对行驶中的公共交通工具的驾驶人员使用暴力或者抢控驾驶操纵装置，干扰公共交通工具正常行驶，危及公共安全的，处一年以下有期徒刑、拘役或者管制，并处或者单处罚金。前款规定的驾驶人员在行驶的公共交通工具上擅离职守，与他人互殴或者殴打他人，危及公共安全的，依照前款的规定处罚。有前两款行为，同时构成其他犯罪的，依照处罚较重的规定定罪处罚”。这一规定，能够有效化解司法恣意扩大以危险方法危害公共安全罪适用空间所带来的罪刑法定的危机。有的行为一旦实施，公众会直观地感受到行为的危险性，从而基于对“体感治安”的渴求发出重罚呼吁。抢控驾驶装置案件按照以危险方法危害公共安全罪处理，就属于这样的类型。而对于直觉上危害严重、“体感治安”的行为，如果不增设轻罪，被勉强定罪会成为大概率的事件。将其直接入刑，无法避免人为地“拔高”认定为重罪。《刑法修正案（十一）》直接在刑法条文中对妨害公共交通工具安全驾驶犯罪行为作出规定，为依法从严惩处该类犯罪提供法律依据，加强释法说理力度。不仅如此，《刑法修正案（十一）》还进一步细化了各方责任，可以更好地维护公共交通安全。

二、妨害公共交通工具安全驾驶犯罪的司法适用

1. 关于“干扰公共交通工具正常行驶”的司法认定

妨害安全驾驶行为，是指公共交通工具行驶过程中，乘客使用暴力作用于交通工具的操纵装置、相关设备或者驾驶人员，以及驾驶人员故意违规操作、擅离职守，致使交通工具的安全行驶受到妨害，从而危及公共安全的行为。对妨害行为的认定需把握以下几点：(1) 妨害行为发生在公共交通工具行驶过程中，即公共交通工具在公共道路上运行之中。(2) 实施妨害行为的主体，包括乘客和驾驶人员，如乘客殴打驾驶人员，驾驶人员与乘客发生纠纷后擅离职守，与乘客厮打。(3) 妨害行为主要是指暴力行为，如抢夺方向盘，殴打、拉拽驾驶人员。此处的暴力并不要求达到公共交通工具受损、人员受伤的程度，只要妨害了安全驾驶即可。(4) 妨害行为的对象是公共交通工具的驾驶人或者操纵装置、相关设备，如方向盘、变速杆等。(5) 妨害行为的方式，可以是徒手实施的抢夺等行为，也可以是使用工具干扰公共交通工具正常行驶的行为。(6) 妨害行为的形态，既可以是积极的作为如殴打，也可以是消极的不作为如擅离职守。乘客殴打正在驾驶车辆的司机，轻微伤害行为不会引发交通事故，个别情况下可能引发交通事故。引发交通事故的大致有两种情形：一是殴打行为足以致驾驶人员失去对车辆的有效控制，从而直接引发交通事故的。此种情形，车辆失去控制造成交通事故由乘客殴打行为直接所致，因果关系明显。对此，行为人的行为如符合妨害公共交通工具安全驾驶罪、故意伤害罪、以危险方法危害公共安全罪的构成的，应当以此定罪量刑。二是殴打行为不足以致驾驶人员失去对车辆的有效控制，但引发驾驶人员擅离驾驶岗位进行互殴，导致车辆失去控制，进而间接引发交通事故的。此种情形，车辆失去控制造成交通事故虽是由驾驶人员擅离职守直接所致，但乘客的殴打行为又是引发驾驶人员擅离职守与其互殴的唯一原因。殴打正在驾驶车辆的司机的行为，本身就是一种可能会危及公共安全的高度危险行为，是一种典型的包含着可能危及公共安全的危险方法。这一点无论是对乘客还是其他人而言，都是如此。对此，行为人和驾驶人员的行为如符合妨害公共交通工具安全驾驶罪、以危险方法危害公共安全罪的构成的，应当以此定罪量刑。

2. 妨害公共交通工具安全驾驶罪与以危险方法危害公共安全罪的关系

根据《刑法》第一百一十四条、第一百一十五条的规定，以危险方法危害公共安全罪是重罪，对尚未造成严重后果的，处三年以上十年以下有期徒刑；造成严重后果的，处十年以上有期徒刑、无期徒刑或者死刑。《刑法修正案（十一）》规定妨害公共交通工具安全驾驶罪相对而言是轻罪，抢夺公交车方向盘行为最多只能判处一年以下有期徒刑。这个主要是考虑到以危险方法危害公共安全起刑点太高，即使没有造成任何的实质损失或人员伤亡，依然必须要在三年有期徒刑以上量刑。为了贯彻罪责刑相统一的刑法原则，在实践中不得不大量运用缓刑，这实际上不利于真正打击妨害公共交通工具安全驾驶犯罪。此外，以危险方法危害公共安全罪是一个概括性罪名，该罪是具体危险犯，最终要对被告人认定为以危险方法危害公共安全罪，需要在具体的案件中予以判断行为是否“危害公共安全”，即行为必须如同放火、决水、爆炸等行为一样，具有使不特定多数人的生命、身体产生实害的具体危险才能构成犯罪。但在司法实践中，对驾驶人员实施暴力行为然后抢夺汽车操纵装置的，或者驾驶人员在行驶的交通工具中擅离职守，与他人互殴的，一般都是在没有仔细考量行为类型及其危险性的情况下发生的。在此情况下得出行为危害公共安全的结论，从而认定以危险方法危害公共安全罪的成立，存在定性不当的问题。

笔者认为，妨害安全驾驶罪和以危险方法危害公共安全罪之间，不是非此即彼的关系。对暴力或者抢控驾驶操纵装置，危害公共安全的行为，存在适用两罪的法条竞合，是一种交叉竞合关系。当适用存在法条竞合时，根据“特别法优于一般法”适用原则，以《刑法修正案（十一）》新增加的妨害安全驾驶罪定罪处罚。对实施上述行为，但社会危害性明显超出妨害安全驾驶罪的刑事责任评价范围的，则应当根据罪责刑相适应原则，按照以危险方法危害公共安全罪定罪处罚。从办案效果看，实践中，将大多数妨害公共交通工具安全驾驶的行为认定为妨害安全驾驶罪，更能准确评价行为性质，体现教育、警示作用；对极少数严重危害公共安全的行为，依法适用以危险方法危害公共安全罪，可以更好地体现依法从严的政策要求，起到震慑犯罪的作用。在办理案件过程中，我们要综合考虑公共交通工具行驶速度、通行路段情况、载客情况、妨害安全驾驶行为的严重程度及对公共交通安全的危害大小、行为人认罪悔罪表现等因素，全面准确评判，充分彰显强化保障公共交通安全的价值导向。这样既有利于体现罪名性质的不同层次和刑罚由轻到重的递进关系，也更加符合和体现罪责刑相适应的原则要求。

编写人：黑龙江省高级人民法院　孙冰　全荃

4

驾驶员的一般过错行为应成为被告人的量刑从宽情节

——胡某英以危险方法危害公共安全案

【基本信息】

1. 裁判书字号

江西省吉安市中级人民法院（2019）赣08刑终218号刑事裁定书

2. 罪名：以危险方法危害公共安全罪

【基本案情】

2018年11月22日上午，被告人胡某英搭乘公交车回值夏镇。当车辆途经值夏镇新车站时，胡某英按了下车铃，但驾驶员罗某生因未听见而未停车，导致胡某英未能下车。后胡某英与驾驶员罗某生发生争吵并相互辱骂对方。在争吵过程中，罗某生在下一站到站时仍不停车，继续驾车向前行驶，胡某英便冲到驾驶室抢夺方向盘，导致公交车右前侧撞上路边护栏。公交车上有驾驶员及乘客 12 人，未造成人员伤亡。案发后，胡某英在驾驶员已报警的情况下，留在现场，当公安机关民警到达现场对其口头传唤后，其到公安机关如实供述了本案犯罪事实，其家属代为赔偿受害单位损失，取得受害单位谅解。

【案件焦点】

1. 抢夺公交车方向盘的行为是否构成以危险方法危害公共安全罪；2. 驾驶员不停车的过错行为应否成为被告人的量刑从宽情节。

【裁判要旨】

江西省吉安市青原区人民法院经审理认为，被告人胡某英因公交车到站未及时停车一事，与公交车驾驶员发生争吵后，抢夺正在公路上行驶的载有 12 人的公交车的方向盘，导致发生公交车撞上护栏的事故，严重危害了公共安全，其行为已构成以危险方法危害公共安全罪。鉴于被告人胡某英在公交车驾驶员已报警的情况下，留在现场，当公安机关民警到达现场对其口头传唤后，其到公安机关如实供述了在公交车上抢夺方向盘的犯罪事实，其行为应属自首；同时被告人胡某英通过其亲属赔偿了受害单位经济损失，并得到了受害单位的谅解；且能自愿认罪；故对其予以减轻处罚。胡某英有自首情节，且赔偿受害单位损失，取得受害单位谅解，综合全案案情对其可作较大幅度的减轻处罚。故，依照《中华人民共和国刑法》第一百一十四条、第六十七条第一款及《最高人民法院关于处理自首和立功若干具体问题的意见》第一条第一款的规定，判决：

胡某英犯以危险方法危害公共安全罪，判处有期徒刑一年。

被告人胡某英不服，向江西省吉安市中级人民法院提出上诉。江西省吉安市中级人民法院经审理认为，原判认定事实清楚，证据充分，定罪准确，量刑适当，审判程序合法。据此，依照《中华人民共和国刑事诉讼法》第二百三十六条第一款第（一）项之规定，裁定如下：

驳回上诉，维持原判。

【适用解析】

近年来，在公共交通工具上抢夺方向盘的妨害驾驶安全行为时有发生，严重威胁着道路交通安全，有的甚至造成重大人员伤亡和财产损失，如2018年的重庆市“10·28”公交车坠江事故，导致了全车人员死亡，引起了全社会的强烈关注。为此，2019年1月8日，最高人民法院、最高人民检察院和公安部联合印发了《关于依法惩治妨害公共交通工具安全驾驶违法犯罪行为的指导意见》（以下简称《意见》）。《意见》明确规定，对于乘客实施“抢夺方向盘、变速杆等操纵装置，殴打、拉拽驾驶人员”等具有高度危险性的妨害安全驾驶行为的，以“以危险方法危害公共安全罪”定罪处罚，并强调即使尚未造成严重后果，一般也不得适用缓刑；具有“持械袭击驾驶人员”等七类特定情形的，予以从重处罚。

一、乘客在公共交通工具行驶过程中，抢夺方向盘的行为构成以危险方法危害公共安全罪

“以危险方法危害公共安全罪”是指使用除放火、决水、爆炸及投放毒害性、放射性、传染病病原体等物质外的其他方法，造成不特定多数人的伤亡或者公私财产重大损失，危害公共安全的行为。以危险方法危害公共安全罪之“其他方法”应具有和放火、决水、爆炸及投放毒害性、放射性、传染病病原体等物质相当的危险现实性，且该危险具有即刻性特点，危险的即刻性，强调距实害的发生具有一触即发的高度盖然性。[①] 也就是说，危害行为不需要其他条件的介入即可直接转化为危害结果，该危害行为可单独且直接导致不特定多数人的生命、财产安全遭受重大损失，且该危险转化为实害具有瞬时性。即如果存在这种危险，实害几乎一触即发，甚至难以避免，危害结果的出现不仅是现实存在的，而且是即将发生的。《意见》明确规定，乘客在公共交通工具行驶过程中，抢夺方向盘、变速杆等操纵装置，殴打、拉拽驾驶人员，或者有其他妨害安全驾驶行为，危害公共安全，尚未造成严重后果的，依照《刑法》第一百一十四条的规定，以以危险方法危害公共安全罪定罪处罚，致人重伤、死亡或者使公私财产遭受重大损失的，依照《刑法》第一百一十五条第一款的规定，以以危险方法危害公共安全罪定罪处罚。也就是说，在公共交通工具上抢夺方向盘的行为，具有一触即发的危险性，一经实施就会危及不特定多数人的生命、健康或者重大公私财产的安全，客观上会对公共安全造成危害，侵犯

---

① 王海瑛、江帆：《以危险方法危害公共安全罪之认定》，载《上海法治报》2019年12月25日。

的客体是公共安全，即不特定多数人的生命、健康或者重大公私财产的安全。此处的“不特定”是指抢夺方向盘的行为可能侵犯的对象和可能造成的结果事先无法确定，行为人对其高度危险行为既无法具体预料也难以实际控制，行为的危险和行为造成的危害后果随时可能扩大。而“多数人”则是难以用具体数字表述的人群，是指该危险行为会使较多的人感受到生命、健康或者财产受到威胁，即危害了公共安全。本案中，被告人胡某英因公交车到站未及时停车，而与公交车驾驶员发生争吵后，抢夺正在公路上行驶的载有 12 人的公交车的方向盘，对车上其他乘客以及道路上行驶的其他车辆都具有即刻的高度危害性，并最终导致发生了公交车撞上护栏的事故。危险的即刻性、“不特定”和“多数人”的关键特征在本次事故中表现得尤为突出。综上，胡某英在公交车行驶过程中，抢夺驾驶员方向盘，导致车辆在公共道路上失控撞上护栏，严重危害了公共安全，其行为在当时已构成以危险方法危害公共安全罪。

二、驾驶员的一般过错行为应成为被告人的量刑从宽情节

在《意见》公布前，新闻案件中以抢夺公共交通工具驾驶操纵装置的方法危害公共安全的行为主体几乎全部是公共交通工具的乘客，乘客通常是为了下车方便，强令驾驶人员随意停车，驾驶人员不听，乘客便辱骂、殴打驾驶人员，进而抢控驾驶操纵装置导致案发。一般情况下，驾驶人员不会与乘客发生冲突，但现实生活中，并非所有的驾驶人员都是高素质的服务人员，能做到对乘客的辱骂、殴打骂不还口、打不还手，不少驾驶人员在面对乘客的辱骂、殴打时会进行对骂，甚至互殴。《意见》制定时，即考虑到了驾驶人员在公共交通工具行驶过程中，与乘客发生纷争后违规操作或者擅离职守，与乘客厮打、互殴足以危害公共安全的情形，其第一条第三款规定：“驾驶人员在公共交通工具行驶过程中，与乘客发生纷争后违规操作或者擅离职守，与乘客厮打、互殴，危害公共安全，尚未造成严重后果的，依照刑法第一百一十四条的规定，以以危险方法危害公共安全罪定罪处罚；致人重伤、死亡或者使公私财产遭受重大损失的，依照刑法第一百一十五条第一款的规定，以以危险方法危害公共安全罪定罪处罚。”《刑法修正案（十一）》吸收了《意见》的内容，将擅离职守，殴打他人或与他人互殴从而危及公共安全的驾驶人员定罪处罚，即自身有重大过错，直接危及公共安全的驾驶人员应该对其重大过错行为承担刑事责任。驾驶人员与乘客互殴，说明驾驶人员此时已经擅离职守，没有将安全驾驶公共交通工具放在首位，该行为足以导致行驶中的公共交通工具危及公共安全，应当认定其构成以危险方法危害公共安全罪。《刑法修正案（十一）》将该种行为定罪处罚完全正确，体现了立法的前瞻性。但是当驾驶人员没有与乘客发生互殴的行为，而仅有与乘客进行对骂、到站不停车等不能必然导致发生乘客抢控驾驶操纵装置的一般过错行为时，其行为应当如何评价，能否作为被告人量刑从宽的情节，《意见》《刑法修正案（十一）》均未予以明确规定。本案中，公交车驾驶员罗某生的三个行为与胡某英的抢夺方向盘行为有因果关系。第一，车行至值夏镇新车站时，胡某英按响了下车铃其没有停车；第二，在前述情况下与被告人胡某英进行对骂；第三，在车辆行驶至值夏镇下一个站台时其不仅没有停车，反而继续往前行驶。如果说当车行至值夏镇新车站没有停车是因为驾驶员罗某生没有听到停车铃声而未能停车存在合理性的话，那么此后驾驶员罗某生与被告胡某英进行对骂，并在车行至距乘客要求停车的站台最近的下一个站台时仍不停车继续行驶的行为，就明显违背了公司到站停车规定和其作为一个公交服务人员应当具有的职业操守。如果其在未听到下车铃及时停车的情况下，没有选择和胡某英对骂，而是选择向胡某英道歉，并说明会按照公司要求在距离值夏镇新车站最近的一个站台将车停稳让胡某英下车或向胡某英说明当车行至终点站后，会安排人员驾车送其去值夏镇新车站。胡某英也就有可能不会情绪失控产生抢夺方向盘行为。也就是说，虽然驾驶人员在与乘客对骂时，身体尚能安全操控交通工具的驾驶操纵装置，紧握方向盘，但有可能刺激与其对骂的乘客，导致乘客做出抢控驾驶操纵装置的行为，危及公共安全。此时，因抢控驾驶操纵装置，使车辆产生危及公共安全风险的是乘客，被定罪处罚的人员当然应当是乘客，但驾驶人员与乘客对骂、故意不停车的行为明显违背了其文明驾驶的职业要求，存在一定过错，虽不构成犯罪，但对案件的发生起到了一定的推动作用。对于这种驾驶人员的一般过错行为，应否作为对被告人从宽处罚的量刑情节，在实践中有争议。本案中，一种意见认为，公交车驾驶员与胡某英对骂、到站未停车的行为并不必然会导致胡某英实施本案犯罪行为，不应作为量刑情节。另一种意见认为，驾驶员与胡某英对骂、到站未停车的一般过错行为与胡某英的抢夺方向盘行为有因果关系，起到了推动案件发生的作用，应当作为被告人量刑从宽情节予以考量。笔者赞同后一种意见。本案中，胡某英尽管构成犯罪，但综观全案，其抢夺驾驶员方向盘并不是一开始就有的，而是在其身为老年人到站没能及时下车，情绪激动而口不择言辱骂了驾驶员，此时驾驶员没有对其进行安抚，而是选择与其对骂，进一步刺激了其情绪，后再次到站驾驶员仍不停车，其见离家越来越远情绪彻底失控，动手抢夺了驾驶员的方向盘引发了本案。即胡某英抢夺方向盘的行为与驾驶员的对骂和再次到站未停车的一般过错行为之间具有因果关系，驾驶员的过错行为对案件的发生起了推动作用，虽不必对其定罪处罚，但可体现胡某英的主观恶性相对较小，应当作为被告人量刑从宽情节予以考量。否则，于被告人而言，明显不公。因而，尽管一审法院的裁判理由中没有明确认定罗某生有过错而对被告人予以从宽处罚，但判决结果实际上对此予以了体现，否则，单凭自首情节和赔偿受害单位损失，法院不会对胡某英作如此大幅度地减轻处罚。① 故，一审法院综合全案案情，对其判处有期徒刑一年，体现了罪刑相适应的刑法原则。也正因如此，二审中被告人再以此理由予以上诉，二审法院没有予以支持。

三、《刑法修正案（十一）》的修改体现了良法善治

刑罚只是手段，其目的在于预防犯罪，引导社会行为，实现良法善治。罪刑相适应是刑法的一项基本原则，它要求裁判者对被告人进行量刑时，刑罚的轻重与被告人犯罪行为的危害性相适应。衡量犯罪行为危害性的一个重要标志就是被告人的主观心态，即故意还是过失。如果是故意，则要区分是直接故意还是间接故意，因为主观心态不同，决定被告人的人身危险性不同，其犯罪行为的社会危害性也就不同。故意犯罪量刑要重于过失犯罪，例如故意杀人罪的量刑要远远重于过失致人死亡罪的量刑；直接故意犯罪的量刑要重于间接故意犯罪的量刑。以危险方法危害公共安全罪在司法实践中存在一定的扩张趋势，在《刑法修正案（十一）》公布前，乘客抢控驾驶操纵装置的行为和放火、决水、爆炸、投放危险物质等行为一样，根据是否造成严重后果，分别适用《刑法》第一百一十四条或第一百一十五条定罪处罚。在放火罪、决水罪、爆炸罪和投放危险物质罪中，行为人的主观心态是直接故意，即对自身放火、决水、爆炸和投放危险物质造成的后果是积极追求的，对于此类犯罪当然应当重点打击，科以重刑也是恰当的。但乘客实施“抢夺方向盘、变速杆等操纵装置，殴打、拉拽驾驶人员”等具有高度危险性的妨害安全驾驶行为，很

---

① 《中华人民共和国刑法》第一百一十四条规定：“放火、决水、爆炸以及投放毒害性、放射性、传染病病原体等物质或者以其他危险方法危害公共安全，尚未造成严重后果的，处三年以上十年以下有期徒刑。”

多时候只是想让驾驶员按照其意愿停车，方便其下车，尤其是本案中，被告人抢夺方向盘的行为与驾驶员不停车的行为有因果关系，其本身不想造成车上以及车外人员和财产的损失，其对该种结果的发生主观上持放任的态度，是间接故意，主观恶意更小。这一点在被告人其后的行为中也得到了验证。胡某英在得知驾驶员报警后，留在原地等候警察的到来，并如实供述其犯罪事实，积极赔偿受害单位的损失，其行为的社会危害性要比其他危害公共安全的犯罪行为小得多。因而，对抢夺方向盘的以危险方法危害公共安全的行为和放火罪、决水罪、爆炸罪以及投放危险物质罪，适用同一刑法条文进行定罪量刑，明显对被告人不公，有违罪刑相适应原则。正因如此，《刑法修正案（十一）》对此进行了修正，《刑法修正案（十一）》在《刑法》第一百三十三条之一后增加一条，作为第一百三十三条之二："对行驶中的公共交通工具的驾驶人员使用暴力或者抢控驾驶操纵装置，干扰公共交通工具正常行驶，危及公共安全的，处一年以下有期徒刑、拘役或者管制，并处或者单处罚金。前款规定的驾驶人员在行驶的公共交通工具上擅离职守，与他人互殴或者殴打他人，危及公共安全的，依照前款的规定处罚。有前两款行为，同时构成其他犯罪的，依照处罚较重的规定定罪处罚。"该条有两个显著的特点，第一，犯罪主体扩大。原来该类犯罪的犯罪主体通常是公共交通工具的乘客，现将犯罪主体从乘客扩大至擅离职守的公共交通工具的驾驶人员，驾驶人员与他人互殴或殴打他人，危及公共安全的，应当负刑事责任。第二，法定最高刑降低，且刑种也扩大。一方面大幅降低了该罪的法定刑，体现了罪刑相适应的刑法原则。另一方面原《刑法》第一百一十四条最高刑为有期徒刑十年，且刑种只有有期徒刑一种。现如今该类犯罪的法定最高刑为一年，并且刑种由原来的有期徒刑一种扩大为有期徒刑、拘役、管制和罚金四种，给了裁判者更多的选择和更广阔的自由裁量空间，使得裁判者可以根据被告人犯罪动机、犯罪后果、犯罪后是否有悔罪表现等情况对被告人分别量刑，更有利于实现裁判结果法律效果、社会效果和政治效果的有机统一，实现刑法的良法善治功能。综上，本案裁判体现了《刑法修正案（十一）》的立法精神，充分彰显强化保障公共交通安全的价值导向。

编写人：江西省吉安市中级人民法院　甘国飞　彭璇

5

公共交通工具上抢夺司机方向盘危害公共安全的行为认定

——胡某某以危险方法危害公共安全案

【基本信息】

1. 裁判书字号

河南省安阳县人民法院（2020）豫0522刑初540号刑事判决书

2. 罪名：以危险方法危害公共安全罪

【基本案情】

2020年8月24日20时30分许，被告人胡某某乘坐旅游大巴行驶至安阳县水冶镇天池转盘路口时，因下车问题与司机、导游发生争执，为发泄不满情绪在争执过程中胡某某用手抢夺正在行驶的大巴车方向盘，致使车辆发生偏移。当时大巴旅游车上有游客19人和导游1人，司机付某明及时刹车未造成严重后果。2020年8月24日被告人胡某某明知司机付某明报警后，在现场等候民警处理，到案后如实供述自己的犯罪事实。

【案件焦点】

1. 公共交通工具上乘客抢夺车辆方向盘的行为定性；2. 对胡某某量刑时能否适用缓刑。

【裁判要旨】

河南省安阳县人民法院经审理认为，被告人胡某某因琐事纷争为发泄不满情绪，对正在行驶的公共交通工具的驾驶人员实施暴力干扰，抢夺正在行驶的大巴车方向盘，致使车辆发生偏移，其行为已构成以危险方法危害公共安全罪。公诉机关指控罪名成立，本院予以支持。案发后，被告人胡某某明知他人报警仍在现场等候处理，到案后如实供述自己的犯罪事实，属自首，依法予以减轻处罚。辩护人以胡某某系初犯、偶犯，有自首情节，建议对胡某某减轻处罚的辩护意见，本院予以采纳。关于辩护人认为当时案发时路上行人较少，犯罪情节轻微，建议适用缓刑的意见，经查，案发时，该车行驶在人员、车辆密集的路段，且当时实际载客达20余人，被告人胡某某的行为严重危害公共安全，不符合缓刑适用条件。对辩护人的该项辩护意见，本院不予采纳。根据被告人胡某某的犯罪事实、性质、情节，以及对社会的危害程度，依照《中华人民共和国刑法》第一百一十四条、第六十七条第一款之规定，判决如下：

被告人胡某某犯以危险方法危害公共安全罪，判处有期徒刑一年。

【适用解析】

近年来各地发生过多起乘客拉拽、抢夺公交车方向盘，或殴打驾驶车辆司机的恶性案件，特别是在重庆市公交坠江事件发生之后，引起全社会强烈关注。加强公交司机安全防护、严惩妨害安全驾驶犯罪行为的呼声高涨。以往类似案件均按“以危险方法危害公共安全罪”追究刑责，《刑法修正案（十一）》将妨害安全驾驶的行为单列为一个独立罪名。

一、妨害安全驾驶行为的法律适用

2019年1月，最高人民法院、最高人民检察院、公安部联合印发《关于依法惩治妨害公共交通工具安全驾驶违法犯罪行为的指导意见》（以下简称《指导意见》），该意见要求准确认定行为性质，依法从严惩处妨害安全驾驶犯罪，规定：（一）乘客在公共交通工具行驶过程中，抢夺方向盘、变速杆等操纵装置，殴打、拉拽驾驶人员，或者有其他妨害安全驾驶行为，危害公共安全，尚未造成严重后果的，依照《刑法》第一百一十四条的规定，以以危险方法危害公共安全罪定罪处罚；致人重伤、死亡或者使公私财产遭受重大损失的，依照《刑法》第一百一十五条第一款的规定，以危险方法危害公共安全罪定罪处罚。《指导意见》向全社会传递了公安和司法机关惩治妨害安全驾驶违法犯罪的坚定决心，提升了公众的安全意识、规则意识和法治意识。

以危险方法危害公共安全罪，是指使用与放火、决水、爆炸、投放危险物质等危险性相当的其他危险方法，危害公共安全的行为。《刑法》第一百一十四条、第一百一十五条规定了以危险方法危害公共安全罪。我们可以看出，以危险方法危害公共安全罪本质上来讲是刑法的兜底罪名，属于方法危险的危害公共安全犯罪，它是立法者当初为了弥补法律的滞后性和维护刑法的相对稳定性而设立的，它的设立可以使法律更加灵活地应对与放火、决水、爆炸等行为性质相同的危险犯罪方法的出现。然而，在司法实践中，司法机关却经常将其视为“危害公共安全罪”的兜底罪名来认定案件。因为以危险方法危害公共安全罪属于具体危险犯，对此罪的判断不能仅通过法条的规定直接予以认定，还需要对案件的一系列事实进行综合分析，并从以下三个方面判断是否属于“其他危险方法”。

第一，在行为性质的认定方面，刑法将“其他危险方法”与放火、决水、爆炸以及投放毒害性、放射性、传染病病原体等物质放在同等的地位，说明立法者认为“其他危险方法”的行为性质与这些明示的行为方式具有相同的危害性。具体地说，是指这种行为也具有时间上的连续性，所造成的后果也具有严重性和危害范围的不可控性。

第二，在危害程度的认定方面，因为以危险方法危害公共安全罪是具体危险犯罪，所以“其他危险方法”须达到足以危及或损害重大财产安全或者不特定多数人的生命安全的程度。这里主要需注意两个问题：一是对不特定性的理解，它主要是指行为人并没有针对特定的人或者财产实施危害行为，对于结果的发生程度和范围具有不可预料性；二是对重大危害的理解，它是指该类行为将会造成多大范围的损害以及多少数量的危害后果，具有不可控性，即行为人对于侵害结果是否会发生、发生什么样的后果，既无准确的预料，也无法进行有效把控，甚至最终的危害程度严重违背其最初意愿，当然这也说明了行为人主观上对危害结果采取的放任态度，说明了行为人主观恶性之大。

第三，在行为侵犯的客体认定方面，因为“其他危险方法”必须达到足以危及或者损害重大财产安全或者不特定多数人的生命安全的程度，所以在行为侵犯的客体认定方面就具有了明确性，主要是指不特定的人或者财产，如果是特定的人或者财产则不构成该罪。危害公共安全罪侵犯的不特定人既包括现实的多数人，也包括潜在的多数人及可能的多数人。不特定财产既包括不动产也包括动产。有些犯罪还会同时危及不特定的人和重大财产。

从上面三个方面来看，与其他危险方法相比，有些不具有危害公共安全的犯罪目的和直接故意的妨碍安全驾驶行为，如乘客要求中途停车、下车与驾驶人员发生争执，抢夺驾驶操纵装置，干扰公共交通工具正常行驶，虽然危及公共安全，但与放火、决水、爆炸、投放危险物质等危险性并不相当，特别是主观恶性远远低于放火、决水、爆炸、投放危险物质等具有危害公共安全的犯罪目的和直接故意的犯罪行为。这就要求司法机关在处理妨害安全驾驶行为时，应当严格把握以危险方法危害公共安全罪的相当性标准，防止对行为人施加过当的刑罚。

二、刑法中妨害安全驾驶行为的条文增设

《刑法修正案（十一）》在《刑法》第一百三十三条之一后增加一条，作为第一百三十三条之二："对行驶中的公共交通工具的驾驶人员使用暴力或者抢控驾驶操纵装置，干扰公共交通工具正常行驶，危及公共安全的，处一年以下有期徒刑、拘役或者管制，并处或者单处罚金。前款规定的驾驶人员……与他人互殴或者殴打他人，危及公共安全的，依照前款的规定处罚。有前两款行为，同时构成其他犯罪的，依照处罚较重的规定定罪处罚。"从上述规定我们可以看出，立法对妨害安全驾驶行为从以下方面作出了改进。首先，修正案将妨害安全驾驶行为犯罪化，将其独立出来，单独构成一个具体的罪名，即妨害安全驾驶罪。《刑法》第一百三十三条为交通肇事罪，第一百三十三条之一为危险驾驶罪，该两罪名所保护的法益均为公共交通道路上的公共安全，妨害安全驾驶行为所侵害的正是公共交通道路上的公共安全，将其放在交通肇事项下是符合科学的立法技术的。其次，法定刑设置为最高处一年以下有期徒刑，刑期大大降低，另外增加了但书。根据行为手段的危险程度和是否造成严重后果设置法定刑，以实现对具有不同程度危害性的妨害安全驾驶行为恰当量刑，当其危害公共安全但尚未造成严重后果时，应当给予相对较轻的刑罚处罚，为妨害安全驾驶行为构建一个可以防止将其轻易入罪的缓冲带。通过轻罪立法模式，使刑法处置前置，同时通过但书，对于那些同时构成其他犯罪的，按照较重的规定定罪处罚，这样使得妨害安全驾驶法条设计更为合理，更能体现我国刑法中罪责刑相适应的原则。

三、妨害安全驾驶行为入刑的价值

像危险驾驶、妨害安全驾驶等行为带来的风险具有不确定性，行为与危害结果之间的因果关系很难证明，现实中这类行为也屡见不鲜，已经危及人们基本的出行安全。这些风险一旦转化为实害结果，将会造成难以弥补的后果。为了防止这些危险演化成为对现实的实际损害，就必须发挥刑法的预防功能。妨害安全驾驶行为入刑尽管表现了刑法的扩张，但是其严厉程度在刑罚的使用上却有所降低，不违背宽严相济的整体思路，也是对法益的前置化保护。

一方面，妨害安全驾驶行为入刑无疑为解决此类案件提供了法律依据，是刑法在立法层面回应社会的需求，必将对公民行为提供指引，对于防范类似事件的发生、维护公共安全具有积极意义。另一方面，刑法通过立法技术的进一步精细化，一是体现了刑事立法的审慎态度，二是体现出了本次刑法的修订更加关注社会的公共安全，更加注重防范重大风险。

编写人：河南省安阳县人民法院　张慧方　郭建岭

6

抢夺公共交通工具驾驶操纵装置的行为性质认定

——王某某以危险方法危害公共安全案

【基本信息】

1. 裁判书字号

浙江省绍兴市越城区人民法院（2020）浙 0602 刑初 181 号刑事判决书

2. 罪名：以危险方法危害公共安全罪

【基本案情】

2019 年 10 月 7 日 9 时 45 分许，被告人王某某乘坐在绍兴市越城区范围内运行的 26 路公交车回家。在公交车到达金湖湾站点时，因无人按下车门铃，驾驶员未开启下客车门，致被告人王某某未能在该站点及时下车。后被告人王某某在车厢内谩骂，并以脚踹、拉拽下客车门的方式要求驾驶员停车，但驾驶员未答应被告人王某某的诉求。9 时 47 分许，车辆行驶至世纪街世纪广场站后，驾驶员开启上下客车门正常上下客。因过站，被告人王某某拒绝下车，并至驾驶室附近继续谩骂，并要求驾驶员将车辆折返至金湖湾站点。9 时 51 分许，在被告人王某某不顾其他乘客劝导，一再拒绝下车的情况下，驾驶员关闭车门，启动车辆继续向前行驶。被告人王某某遂至驾驶室旁拉拽方向盘，造成车辆严重摇晃，驾驶员遂紧急制动停车。案发时，涉案公交车承载乘客10余人。案发后，被告人王某某在明知他人报警的情况下，在现场被传唤至公安机关接受调查。

【案件焦点】

抢夺公共交通工具驾驶操纵装置的行为性质认定。

【裁判要旨】

浙江省绍兴市越城区人民法院经审理认为，被告人王某某在公共交通工具行驶过程中，以抢夺方向盘的危险方法妨害安全驾驶，危及公共安全，尚未造成严重后果，其行为已构成以危险方法危害公共安全罪。被告人王某某在案发后明知他人报警而在现场等待，传唤时无抗拒行为，到案后如实供述主要犯罪事实，系自首；被告人王某某自愿认罪认罚，依法对其从轻处罚。根据被告人王某某的犯罪情节及其悔罪表现，依法对其适用缓刑。依照《中华人民共和国刑法》第一百一十四条、第六十七条第一款、第七十二条第一款以及《中华人民共和国刑事诉讼法》第十五条、第二百零一条之规定，判决：

被告人王某某犯以危险方法危害公共安全罪，判处有期徒刑三年，缓刑四年。

【适用解析】

随着我国经济的快速发展以及城市化的迅猛推进，公共交通工具出行在社会发展巨变以及国民生活变革中的作用与日俱增，公共交通工具指向的公共安全问题也随之成为社会治理的重大场域。针对公共交通工具恶意肇事事件频繁见诸传媒，为及时回应民众关切，最高人民法院、最高人民检察院、公安部于2019年1月8日联合印发《关于依法惩治妨害公共交通工具安全驾驶违法犯罪行为的指导意见》（以下简称《指导意见》），为有效治理公共交通工具视域下的公共安全问题提供了司法遵循。

一、王某某涉案行为以危险方法危害公共安全罪入罪的逻辑

以危险方法危害公共安全罪所保护的法益是不特定多数人的生命、健康以及重大公私财产安全。王某某在公共汽车行驶过程中，基于情绪发泄，抢夺、拉拽汽车方向盘，妨害公共汽车的安全、正常行驶，事发时车辆载客人数较多，且行驶在人员、车辆相对密集的繁华路段的公交站点，已经将不特定多数人的生命、健康以及重大公私财产安全同时置于具体的、现实的危险之中。王某某的行为不仅造成车载人员的心理恐慌，而且还造成重大人员伤亡或使公私财物遭受重大损失的严重后果。我国《刑法》第一百一十四条未对以危险方法危害公共安全的具体犯罪行为模式予以明确，但王某某在满载乘客的公交车行驶过程中抢控车辆驾驶操纵装置，具有同一条款中“放火、决水、爆炸以及投放毒害性、放射性、传染病病原体等物质”之行为的相当社会危害性。对比之下，足以做出等值危害行为认定。因此，对王某某的涉案行为以以危险方法危害公共安全罪追究刑事责任具有犯罪构成的该当性、违法性以及有责性。

二、《刑法修正案（十一）》增加第一百三十三条之二条款的犯罪构成要件解读

2020 年 12 月 26 日，全国人大常委会通过《刑法修正案（十一）》，将“对行驶中的公共交通工具的驾驶人员使用暴力或者抢控驾驶操纵装置，干扰公共交通工具正常行驶，危及公共安全”的行为，以及“行驶中的公共交通工具的驾驶人员在行驶的公共交通工具上擅离职守，与他人互殴或者殴打他人，危及公共安全”的行为增加为独立的犯罪构成条款，进一步强化了公共交通工具视域下的行为规制，充分反映了我国法治建设过程中人民群众生命、健康权益至上的制度逻辑。从立法文义上看，构成《刑法》第一百三十三条之二条款项下的犯罪，应当具备以下条件：

（1）行为场域特定——与公共交通工具密不可分。首先，根据“两高一部”2019 年 1 月 8 日联合印发的《指导意见》的规定，“公共交通工具，是指公共汽车、公路客运车，大、中型出租车等车辆”。根据最高人民法院发布的《关于审理抢劫案件具体应用法律若干问题的解释》第二条的规定，公共交通工具包括从事旅客运输的各种公共汽车，大、中型出租车、火车、船只、飞机等。基于法律适用的一致性，以及小型出租车、网约车等承担一定公交职能的交通工具载客量的有限性，小型出租车、网约车等交通工具不应认定为该条款下的“公共交通工具”。其次，基于“行驶中”的限定，足以预见相关犯罪行为主要发生于公共交通工具内，但不绝对排除行为发生于公共交通工具外的情况。如行为人通过车窗对刚起步的公共汽车的驾驶员使用暴力或拉拽汽车方向盘应认定为该条款项下的罪状行为。最后，公共交通工具应当处于运营过程中，且在行驶状态。公共交通工具是否处于行驶中应当以动力装置是否发动为标准认定。若行为发生于非运营时段或非运营区域，或虽在运营时段、运营区域，但公共交通工具处于静止状态（熄火状态），均不构成该条款项下的犯罪。若行为具有相当的社会危害性，应当以寻衅滋事罪、故意伤害罪等相应罪名认定。

（2）行为方式特定。修订后的《刑法》第一百三十三条之二条款项下犯罪行为模式有三：行为模式之一是驾驶人员外的主体对驾驶人员使用暴力。应当明确的是，使用对驾驶人员产生心理强制作用的“软暴力”（如谩骂、恐吓等）不属于该增加条款罪状下的“使用暴力”行为。同时，即便具体行为产生的后果与暴力行为产生的后果具有相当性，如在车辆行驶中向驾驶人员面部喷辣椒水等，基于法条表述的明确性，不应当认定为该增加条款罪状下的行为表现。此外，该行为模式下承受暴力的对象特定。行为人在公共交通工具行驶过程中，对其他乘客或公共交通工具的其他运营辅助人员实施暴力，妨害公共交通工具的运营秩序的，应当以寻衅滋事罪等罪名论处，而不能认定为构成本罪。若行为人的暴力行为作用于公共交通工具本身，并危及公共安全的，则应当以破坏交通工具罪等予以评价。行为模式之二是驾驶人员以外的主体抢控驾驶操纵装置。驾驶操纵装置应作广义理解，不应当局限于方向盘、变速杆、刹车等主要、关键驾驶操纵装置。行为人在行车光线不足的夜间抢关行车灯、在雨量较大的天气情况下抢关雨刮装置、在车辆行驶中强行打开车门开关等均应认定为“抢控驾驶操纵装置”行为。在前两种行为模式之下，犯罪行为主体为除公共交通工具驾驶人员外的一般主体，包括公共交通工具的运营辅助人员。行为模式之三是驾驶人员在行驶的公共交通工具上擅离职守，与他人互殴或者殴打他人。该行为模式下，应当理解为驾驶人员在操控公共交通工具过程中擅离职守，置公共交通工具指向的公共安全于不顾的行为，而不宜限定“互殴或者殴打”行为发生于公共交通工具内。在公共交通工具处于运行状态下，驾驶人员走出公共交通工具与人互殴、殴打他人，以及互殴、殴打行为从公共交通工具内延续至公共交通工具外或互殴、殴打行为主要发生于公共交通工具外的行为均存在本条新增罪状认定的可能。

（3）公共安全面临的危险必须现实、具体，不宜基于本条新增罪状的威慑作用而不当扩大适用范围。在尚不能判断公共安全面临的具体危险是否存在的情况下，基于刑罚的谦抑性要求，不应认定构成修订后《刑法》第一百三十三条之二规定的罪状。比如，在22时运行的末班公交车上，在相对平坦的偏僻路段，在仅有驾驶员及一名乘客的情况下，乘客因过站在非站点强行要求下车，在遭到驾驶员拒绝后，乘客强行拉动公交车手刹或拉拽方向盘，以此逼迫驾驶员停车。在此情况下，因涉事公交车运行环境中的人员、车辆较少，不足以认定乘客的前述行为对不特定多数人的生命、健康以及重大公私财产安全带来具体的、现实的危险，故不宜以本条新增罪状对乘客的行为予以规制。

（4）在犯罪主观方面，修订后的《刑法》第一百三十三条之二条款新增罪状由故意构成，在预期范围内，行为人大多对犯罪结果持放任态度。行为人的主观动机可能多种多样，但类似于前述案件中王某某发泄情绪时临时起意的激情行为将是本条新增罪状的主流表达方式。

三、《刑法修正案（十一）》新增妨害安全驾驶罪状与以危险方法危害公共安全罪等罪状的适用衔接

修订后的《刑法》第一百三十三条之二对相关犯罪行为设定了“一年以下有期徒刑、拘役或者管制，并处或者单处罚金”的刑罚量刑标准，相比之下，属于轻罪案件类型。在具体法律适用中，特别规定优于一般规定、想象竞合以及从旧兼从轻法律适用原则将交织于一体。《刑法》第一百一十四条概括的将与“放火、决水、爆炸以及投放毒害性、放射性、传染病病原体等物质”具有等值危害性的其他危害公共安全的行为方式授权为以危险方法危害公共安全罪的行为表现，该授权具有明显的抽象性，在援引中不具有明确指向，因此允许裁判者在外延上进行开放解释。在《刑法修正案（十一）》实施以后，若行为人的行为方式明确表现为第一百三十三条之二新增罪状描述的妨害安全驾驶的行为，则应当优先选择适用《刑法》第一百三十三条之二规定的罪名，而排斥《刑法》第一百一十四条规定的以危险方法危害公共安全罪这一兜底性条款的选择适用。换言之，行为人实施修订后《刑法》第一百三十三条之二规定的三种行为之一的，在行为尚未造成严重后果的情况下，不存在援引修订后《刑法》第一百三十三条之二第三款规定的空间。在修订后的《刑法》第一百三十三条之二规定的罪状行为已经致使人员重伤、死亡或使公私财产遭受重大损失的情况下，则应当根据修订后《刑法》第一百三十三条之二第三款的规定，援引《刑法》第一百一十五条的规定对行为人施以惩处。这一法律适用选择既符合从旧兼从轻法律适用原则的法理逻辑，同时也是防止新增妨害公共交通工具安全驾驶条款被“闲置”的客观需要。同时，在想象竞合的情况下，基于罪责刑相一致的考量，在行为人的行为符合故意伤害罪、寻衅滋事罪等罪状构成要件的情况下，应当根据修正后的《刑法》第一百三十三条之二第三款之规定，以重罪论处。

事关公共安全无小事，妨害公共交通工具安全驾驶行为具有高度危险性，极易诱发重大交通事故，并造成重大人身伤亡、财产损失。《刑法修正案（十一）》将妨害公共交通工具安全驾驶这一严重威胁公共安全的行为以行为犯、危险犯予以刑罚规制，充分发挥了刑罚的震慑、教育、预防作用，对于保障人民群众生命财产安全与社会和谐稳定具有极大的正能量。准确理解、正确适用《刑法修正案（十一）》第二条的规定，是提升公众安全意识、规则意识和法治意识的根本保障。

编写人：浙江省绍兴市越城区人民法院　张毅

7

妨害公交车安全驾驶行为的定罪与处罚

——王某以危险方法危害公共安全案

【基本信息】

1. 裁判书字号

江苏省宜兴市人民法院（2020）苏0282刑初374号刑事判决书

2. 罪名：以危险方法危害公共安全罪

【基本案情】

2019年10月1日16时左右，被告人王某从宜兴市金三角车站乘坐158路公交车回高塍镇家中，因自己疏忽错过站台，途中要求驾驶员叶某在路边停车，叶某拒绝了该要求。被告人王某就对正在驾驶车辆的叶某进行谩骂，并用手掌打了叶某面部一巴掌，造成有40余人乘客的公交车严重侧偏并立即停车。案发后，被告人王某明知他人报警仍在现场等候民警前来处理，归案后如实供述了自己的犯罪事实。被告人王某在案发后赔礼道歉并取得了对方的谅解。

【案件焦点】

妨害公交车安全驾驶行为的定性与量刑。

【裁判要旨】

浙江省宜兴市人民法院经审理认为，被告人王某在实际载客40余人且正在行驶的公共交通工具上殴打驾驶人员，妨害安全驾驶的行为，危害公共安全，其行为已构成以危险方法危害公共安全罪，应予惩处。被告人王某能投案自首，认罪认罚，可以从轻处罚。浙江省宜兴市人民检察院指控其犯罪事实清楚、证据确实、充分，量刑建议适当，应予采纳。根据被告人犯罪的具体情节，悔罪态度，可以宣告缓刑。依照《中华人民共和国刑法》第一百一十四条、第六十七条第一款、第七十二条的规定，判决如下：

被告人王某犯以危险方法危害公共安全罪，判处有期徒刑三年，缓刑三年六个月。

【适用解析】

近年来，诸如乘客在正在运行的公共交通工具上，与驾驶人员因琐事发生冲突等妨害安全驾驶的行为时有发生，严重影响道路交通安全，成为不容忽视的公共安全问题。由此，对妨害公共交通安全驾驶事件进行案例分析，概括其规律性特征，是制定刑事政策、正确处理具体案件的有效手段。

一、重庆市“10·28”公交车坠江事故

2018年10月28日，一名乘客途经重庆市万州区的长江二桥时，与公交车司机发生争执并抢夺公交车的方向盘，致使该辆公交车与轿车相撞后坠入长江，由此导致15人死亡。该起事故震惊全国，更引发了学界对妨害公交车安全驾驶行为定罪量刑的讨论。

2019年1月8日，最高人民法院、最高人民检察院和公安部了联合印发《关于依法惩治妨害公共交通工具安全驾驶违法犯罪行为的指导意见》（以下简称《指导意见》）。《指导意见》载明：“乘客在公共交通工具行驶过程中，抢夺方向盘、变速杆等操纵装置，殴打、拉拽驾驶人员，或者有其他妨害安全驾驶行为，危害公共安全，尚未造成严重后果的，依照刑法第一百一十四条的规定，以以危险方法危害公共安全罪定罪处罚。”“驾驶人员在公共交通工具行驶过程中，与乘客发生纷争后违规操作或者擅离职守，与乘客厮打、互殴，危害公共安全，尚未造成严重后果的，依照刑法第一百一十四条的规定，以以危险方法危害公共安全罪定罪处罚。”上述规定有力彰显了司法机关惩治妨害安全驾驶违法犯罪的决心。

本篇案例亦根据上述指导精神进行定罪处罚，被告人王某在实际载客 40 余人且正在行驶的公共交通工具上辱骂、殴打驾驶人员，暴力妨害公共交通的安全驾驶，属于以其他方法危害公共安全，故以以危险方法危害公共安全罪追究其刑事责任。考虑到其在案发后悔罪态度良好，有自首情节，且认罪认罚，积极赔偿取得对方谅解，符合缓刑适用条件，故宣告缓刑。

二、妨害公交车安全驾驶行为的现状考察

在司法实践中，较为常见的妨害公共交通工具安全驾驶行为可以分为三类，即乘客对驾驶人员实施妨害驾驶、乘客对其他人员实施妨害驾驶、驾驶人员在冲突中不当驾驶。

首先是乘客对驾驶人员实施妨害驾驶的行为，大体又分为两类，一是辱骂、推搡、拉拽甚至以暴力方式殴打驾驶人员；二是抢夺方向盘或变速杆，踢踹车门或防护杆等以暴力方式抢夺、破坏驾驶操纵装置。在以往案例中，乘客往往因为车费、路线变更、错过站点要求立即停车等细小琐事与驾驶人员引发争执，进而有其他妨害安全驾驶的行为。

其次是乘客对其他人员实施妨害驾驶的行为，主要表现为：乘客在公交车行驶过程中寻衅滋事，为争强斗狠，随意辱骂、追逐、殴打其他乘员，一方面干扰了公共交通工具运行秩序和安全，另一方面因该乘客的起哄闹事，破坏了驾驶人员平稳有序的驾驶环境，甚至妨害公共交通工具安全行驶。

最后是驾驶人员在冲突中不当驾驶的行为。因其所处行业的特殊性，公交车驾驶员往往需要具有崇高的职业道德、丰富的驾驶经验、极强的突发事项应急处理能力。但实践中，部分驾驶人员置公共交通安全于不顾，主要表现为驾驶人员离开驾驶岗位、乱打方向盘、急踩刹车、乱踩油门、与乘客厮打互殴等，引发交通工具整体倾覆或毁坏的危险。

妨害公共交通工具安全驾驶行为，往往具有极大的社会危害性，但值得注意的是，并非上述任何妨害公共交通工具安全驾驶行为都是以危险方法危害公共安全罪的实行行为，属于类型性的法益侵害行为才属于实行行为，即实行行为性[①]。诸如与驾驶人员闲聊后发生口角的行为，虽在客观上具有妨害安全驾驶的可能，但不足以产生紧迫性危险，属于一般交通违章行为或者正常的社会行为，不属于刑法上的类型性。

三、妨害公交车安全驾驶行为的立法现状

在我国刑事立法中，未将妨害公共安全驾驶行为单独成罪。在《刑法修正案（十一）》出台前，结合《指导意见》，同时考虑正在行驶过程中的公共交通工具搭乘不特定乘客，殴打、拉拽、人身攻击驾驶人员，或者抢夺、破坏操纵驾驶装置等行为引发的潜在危险性就远远超出行为本身的危害，甚至直接危及不特定多数人的人身、财产安全。因此，实践中依照《刑法》第一百一十四条“以危险方法危害公共安全罪”定罪处罚是占据主流的观点。而危害公共安全罪属于重罪，该罪量刑起刑点较高，即使尚未造成严重的后果，量刑仍为三年以上十年以下的有期徒刑。实践中容易出现同案不同判、刑罚裁量差异大、缓刑适用率高的情况。

尽管修改前的刑法可以在一定层面上打击此类行为，但是从以危险方法危害公共安全罪的客观方面出发，妨害公共交通工具安全驾驶的行为与放火、决水、爆炸、投放危险物质等危险方法的危险性并不相当。从主观方面来看，行为人的主观恶意更是远远低于放火、决水、爆炸、投放危险物质等犯罪。因此，在没有造成巨大损害的情况下，依据其他危险方法的兜底条款来处置妨害公共交通工具的安全驾驶显然失当。

立法机关已经注意到上述司法困境，《刑法修正案（十一）》在《刑法》第一百三十三条之一后增加一条，作为第一百三十三条之二：“对行驶中的公共交通工具的驾驶人员使用暴力或者抢控驾驶操纵装置，干扰公共交通工具正常行驶，危及公共安全的，处一年以下有期徒刑、拘役或者管制，并处或者单处罚金。前款规定的驾驶人员在行驶的公共交通工具上擅离职守，与他人互殴或者殴打他人，危及公共安全的，依照前款的规定处罚。有前两款行为，同时构成其他犯罪的，依照处罚较重的规定定罪处罚。”修改后，对于干扰公共交通工具正常行驶，危及公共安全

---

① 陈志军：《准确认定实行行为与伤亡结果之间因果关系》，载《检察日报》2019年4月26日，第3版。

的，处一年以下实刑，并处或者单处罚金。同时构成其他犯罪或严重后果的，再依想象竞合的原理适用重罪。本次修改防止轻行为判处重刑罚，体现以人为本的思想，彰显罪责刑相适应的原则。

四、干扰驾驶入刑，防止风险转化实害

妨害公共驾驶行为入刑尽管表现了刑法的扩张，但是其严厉程度在刑罚的使用上却有所降低，未违背宽严相济的整体思路。相较于危害公共安全罪，《刑法修正案（十一）》对于妨害安全驾驶的行为的处罚相对较轻，通过轻罪立法的模式，丰富并完善了该种行为的罪名与刑罚层次，使得刑法结构更为合理。

《刑法修正案（八）》增设危险驾驶罪期间，很多学者也曾就危险驾驶罪入刑争论不休，部分学者坚持认为该条立法不适当地扩大了刑法的处罚范围。今年是醉驾入刑十周年，广大社会公众已养成“开车不喝酒、喝酒不开车”的行为自觉，这正是良法善治润人心的最好样本。《刑法修正案（十一）》将妨害公共交通工具安全驾驶的行为入刑，再次体现刑法强化公共安全保护的决心。

在全面推进依法治国的历史节点，《刑法修正案（十一）》的修订内容及时回应社会治理中的新问题，不论是妨害驾驶的入罪，或是完善假药劣药认定，加强行刑衔接等，都是从社情民意出发，把人民群众之生命财产安全放在了高位，恪守了“以民为本、立法为民”的理念。

编写人：江苏省宜兴市人民法院　尹昳　刘超

8

公共交通工具运行安全的保障

——董某某以危险方法危害公共安全案

【基本信息】

1. 裁判书字号

浙江省诸暨市人民法院（2019）浙0681刑初1130号刑事判决书

2. 罪名：以危险方法危害公共安全罪

【基本案情】

2019 年 3 月 20 日 9 时 10 分许，被告人董某某在诸暨市次坞镇凰桐村乘坐开往诸暨市朱公湖停车场的浙 DJ ××××号公交车，并准备在诸暨市应店街镇巽坞村观音山站台下车。因被告人董某某未提前按下车铃，公交车驾驶员吕某遂没有在该站台停车，双方因此发生争执。其间，在公交车行进过程中，被告人董某某打了公交车驾驶员吕某一巴掌，致使该公交车失控与路边的公交站台护栏发生碰撞，造成公交车驾驶员吕某、乘客吕某某受伤，公交车右前保险杠受损的道路交通事故。

【案件焦点】

1. 浙 DJ ××××号公交车是否属于公共交通工具；2. 被告人董某某的行为是构成交通肇事罪，还是构成以危险方法危害公共安全罪。

【裁判要旨】

浙江省诸暨市人民法院经审理认为，被告人董某某以其他危险方法危害公共安全，尚未造成严重后果，其行为已构成以危险方法危害公共安全罪，依法应追究刑事责任。被告人董某某已年满 75 周岁，依法予以减轻处罚；其归案后能如实供述犯罪事实，就赔偿问题与被害人达成调解协议并取得谅解，且自愿认罪认罚，依法予以从宽处罚。根据被告人董某某的犯罪事实、情节及其认罪悔罪表现，依法对其适用缓刑。该院依照《中华人民共和国刑法》第一百一十四条、第十七条之一、第六十七条第三款、第七十二条第一款以及《中华人民共和国刑事诉讼法》第十五条之规定，作出判决：

被告人董某某犯以危险方法危害公共安全罪，判处有期徒刑二年六个月，缓刑三年。

【适用解析】

《刑法修正案（十一）》在《刑法》第一百三十三条之一后增加一条，作为第一百三十三条之二："对行驶中的公共交通工具的驾驶人员使用暴力或者抢控驾驶操纵装置，干扰公共交通工具正常行驶，危及公共安全的，处一年以下有期徒刑、拘役或者管制，并处或者单处罚金。前款规定的驾驶人员在行驶的公共交通工具上擅离职守，与他人互殴或者殴打他人，危及公共安全的，依照前款的规定处罚。有前两款行为，同时构成其他犯罪的，依照处罚较重的规定定罪处罚。”

在重庆公交坠江事件发生之后，公共交通的安全问题得到了社会各界的广泛关注，对驾驶员以及驾驶操纵装置的保护尤其引起重视。由于原刑法对危害公共安全罪的解释并未包含对行驶中的公共交通工具的驾驶人员使用暴力或者抢控驾驶操纵装置的行为，导致此类极易造成危害公共安全的行为无法被危害公共安全罪所囊括。因此，随着这类危害行为的频繁发生，需对以危险方法危害公共安全罪作出扩大解释，将对行驶中的公共交通工具的驾驶人员使用暴力或者抢控驾驶操纵装置的行为纳入以危险方法危害公共安全罪的范畴。《刑法修正案（十一）》将对行驶中的公共交通工具的驾驶人员使用暴力或者抢控驾驶操纵装置的行为以妨害安全驾驶罪论处，以入刑的方式来保护驾驶人员以及驾驶操纵装置，希望借此在全社会形成一种威慑，通过遏制乘客对驾驶员的攻击故意，来保障公共交通工具的安全运营。

而对于公共交通工具的保护不仅限于约束乘客的行为，还需要约束公共交通工具驾驶人员的行为。《刑法修正案（十一）》决定增加的刑法第一百三十三条之二第二款规定，驾驶人员在行驶的公共交通工具上擅离职守，与他人互殴或者殴打他人，危及公共安全的，依照前款的规定处罚。公共交通工具的操纵装置是公共交通工具安全运营的重要防线，而该防线主要依靠操控该操纵装置的驾驶人员进行守护。因此，在公共交通工具上，驾驶人员对于乘客的挑衅与辱骂需要理性应对、正确处置，特别是不得擅离职守，放弃对操纵装置的操控，更不能殴打他人或者与他人互殴，置全车乘客安全与公共安全于不顾。

罪刑相适应是刑法的一项重要原则，对于乘客与公共交通工具的驾驶人员在公共交通工具上的违法行为，需要对乘客和公共交通工具驾驶人员的行为进行划分，来做到罪刑相适应。

就乘客而言，如果其仅仅实施了轻度危险行为，如辱骂、挑衅公共交通工具的驾驶人员，但并未殴打驾驶人员，也没有抢控公共交通工具的操纵装置，在此种情形下，若未造成严重后果，则不宜对乘客进行刑事处罚，仅进行行政处罚即可。但如果乘客的行为造成了严重后果，可以酌情考虑将乘客的行为认定为交通肇事罪，但仍旧以行政处罚为主，非必要不进行刑事处罚，更不能将乘客实施轻度危险行为认定为以危险方法危害公共安全罪。

如果乘客实施了中度危害行为，如轻微殴打公共交通工具的驾驶人员，或者在车流量、人流量稀少的平原马路地带，且公交车上几乎没有乘客时轻微拉扯公共交通工具驾驶人员的手臂等，如未造成严重后果，也无须对乘客进行刑事处罚；但若造成严重后果，则可认定乘客的行为构成交通肇事罪，构成其他犯罪的以其他犯罪论处，但仍不宜将乘客的行为认定为危害公共安全罪。

如果乘客实施了重度危害行为，如猛烈殴打公共交通工具的驾驶人员，在上下班高峰期或者山路地带抢控公共交通工具的驾驶操纵装置，危及公共安全，在此种情况下，可将乘客的行为认定为以危险方法危害公共安全罪。

就公共交通工具的驾驶人员而言，如果其实施了轻度危害行为，如与乘客对骂等，如未造成严重后果，不宜对驾驶人员进行刑事处罚，仅进行行政处罚即可；如造成严重后果，则以交通肇事定罪量刑即可，不宜认定为以危险方法危害公共安全罪。

如果驾驶人员实施了中度危害行为，如一只手握住方向盘，另一只手与乘客进行互殴，则需看驾驶人员的行为是否危及公共安全，如在车流量、人流量稀少的平原马路地带，且车上几乎没有乘客时，如果造成严重后果，则以交通肇事罪定罪量刑较为恰当；若在上下班高峰期或者山路地带实施上述行为，危及公共安全的，即使未造成严重后果，也应认定为以危险方法危害公共安全罪。

如果驾驶人员实施了重度危害行为，如置行驶中的公共交通工具于不顾，放弃对公共交通工具操纵装置的掌控，与乘客进行互殴或者殴打他人，危及公共安全的，即使未造成严重后果，也应认定为以危险方法危害公共安全罪定罪处罚。

综上所述，对于乘客以及公共交通工具的驾驶人员行为的定性，最主要是看对驾驶操纵装置有效掌控的危害。而对于公共交通工具驾驶人员的要求一般会比乘客要高，因为驾驶人员是驾驶操纵装置的掌控人员，负有更高的注意义务，且经过较为严格的专业训练，能够更好地处置突发状况。

关于浙 DJ ××××号公交车是否属于公共交通工具。《最高人民法院关于审理抢劫案件具体应用法律若干问题的解释》第二条将公共交通工具界定为“从事旅客运输的各种公共汽车，大、中型出租车，火车，船只，飞机等正在运营中的机动公共交通工具”。涉案的浙 DJ ××××号公交车是否从事旅客运输，是否正在运营中，是认定该公交车是否属于公共交通工具的关键。案发时，该公交车正从诸暨市次坞镇凰桐村开往诸暨市朱公湖停车场，且被告人本身就是乘客，故浙 DJ ××××号公交车属于公共交通工具。

本案中，董某某与正在行驶中的公共交通工具的驾驶人员发生争执，并打了驾驶人员一巴掌，致使驾驶人员脱离对公共交通工具驾驶操纵装置的掌控，造成属于公共交通工具的浙 DJ ××××号公交车在车流量、人流量大的路段，失控与路边的公交站台护栏发生碰撞的交通事故，应以以危险方法危害公共安全罪定罪处罚。

应当注意的是，本案裁判时，刑法尚未就"对行驶中的公共交通工具的驾驶人员使用暴力或者抢控驾驶操纵装置，干扰公共交通工具正常行驶，危及公共安全"的行为作出特别规定。因此，审理法院仍是依照《中华人民共和国刑法》第一百一十四条关于危害公共安全罪的一般规定，对董某某进行定罪处罚。由于《刑法修正案（十一）》已根据罪责刑相一致的原则，对上述行为作出特别规定，故在该修正案实施后，人民法院应依照新增加的妨害安全驾驶罪的规定，进行定罪处罚。

编写人：浙江省诸暨市人民法院　赵海毅

【第 134 条之一　重大责任事故罪】

9

重大责任事故罪主体的认定

——袁某某重大责任事故案

【基本信息】

1. 裁判书字号

河南省内乡县人民法院（2020）豫 1325 刑初 371 号刑事判决书

2. 罪名：重大责任事故罪

【基本案情】

2018 年 3 月 24 日下午 4 时许，被告人袁某某驾驶吊车放树，为避免放树过程中伤及周围村民房屋，由被害人孙某某立于吊车平时运送建筑工料的料斗内将绳子与树固定。吊斗升至十多米高度，孙某某往树上绑钢带时，一侧钢丝绳从吊钩上脱落，吊斗侧翻，孙某某从空中摔下，经抢救无效死亡，袁某某在操作吊车的过程中，违规载人，造成该事故的发生。事发后，民事部分已赔偿。另查明，2018 年 5 月 7 日，被告人袁某某主动到内乡县公安局投案。

【案件焦点】

对重大责任事故罪主体的认定。

【裁判要旨】

自然人在生产、作业中违反有关安全管理的规定，因而发生重大伤亡事故或者造成其他严重后果的，应当承担重大责任事故刑事责任。河南省内乡县人民法院经审理认为，被告人袁某某在作业的过程中，违反有关安全管理的规定，致一人死亡，其行为已构成重大责任事故罪。鉴于被告人袁某某犯罪后能自动投案，如实供述自己的罪行，系自首，且到案后能如实供述自己的罪行，当庭认罪悔罪，并积极赔偿了被害人的经济损失，取得了被害人的谅解，依法可从轻处罚。根据被告人的犯罪情节和悔罪表现，遂判决：

被告人袁某某犯重大责任事故罪，判处有期徒刑一年，缓刑一年。

【适用解析】

重大责任事故罪是近年来常见多发的一种犯罪行为，不仅危及人民群众的生命安全，也造成了国家和群众财产的重大损失，严重地阻碍了企事业单位的正常经营和发展，直接危害到社会的稳定。所谓重大责任事故罪，是指在生产、作业中违反有关安全管理的规定，因而发生重大伤亡事故或者造成其他严重后果的行为。重大责任事故案件的发生，严重危及人民群众的生命安全和财产安全，并引发社会对于生产作业安全的恐慌情绪，对国家安全和社会稳定造成不利的影响。综观刑法关于重大责任事故罪的立法沿革，该罪由行为犯向结果犯，再向结果犯与危险犯并存状态演变，其主体范围大体上呈现的是逐渐扩大的趋势。

一、重大责任事故罪主体规定的立法沿革

我国在立法中第一次出现关于重大责任事故罪的规定是1963年的刑法草案修正稿第33稿。其中关于主体的具体规定为，工厂、矿山、林场、建筑企业的职工，由于严重不负责任，违反规章制度。这一规定虽然表示已经开始追究重大责任事故罪的刑事责任，但在立法上有明显的缺陷。此罪的犯罪主体过于狭隘，仅仅局限在工厂、矿山、林场、建筑这四类企业的职工当中，不能包括在现实生活中从事生产的全部人员和企业类型，致使有些犯罪分子逃脱了法律制裁。在之后颁布的1979年刑法中，对第一百一十四条重大责任事故罪做出了新的规定。自此，重大责任事故罪成为我国刑法当中明文规定的一条罪名。在该条罪状的表述中，将此罪的犯罪主体范围扩大为："工厂、矿山、林场、建筑企业或者其他企业、事业单位的职工。"1997年刑法经过修订后，第一百三十四条将此罪的主体范围明确为："工厂、矿山、林场、建筑企业或者其他企业、事业单位的职工。"对该条文进行分析可以看出，虽然1997年修订在本罪的犯罪主体方面并没有什么明显的变化，只是在犯罪的结果要求方面修改为"因而发生重大伤亡事故或者其他严重后果的"。这个变化使重大责任罪由行为犯向结果犯进行转化，更加严格限定了重大责任事故罪的成立范围。这个细微的变化使1997刑法对重大责任事故罪的规定比1979年对此罪名的规定的逻辑更加严谨。同时，在1997年刑法修订中有6项责任事故型犯罪从重大责任事故犯罪中分离出来成为独立的罪名，分别是："重大飞行事故罪""铁路运营安全事故罪""重大劳动安全事故罪""工程重大安全事故罪""教育设施重大安全事故罪""消防责任事故罪"。发生在上述领域的责任事故犯罪已不能适用重大责任事故罪的规定。2006年《刑法修正案（六）》为适应我国加强保护生产作业领域的安全需要，在第一条即对重大责任事故罪进行了修改，修订后的犯罪主体范围是："在生产、作业中违反有关安全的规定。"此次修改为了更加适应生产经营主体多元化的现实状况，对该罪的主体范围做出了开放式的规定，不再是1997年刑法所规定的犯罪主体。即不论是公营生产单位的人员还是私营生产企业的人员，是本单位正式职工还是非本单位职工，只要是进行生产作业活动中违反安全生产的任何自然人，都可以成为本罪的主体。2021年《刑法修正案（十一）》对重大责任事故罪新增一条有关危险生产、作业的法律规定作为第一百三十四条之一，进一步加强了对生产安全作业领域的安全保护。一般而言，重大责任事故罪属于结果犯，但是由于《刑法修正案（十一）》的规定，增加了"具有发生重大伤亡事故或者其他严重后果的现实危险"的条款，使得重大责任事故罪的三种特殊行为超脱于结果犯，不再要求实质性犯罪结果的发生，只要行为人实施了危险作业的三种具体情形，并且行为具有产生严重后果的现实的实质危险时，就成立重大责任事故罪。这使得该罪从惩罚和预防两个角度都加大了生产作业的安全保护，并进一步扩大了重大责任事故罪的主体范围。

二、重大责任事故罪主体的特征

从刑法理论上讲，重大责任事故罪的犯罪性质属于业务过失类犯罪。所以本罪的主体，要求是从事生产作业活动的业务人员，具有业务活动的特定性。同时要求该罪中的业务活动有威胁到他人生命和身体安全的可能。现行刑法对重大责任事故罪的规定沿用了《刑法修正案（六）》的具体内容，是指在生产作业中违反有关安全管理的规定，从而导致重大伤亡事故或者造成其他严重后果。从该条规定中可以看出，本罪的行为主体为自然人，在具体生产实践中有以下几种分类，包括指挥或者管理的领导者、基层管理人员、实际操作者、出资者，还包括直接进行生产作业的人员，而这些人员所在企业的性质，则不影响对此罪行为主体的判断。《刑法修正案（六）》通过对重大责任事故罪主体范围的修改，改变了以前不能追究非法经营者造成重大安全事故刑事责任的情形。《刑法修正案（十一）》则通过增加三种特殊的危险作业的情形，改变了以前只能追究造成严重后果而不能追究造成实质危险性具有安全隐患的情形。立法者通过对此罪的几次修订，将重大责任事故罪主体的范围逐渐扩大，也就是说，不论行为人是否合法经营，不论其是领导指挥人员还是实际操作人员，不论其是正式职工还是非正式职工，只要符合该罪的构成要件，都可以被认定为重大责任事故罪的主体。综上所述，重大责任事故罪的主体范围不断扩大理解为一般主体，更有利于生产经营主体多元化的实际状况，更有利于刑法发挥其警示作用从而保障生产活动的安全，同时也更有利于维护社会正义，彰显法治精神。

本案中，被告人属于自然人，其在操作吊车的过程中，违反有关安全管理的规定，违规载人，致使吊车吊斗侧翻致被害人死亡，其犯罪主体特征符合重大责任事故罪主体，构成重大责任事故罪。

三、重大责任事故罪主体认定实质由特殊的注意义务所决定

重大责任事故主体范围的认定实际上是由重大责任事故罪中对行为人课以的注意义务所决定的。重大责任事故罪与过失致人死亡罪虽然主观上都属于过失，两者隶属法条竞合的关系，但是两者所要履行的注意义务有所不同。重大责任事故罪所要履行的注意义务是特殊的有关生产作业安全方面的义务，而过失致人死亡罪所要履行的一般为日常社会生活所需的义务。重大责任事故罪的特殊注意义务是由生产作业的场合和相应的规章管理制度所决定的。一般而言，重大责任事故罪并不针对特定的目标，该罪名设立所保护的最为直接的客体是生产作业的安全，这一直接客体与人的生命健康权是相联系的。而过失致人死亡罪所保护的法益直接为人的生命权。而重大责任事故罪中三种危险行为的特殊主体的量刑较一般的重大事故罪主体的量刑低，是因为这种注意义务与一般的重大责任事故罪的注意义务又有所区别，这种注意义务主要表现在安全生产作业前或者是与安全生产作业的配套设施相关的注意义务。

本案中，被告人袁某某作为长期从事生产作业的吊车驾驶人员，其虽然属于自然人，但自其操作吊车开始，就已经被刑法课以安全生产作业的注意义务，在后续的作业过程中，就必须履行在安全生产作业方面的注意义务。而袁某某用料斗载人，违反了生产作业有关安全的规定，未履行在安全作业方面的注意义务。但是，由于袁某某的行为并不属于《刑法修正案（十一)》新增的三种危险行为，必须造成严重后果，才承担刑事责任。而在本案中袁某某确实最后造成被害人孙某某死亡的严重后果，因此，构成重大责任事故罪。

编写人：河南省南阳市中级人民法院 张亚楠

河南省内乡县人民法院 成延洲 杨慧文

第三章　破坏社会主义市场经济秩序罪

第一节　生产、销售伪劣商品罪

【第 141 条　生产、销售、提供假药罪】

10

涉药品犯罪定性及竞合分析

——石某某、刘某某销售假药案

【基本信息】

1. 裁判书字号

浙江省绍兴市中级人民法院（2020）浙 0603 刑初 546 号刑事判决书

2. 罪名：销售假药罪

【基本案情】

浙江省绍兴市柯桥区人民法院经审理查明：2018 年 12 月至 2019 年 7 月，被告人石某某伙同被告人刘某某等人经事先商量，在无药品经营许可证的情况下，由石某某从网上购入无标示规格、生产单位、批号及有效期的“保密配方中药袋”，由被告人刘某某负责在网上宣传并送货至快递点。消费者通过网上广告添加广告中的微信咨询并下单购买。被告人石某某、刘某某以顺丰快递货到付款的方式，销售

“保密配方中药袋”2000余包（内含小包），销售金额达18万余元。经鉴定，涉案“保密配方中药袋”中检出格列本脲、格列美脲、马来酸罗格列酮、盐酸二甲双胍。经认定，涉案“保密配方中药袋”符合药品特性，但药品所含成分与国家药品标准规定的成分不符，系假药。

另查明，被告人石某某、刘某某被抓获后否认自己在网上销售假药，直至侦查阶段中后期才如实供述了上述事实。公安机关从被告人石某某处扣押“保密配方中药袋”84包、深蓝色OPPO牌手机1部、红色vivo牌手机1部，从被告人刘某某处扣押蓝紫色OPPO牌手机1部，从消费者蒋某某处接受了小包“保密配方中药袋”1包。

【案件焦点】

石某某、刘某某销售的药品与国家药品标准规定的成分不符，系假药，其二人是否构成销售假药罪。

【裁判要旨】

浙江省绍兴市中级人民法院经审理认为，被告人石某某、刘某某明知系假药，仍非法予以出售，其行为均构成销售假药罪，属共同犯罪。公诉机关指控的罪名成立，予以支持。被告人石某某、刘某某能当庭自愿认罪，酌情予以从轻处罚。采纳被告人石某某、刘某某要求从轻处罚及辩护人建议对被告人石某某、刘某某从轻处罚的意见。但根据被告人石某某、刘某某的销售金额、数量及社会危害程度，不宜宣告缓刑。不采纳被告人石某某、刘某某要求判处缓刑及相应辩护人分别建议对被告人石某某、刘某某适用缓刑的意见。作案工具及被扣押的假药，依法予以没收。依照《中华人民共和国刑法》第一百四十一条、第二十五条第一款、第六十四条、第三十七条之一第一款之规定，判决如下：

一、被告人石某某犯销售假药罪，判处有期徒刑二年四个月，并处罚金人民币20万元；

二、被告人刘某某犯销售假药罪，判处有期徒刑二年四个月，并处罚金人民币20万元；

三、禁止被告人石某某、刘某某在刑罚执行完毕之日起三年内从事食品、药品生产、销售及相关活动；

四、暂存于绍兴市公安局柯桥区分局的“保密配方中药袋”84包、小包“保密配方中药袋”1包、深蓝色OPPO牌手机1部、红色vivo牌手机1部，蓝紫色OPPO牌手机1部，予以没收，由绍兴市公安局柯桥区分局负责处理。

一审宣判后，被告人石某某、刘某某未提出上诉，公诉机关亦未提出抗诉，判决已发生法律效力。

【适用解析】

我国刑法原先共有两个条文涉及药品管理，分别是第一百四十一条生产、销售假药罪和第一百四十二条生产、销售劣药罪，两个条文均依照《中华人民共和国药品管理法》（以下简称《药品管理法》）的规定界定假药、劣药。而在2019年8月26日，十三届全国人大常委会第十二次会议上正式通过修订后的《药品管理法》，该法于2019年12月1日正式施行。对比2015年《药品管理法》，该法在假药、劣药的认定上整合“假药”与“按假药论处的药品”“劣药”与“按劣药论处的药品”，新增“禁止类药品”，并调整了部分假药、劣药的定性。详见下表。

2015年版《药品管理法》	2019年版《药品管理法》	变　化
假药： （一）药品所含成份与国家药品标准规定的成份不符的； （二）以非药品冒充药品或者以他种药品冒充此种药品的。	假药： （一）药品所含成份与国家药品标准规定的成份不符； （二）以非药品冒充药品或者以他种药品冒充此种药品； （三）变质的药品； （四）药品所标明的适应症或者功能主治超出规定范围。	1. 原第（三）项变质的药品；原第（六）项药品所标明的适应症或者功能主治超出规定范围。 2. 原按假药论处的第（一）项国务院药品监督管理部门规定禁止使用的药品；第（二）项依照本法必须批准而未经批准生产、进口，或者依照本法必须检验而未经检验即销售的药品；第（五）项使用依照本法必须取得批准文号而未取得批准文号的原料药生产的药品转为“禁止类药品”。 3. 被污染的药品转为劣药。
按假药论处： （一）国务院药品监督管理部门规定禁止使用的； （二）依照本法必须批准而未经批准生产、进口，或者依照本法必须检验而未经检验即销售的； （三）变质的； （四）被污染的； （五）使用依照本法必须取得批准文号而未取得批准文号的原料药生产的； （六）所标明的适应症或者功能主治超出规定范围的。		

续表

2015 年版《药品管理法》	2019 年版《药品管理法》	变　化
劣药： 药品成份的含量不符合国家药品标准的，为劣药。 按劣药论处： （一）未标明有效期或者更改有效期的； （二）不注明或者更改生产批号的； （三）超过有效期的； （四）直接接触药品的包装材料和容器未经批准的； （五）擅自添加着色剂、防腐剂、香料、矫味剂及辅料的； （六）其他不符合药品标准规定的。	劣药： （一）药品成份的含量不符合国家药品标准； （二）被污染的药品； （三）未标明或者更改有效期的药品； （四）未注明或者更改产品批号的药品； （五）超过有效期的药品； （六）擅自添加防腐剂、辅料的药品； （七）其他不符合药品标准的药品。	1. 新增第（二）项被污染的药品（原系“按假药论处的药品”）； 2. 第（六）项取消了对着色剂、香料、矫味剂的限制； 3. 更改了部分描述。

2019 年版《药品管理法》规定“禁止未取得药品批准证明文件生产、进口药品；禁止使用未按照规定审评、审批的原料药、包装材料和容器生产药品”，即将“未取得药品批准证明文件生产、进口的药品”从假药范畴中予以剔除。上述法条的变动，使得条文本身更符合群众对假药、劣药的一般心理认知。对未经批准的药品不再按假药论处的条文变动，更是在保障公民健康权及积极实施权利自救方面具有重大意义。但《药品管理法》的条文变动打破了与刑法条文的对应关系，尤其是 2019 年 12 月至《刑法修正案（十一）》正式施行，法院对行为人生产、销售未取得药品批准证明文件生产、进口药品的，难以妥善定罪量刑。各地法院在办理此类案件中或仍保持定罪不变，适用生产销售假药罪；或以相关罪名，如非法经营罪定罪论处；或出罪仅予以行政处罚。

本次《刑法修正案（十一）》通过三个涉及药品的条文弥补和完善了两部法律之间的对应关系，形成了良好的自洽，填补了违反《药品管理法》第一百二十四条规定行为的刑事责任空缺，切实保障人民群众的用药安全和身体健康。

一、《刑法修正案（十一）》涉药品犯罪的法条变动及相关条文解读

《刑法修正案（十一）》在第五条、第六条、第七条针对涉药品犯罪作了相应

的调整。

《刑法修正案（十一）》第五条，较于原《刑法》第一百四十一条有以下改动：一是取消了原第二款假药的定义；二是新增第二款“药品使用单位的人员明知是假药而提供给他人使用的，依照前款的规定处罚”，即将犯罪主体扩大到药品使用单位的工作人员。第六条除与第五条保持相对应的变动外，另取消了原《刑法》第一百四十二条“并处销售金额百分之五十以上二倍以下罚金”的罚金数额限制。

关于涉药品犯罪条文改动最大的在第七条，不同于之前仅处罚违规药品的生产、销售行为，第一百四十二条之一将打击范围扩展到更多的药品生产经营行为。包括：生产、销售国务院药品监督管理部门禁止使用的药品的；未取得药品批准证明文件生产、进口药品或者明知是上述药品而销售的；药品申请注册中提供虚假的证明、数据、资料、样品或者采用其他欺骗手段的；编造生产、检验记录的。法条对该条作了穷尽式列举，对《药品管理法》第一百二十四条列明的其余三种行为方式未作规定。在入罪方式上，第一百四十二条之一所规定的罪名不同于前两个罪名，而采用具体危险犯的入罪标准，要求违反药品管理法规的经营行为达到足以严重危害人体健康的程度。对此，我们的理解是，类似编造生产、检验记录的行为通常不一定会产生严重的健康后果，如果采用同生产、销售假药罪一样的抽象危险犯入罪标准，则入罪标准过低，大量违规行为都可以构成犯罪；而未取得药品批准文件生产、进口的药品可能存在较好的疗效，在难以查明涉案药品对人体健康的危害后果下，如若采用较低的入罪标准，容易导致此类生产、进口此类药品的行为被大量入罪，打击药品犯罪的法律效果亦不能得到体现。

《刑法》第一百四十二条之一第二款明确了想象竞合时从一重罪处罚的处理方式。涉药品犯罪的三个罪名彼此关联紧密，极易发生竞合，以本案为例，被告人石某某、刘某某经营、销售行为同时构成两个罪名，构成想象竞合：首先，石某某、刘某某销售的“保密配方中药袋”符合药品特性，系药品，但该药品未取得药品相关批准证明文件，其二人的行为已违反《刑法》第一百四十二条之一的规定。同时，该药品经绍兴市食品药品检验研究院鉴定，含有格列本脲、格列美脲、马来酸罗格列酮、盐酸二甲双胍成分，所含成分与国家药品标准规定的成分不符，系假药，石某某、刘某某的行为又构成销售假药罪。故应当以销售假药罪定罪论处。

二、涉药品犯罪的审理思路调整

药品安全涉及患者的身体健康及生命安全，涉药类案件是百姓关注的焦点案件。《刑法修正案（十一）》改变了原先假药、劣药犯罪的二元格局，假药、劣药、“禁止类药品”以及容易混淆的保健食品相互交织，彼此间又存在竞合情形，办案难度较大。在具体案件审理中，我们认为应当注意及着重审查以下内容：

1. 药品及保健食品的认定。由于《药品管理法》不再将未取得药品批准证明文件生产、进口的药品视为假药。行为人打着药品之名销售产品的，不一定构成生产、销售、提供假药罪。根据《药品管理法》的规定，药品应当具备药品成分和符合药品包装要求两层要件。我们认为，对于以药品之名进行销售的行为，要注重审查以下内容：一是行为人销售产品推销的话术内容及产品包装是否明示或者暗示治疗效果；二是消费者出于何种消费目的购买该产品；三是所销售的产品是否含有药品成分。实践中，药品、保健食品往往难以区分，两者在目的、功能上存在差异，但现实中行为人出于推广销售的目的，可能会放大保健食品的保健效果甚至谎称为药品进行销售。对该类产品，不能仅依据食品、药品监督管理部门出具的鉴定意见就草率认定构成销售假药罪。综上，根据案件的不同情况，我们在审查涉案产品能否评价为药品上可以得出以下审判结论：若涉案产品确无药物成分，不能评价为药品，而行为人谎称以药品销售的，或在产品外包装上明示或者暗示治疗效果的，则该行为构成以非药品冒充药品，应当以销售假药罪定罪论处；若销售产品确含有药品成分，并具有针对某种疾病的治疗效果，则要具体根据其批准证明文件、药品成分等情况分别定罪量刑；若行为人销售话术及产品包装均未明确表述产品具有治疗效果，且产品难以评价为药品的，生产、销售行为亦可能构成生产、销售有毒有害食品罪或生产、销售不符合安全标准的食品罪。

2. 审查药品是否有相应的批准证明文件。在认定涉案产品系药品后，应审查该药品是否已取得药品批准证明文件。若涉案药品未取得相应批准证明文件的，则可能构成《刑法》第一百四十二条之一所规定的犯罪，若同时符合生产、销售、提供假药罪的客观构成要件的，应依照处罚较重的规定定罪论处。

3. 审查药品的成分、性状及制作方式是否符合国家、地方标准。由于专业隔阂，刑事法官对于药品功效及假劣药的实际危害往往缺少了解，在此方面审查上尤其依赖药品管理机构出具的意见。药品成分与国家药品标准规定的成分不符的，系假药，应当以生产、销售、提供假药罪定罪论处；药品成分的含量不符合国家药品标准的，系劣药，应当以生产、销售、提供劣药罪定罪论处。

4. 危害性审查。《药品管理法》第一百二十四条规定了未取得药品批准证明文件生产、进口药品等违规行为的行政责任。《刑法修正案（十一）》填补了刑事责任空白。四种行为出入罪虽均采用足以严重危害人体健康的具体危险犯表述，但四种行为的行为模式及严重危害人体健康的可能性不同，尤其是“编造生产、检验记录”的行为离销售行为较远，危害人体健康的结果难以查证。因此，本罪的入罪标准有待相关司法解释进一步予以明确。就现阶段处理此类案件而言，我们应当积极加强与药品监督管理机构的沟通交流，通过行政案例加深了解，积极听取相关机构出具的意见及药品使用患者的意见反馈，审慎作出入罪判决。

编写人：浙江省绍兴市中级人民法院　梁赛群　金逸

11

生产、销售、提供假药罪的司法适用

——张某、吴某销售假药案

【基本信息】

1. 裁判书字号

江苏省常州市天宁区人民法院（2019）苏0402刑初608号刑事判决书

2. 罪名：销售假药罪

【基本案情】

被告人张某原系江苏省常州市某私立医院男科医生，其了解到网络上销售的“海马雄肽胶囊”等带有保健品字号的产品宣称具有一定功效，遂推荐给该医院采购林某（另案处理），由林某从网上以低廉的价格购进上述产品。被告人张某在平时的治疗过程中多次将上述产品当作药品，以处方的形式开具给不同患者，患者在该医院药房直接拿药，或从他处自行购买。被告人吴某原系该私立医院药房负责人，在明知上述产品不符合规定的情况下怠于履行核对药方职责，将开具上述产品的药方与正常药方分开，并将上述产品与常规药品分开存放。经鉴定，“海马雄肽胶囊”等产品中含有“西地那非”成分。

另案查明，“海马雄肽胶囊”系被告人陈某（另案处理）所生产，其购入铝膜、空胶囊、包装盒、塑封机、塑料瓶等材料，仿冒其他公司生产的保健品包装生产上述胶囊，并在生产过程中掺入“西地那非”原料，通过线上、线下等方式销售。经法院二审审理后最终认定陈某构成生产、销售有毒、有害食品罪。①

【案件焦点】

1.《刑法修正案（十一）》出台之后，如何掌握“假药”的认定标准；2. 如何理解药品使用单位人员生产、销售假药的行为；3. 在司法适用过程中如何贯彻主客观相统一原则。

【裁判要旨】

江苏省常州市天宁区人民法院经审理认为，被告人张某作为原江苏省常州市某私立医院的男科医生，被告人吴某作为该医院药房负责人，明知是假药仍予以销售，应当以销售假药罪追究其刑事责任，属共同犯罪。被告人张某、吴某到案后能如实供述自己的罪行，依法可以从轻处罚。被告人张某、吴某认罪认罚，依法可以从宽处理。依照《中华人民共和国刑法》第一百四十一条、第六十七条第三款、第五十二条、第五十三条第一款、第六十四条，《最高人民法院、最高人民检察院关于办理危害药品安全刑事案件若干问题的解释》第十二条、第十五条，《中华人民共和国刑事诉讼法》第十五条、第二百零一条之规定，法院作出如下判决：

一、被告人张某犯销售假药罪，判处有期徒刑九个月，并处罚金人民币 1 万元；被告人吴某犯销售假药罪，判处有期徒刑九个月，并处罚金人民币 1 万元；

二、对查获并扣押的产品，均予以没收。

【适用解析】

随着社会经济的快速发展和生活水平的提高，人民群众越发注重为健康“投

① 陈某生产、销售有毒、有害食品案，江苏省常州市中级人民法院（2020）苏 04 刑终 85 号刑事裁定书。

资”，居民健康消费逐年攀升。药品市场需求的进一步扩大，给不法分子可乘之机。药品市场乱象频出，制售假药违法犯罪活动猖獗，不仅对我国药品管理秩序造成一定的影响，还严重侵害了人民群众的生命健康利益，甚至危及公共安全。当前，制售假药行为呈现的新手段和新特点给药品安全监管和刑事司法带来了新的挑战。一是假药流通渠道隐蔽。通过网络、社交等平台销售假药成为主要手段，互联网、快递等现代物流成为假药流通的重要渠道。二是混淆食品和药品的界限。不法分子通过生产、销售掺入了禁止添加物质的产品，并将其包装、宣传成具有一定疗效、在主治功能上与药品具有相同功效的保健食品，企图在误导患者的同时逃避药品监管。三是假药销售终端向专业医疗机构等药品使用单位渗透。基于药品使用单位的特殊性，医疗机构等单位的相关人员明知是假药仍提供给他人使用所造成的社会危害性更大。刑事立法层面，有必要健全覆盖药品生产、经营、使用及监管全过程的法律制度，以对上述情况进行回应和警示。在办理此类案件时，司法机关应当严格贯彻习近平总书记提出的“最严谨的标准、最严格的监管、最严厉的处罚、最严肃的问责”要求，做好新《药品管理法》和《刑法修正案（十一）》的相互衔接，保障公众用药安全，促进药品行业发展，推进健康中国建设。

一、关于“假药”的认定标准

《刑法修正案（十一）》第五条将《刑法》第一百四十一条第二款修改为“药品使用单位的人员明知是假药而提供给他人使用的，依照前款的规定处罚”，删除了该条第二款关于“假药”的援引性规范。鉴于修订后的《药品管理法》对“假药”的范围重新作出了调整，故在处理刑法该条文新旧衔接时，关键是要理顺新旧《药品管理法》之间相关概念的内涵变化，做好《刑法修正案（十一）》和新《药品管理法》之间的行刑衔接。

（一）“假药”的范围

2019 年 8 月 26 日修订的《药品管理法》对假药的认定作了重大调整，取消了“按假药论处”的情形，只规定了实质假药的具体范围。为此，《刑法修正案（十一）》第五条明确了“假药”认定应依药品管理法规定进行的当然内涵，有效保证了刑法与药品管理法假药认定标准的一致性。原《药品管理法》中部分“假药”和“以假药论处”的情形或被调整至“劣药”范围，或被纳入《刑法修正案（十一）》新增的第一百四十二条之一“妨害药品管理秩序”的行为内容。根据修订后的《药品管理法》第九十八条规定，“假药”包括以下四种情形：（一）药品所含成份与国家药品标准规定的成份不符；（二）以非药品冒充药品或者以他种药品冒充此种药品；（三）变质的药品；（四）药品所标明的适应症或者功能主治超出规定范围。

（二）“假药”的司法认定

所谓药品，是指用于预防、治疗、诊断人的疾病，有目的地调节人的生理机能并规定有适应症或者功能主治、用法和用量的物质，包括中药、化学药和生物制品等。刑法上的假药则包括药品和非药品。认定行为人生产、销售的是否属于刑法意义上的“假药”，不要求其能为人体所用，也不要求其制售的产品完全具备药品的医学属性，仅需具备药品的外观表象即可。该表象既可体现在产品本身的各种标识，如外包装标明的字号、说明书载明的主治功能、适应症等；也可透过行为人的行为和主观意图予以表达，即行为人欲使被害人相信其用来充当药品的物质能够用于预防、治疗、诊断自身疾病、调节生理机能。

本案中，张某所销售的“海马雄肽胶囊”等产品系其上游陈某所生产，该产品包装上印有“蓝帽子”标识，标注国食健字号，并附有伪造的“保健食品 GMP 证书”“国家食品药品监督管理局保健食品批准证书”等虚假资料。其掺入的“西地那非”属于国务院有关部门公布的《保健食品中可能非法添加的物质名单》中的物质，依照相关司法解释应认定为“有毒、有害的非食品原料”①。从属性上看，该产品并不属于“药品”的范畴，而是属于掺入了禁止添加物质的非药品，但张某在问诊过程中，将上述产品冒充药品列于处方中并销售给患者，患者基于张某的身份相信该胶囊能够治疗或调节身体的各项机能，使得该产品具备了药品的外观表象，符合《药品管理法》第九十八条“以非药品冒充药品”的情形。因此在刑法上，张某的行为应依照销售假药行为予以认定。

二、关于本罪行为模式的判断

本罪司法适用的重点在于对行为模式的考量。《刑法修正案（十一）》第五条

① 需要说明的是，陈某生产、销售有毒、有害食品案中，药品监督管理部门对成分相同、仅包装不同的案涉产品作出了不同的鉴定意见，给案件审理带来一定困扰。因此，鉴定意见作为刑事证据的一类，司法机关并非必须采纳，而是应当对案情事实进行全面审查，对案涉产品是否为“假药”依职权作出认定。

将“药品使用单位的人员明知是假药而提供给他人使用”纳入生产、销售、提供假药罪，扩大了该罪的行为范围。及时揭示该修正案所蕴涵的字面含义和本质属性，对准确理解该罪的立法本意具有重要意义。

传统刑法理论认为，“生产假药，是指生产、加工配制假药；销售假药，是指将自己或他人生产的假药予以出售”[①] “一切制造、加工、配制、采集、收集某种物品充当合格或特定药品的行为，都是生产假药的行为”“一切向不特定或者多数人有偿提供假药的行为，都是销售假药的行为”[②]。司法实务中，生产假药的行为包括：（1）合成、精制、提取、储存、加工炮制药品原料；（2）在将药品原料、辅料、包装材料制成成品过程中，进行配料、混合、制剂、储存、包装；（3）印制包装材料、标签、说明书等。销售假药行为则除了一般主体出售假药之外，还包括医疗机构、医疗机构工作人员明知是假药而有偿提供给他人使用，或者为出售而购买、储存等[③]。上述概念列举了涉及生产、销售假药行为的表现手段，但“有限的表现手段与无限的事态之间，原本就不能有‘一对一’的对应关系”[④]，对于“药品使用单位的人员明知是假药而提供给他人使用”的情形如何类型化为生产、销售、提供假药罪的客观构成要件，则应对该罪的行为模式进行具体分析。

（一）提供假药给他人使用

根据以往的司法实践，实务中对明知属于假药而有偿提供给他人使用的行为应当认定为“销售”假药罪已有统一认识。[⑤] 然而随着新业态犯罪的不断出现，有必要对上述情况进行进一步概括或解释，“从而使得现实发生的案件与类型具有可比较性、可涵摄性”[⑥]。本案中，张某作为医院的工作人员，将非药品冒充药品向患者开具处方后，存在两种情况，一是患者持处方前往该医院药房拿药，二是患者依

---

① 王作富：《刑法分则实务研究（上）》，中国方正出版社 2013 年版，第 196 页。

② 张明楷：《刑法学》，法律出版社 2016 年版，第 739 ~ 740 页。

③ 《最高人民法院、最高人民检察院关于办理危害药品安全刑事案件适用法律若干问题的解释》（法释〔2014〕14 号）第六条。

④ 张明楷：《犯罪构成体系与构成要件要素》，北京大学出版社 2010 年版，第 199 页。

⑤ 《最高人民法院、最高人民检察院关于办理生产、销售假药、劣药刑事案件具体应用法律若干问题的解释》（法释〔2009〕9 号，已废止）第四条第一款；《关于办理危害药品安全刑事案件适用法律若干问题的解释》（法释〔2014〕14 号）第六条第二款。

⑥ 张明楷：《犯罪构成体系与构成要件要素》，北京大学出版社 2010 年版，第 202 页。

据该处方于他处自行购买。前一种情况属于有偿提供假药的行为，根据统一的司法实践，该行为应当认定为销售假药；而对后一种情况如何认定，则涉及对刑法条文的解释。笔者认为该情形亦符合“销售”的行为模式，可以认定为销售假药。理由主要基于以下几个方面：

1. “药品使用单位”的主体限制。“药品使用单位”主要包括医疗机构和非医疗机构，非医疗机构包括从事计生服务、人类疾病预防、康复保健等活动的机构。生产、销售假药罪的行为主体是非身份犯，但适用《刑法修正案（十一）》第五条第二款的前提是行为主体必须属于药品使用单位的人员，包括药师、医师，也包括一般工作人员。该主体的普遍特征在于其处在药品流通环节。本案中，张某作为具有开具处方权的医师，吴某作为药房的药师，均是假药流向市场的关键人员。非上述机构的人员并未处于药品流通环节，其提供假药给他人使用的，无法构成销售假药罪。

2. 行为的社会危害性。“某种行为侵犯的客体越重要，其被解释为犯罪行为的可能性就越大。因此，在考虑对特定法条有无必要作扩张解释之前，应考察行为所侵犯的法益（犯罪客体）的性质，同时，也应当考虑行为侵害法益的样态。”① 所侵犯客体的重要性也从侧面说明了行为的社会危害性。“开具假药处方”行为和“销售假药”行为之间不是并存或者排斥关系，而是种属关系，其共同的核心属性是“促使假药流通”。《药品管理法》《处方管理办法》《药品流通监督管理办法》等对药品的购进、审查、储存，处方的开具、审核、调配等作了明确规定，张某违反职务上的规定和义务开具假药处方，将患者置于服用假药从而造成生命健康损害的危险之中，其对药品管理秩序和公民生命健康权的现实危害是不言而喻的。因此，将张某开具假药处方的行为解释为“销售”假药的行为属于合理的扩大解释，不违反罪刑法定原则。

3. 本罪的犯罪类型。本罪属于行为犯，只要实施了生产、销售假药的行为，即构成本罪。处方，是由医师在诊疗活动中为患者开具的，由药师审核、调配、核对，并作为患者用药凭证的特殊医疗文书。鉴于此，张某一旦开具假药处方，其实行行为即告完成，既遂标准只要求产生抽象的危险可能性而不必产生实害结果，即

---

① 竹莹莹：《刑法扩张解释的适用与限度》，载《人民司法》2010 年第 23 期。

本罪中的“销售”不要求实际售出。就本案张某开具假药处方后患者于他处自行购买的情形，除非开具处方和销售假药行为之间存在共谋，患者实际购买假药的数额不应作为张某的犯罪金额。

另外，根据《药品管理法》的规定，部分医疗机构可以根据本单位临床需要自行配制制剂，并在本单位或指定的医疗机构之间调剂使用。若上述机构的人员在制造、加工、配制过程中将药品管理法所规定的几类假药充当合格药品或者特定药品，该行为符合本罪中的“生产”假药行为。因此，《刑法修正案（十一）》第五条第二款亦适用于“生产”假药的情形。

（二）帮助生产、销售、提供假药行为

为他人生产、销售、提供假药行为提供帮助，应当以生产、销售、提供假药罪的共犯论处。“对于经过几个环节才到患者手中的假药，每个环节的销售者都应对其销售假药的行为负责”[1]，同理，每个环节的生产者也应当对其生产假药的行为负责。本案中，作为药房的药师吴某，违规储存案涉假药，在依处方调配药品过程中，明知张某开具的处方中所列的是假药，未尽其应尽的审查、评估、核对、发药以及安全用药指导等职责，仍将严重不符合规定的假药发放给患者，构成销售假药的帮助行为。依此逻辑，在药品使用单位自行配制假药过程中，明知是假药而提供帮助的，构成生产假药罪的共犯。

三、关于本罪主客观方面及其统一

（一）本罪的主客观方面

在客观方面，本罪危害的是药品管理秩序和人民群众的生命健康安全。对行为人客观方面的判断，可以从其行为外观进行解读，在本罪中表现为生产、销售、提供假药。在主观方面，本罪责任形式是故意。《刑法修正案（十一）》第五条第二款关于“明知”的注意规定意在表明，不论是一般主体还是药品使用单位的人员，过失均不构成本罪，“行为人必须明知符合犯罪的客观构成要件要素的事实，并且希望或者放任危害结果的发生”[2]。行为人的违法犯罪事实离不开其主观意志的内容，“架构这个事实的不法要素，都是故意的对象，也就是故意行为人所必须认识

① 王作富：《刑法分则实务研究（上）》，中国方正出版社2013年版，第197页。

② 张明楷：《刑法分则的解释原理（下）》，中国人民大学出版社2011年版，第628页。

的要素”①。因此，行为人对本罪中的以下要素应当明知：（1）所生产、销售、提供的是假药；（2）所实施的是生产、销售、提供假药的行为。对行为人主观明知的判断，应结合其从业经历、认知能力、产品质量、进货渠道及价格、销售渠道及价格以及生产、销售、提供方式等事实综合认定，包含“已经或应当知道系假药、已经怀疑或应当怀疑系假药、不能肯定或不应肯定系真药仍予以生产、销售等直接故意或间接故意的心理状态”②。如患者之间互相赠药、快递小哥运送装有假药的快递等行为，因在客观上缺乏认识的对象，故而不能认为其对本罪的客观构成要素有所认识，不成立主观故意。本罪并不要求以非法获利为目的，“亏本”制售假药不影响本罪名的成立。

（二）本罪主客观方面的相互对应

如前所述，本罪的犯罪类型属于行为犯。因此，行为人的主观明知和客观行为决定其是否构成该罪，危害后果和犯罪数额决定其罪责大小。在本罪的司法适用过程中，应当严格贯彻主客观相统一的刑法原则，以客观行为作为事实认定的基本框架，以主观明知的内容作为罪名选择的主要方向，两者相互结合对犯罪行为予以最终定性。司法实务亦支持将主观明知和客观行为的相互对应作为框定犯罪构成要件的前提。③

本案上游、下游犯罪生产、销售的对象均为“海马雄肽胶囊”等产品，张某、吴某最终被认定为销售假药罪，但其上游陈某构成的是生产、销售有毒、有害食品罪。罪名不同的原因并非两案的裁判尺度不一或查明事实有所出入，而恰恰是对主客观相统一原则的运用。具体而言，客观构成要件需要通过主观明知的范围予以确定，从而准确认定行为人具体侵害的法益。“从行为的主观面开始判断，才知道要选择哪一个客观的构成要件作为判断的依据，因为着手实施的行为究竟是什么样的行为，必须从行为人的故意才能得知”④，即便存在类似甚至相同的行为外观，因主观故意范围的不同也会导致罪名的差异。张某、吴某的行为是“以非药品冒充药

---

① 许玉秀：《当代刑法思潮》，中国民主法制出版社2005年版，第303页。

② 陈晓钟、戚庚生：《生产、销售假药罪主观上明知及相关难点的司法认定》，载《人民司法》2012年第8期。

③ 如王某华等生产、销售有毒食品案，载《刑事审判参考》总第118集，法律出版社2019年版，第120页。

④ 许玉秀：《当代刑法思潮》，中国民主法制出版社2005年版，第466页。

品”，主观故意的内容是明知属于假药而充当药品予以销售；而陈某的行为是在保健食品中添加有毒、有害的非食品原料，主观故意的内容是将案涉产品包装成保健食品并出售。因此，张某、吴某和陈某虽具有相同的行为外观，但根据主客观相统一原则，应对两案区别处理。

编写人：江苏省常州市中级人民法院　万海峰

12

销售未经批准进口仿制药的司法裁判规则

——贺某、李某销售假药案

【基本信息】

1. 裁判书字号

重庆市第五中级人民法院（2018）渝05刑终159号刑事判决书

2. 罪名：销售假药罪

【基本案情】

2015年至2016年9月，被告人贺某、李某在明知“吉非替尼片”（印度版“易瑞沙”）系未经批准进口的假药的情况下，由李某在广东省广州市以人民币400元/盒的价格从在华印度留学生处购买“吉非替尼片”后加价销售给贺某，贺某从李某处购买“吉非替尼片”后再次加价销售，并联系李某将上述假药以快递的方式寄送给购买者，牟取非法利益。其间，贺某、李某通过上述方式六次向位于重庆市九龙坡区的下家朱某（另处）销售共计70盒“吉非替尼片”，具体销售价格为李某向贺某以人民币500元/盒的价格销售，共计销售金额为人民币35000元，非法获利人民币7000元；贺某向朱某以人民币1300元/盒的价格销售，共计销售金额为人民币91000元，非法获利人民币56000元。2016年9月9日，公安人员在重庆市新桥医院抓获朱某，并从其身上查获剩余的5盒由贺某、李某销售给她的“吉非替尼片”，并从朱某男友位于重庆市渝北区的住所中调取到10盒由贺某、李某销售给朱某的"吉非替尼片"。经重庆市食品药品监督管理局认定，上述"吉非替尼片"未经批准进口，应按假药论处。

【案件焦点】

1. 销售未经进口许可具有治疗性的仿制药，是否构成销售假药罪；2. 本案被告行为能否被免予刑事处罚。

【裁判要旨】

重庆市九龙坡区人民法院经审理认为，被告人贺某、李某在明知"吉非替尼片"未获得国家食品药品监督管理局批准进口，应按照假药认定的情况下，仍然销售给他人，其行为已构成销售假药罪，依法应予处罚。贺某、李某到案后均如实供述自己的罪行，依法可以从轻处罚。贺某归案后协助司法机关抓捕同案犯李某，有立功表现，依法可以从轻处罚。遂判决：

一、被告人贺某犯销售假药罪，判处拘役四个月，缓刑四个月，并处罚金人民币112000元；

二、被告人李某犯销售假药罪，判处拘役四个月，缓刑四个月，并处罚金人民币14000元；

三、对被告人贺某的违法所得56000元、被告人李某的违法所得7000元予以追缴；

四、禁止被告人贺某、李某在缓刑考验期限内从事生产、销售药品及相关活动。

贺某、李某均不服一审判决，向重庆市第五中级人民法院提起上诉，均请求二审法院改判免予刑事处罚。重庆市第五中级人民法院经审理认为，上诉人贺某、李某明知印度版"易瑞沙"未经国家批准进口，依法应以假药论，仍将其销售给他人，其行为已构成销售假药罪。鉴于贺某、李某销售的印度版"易瑞沙"具备药品的主要基本特征，现无证据证明造成他人伤害后果或者延误诊治，贺某到案后又协助公安机关抓获同案人李某，有立功表现，李某获利较少，二人均属情节轻微，不需要判处刑罚，可免予刑事处罚。原审判决认定贺某、李某犯销售假药罪的事实清楚，审判程序合法，但对二人的处罚不当，根据贺某、李某的犯罪情节和社会危害程度，予以改判。遂依法改判如下：

一、撤销重庆市九龙坡区人民法院（2017）渝 0107 刑初 1271 号刑事判决；

二、上诉人贺某犯销售假药罪，免予刑事处罚。违法所得 56000 元予以追缴，上缴国库；

三、上诉人李某犯销售假药罪，免予刑事处罚。违法所得 7000 元予以追缴，上缴国库。

【适用解析】

本案发生在《刑法修正案（十一）》对《刑法》第一百一十四条修改之前，为重庆市首例进入诉讼程序的销售仿制药品刑事案件，具有典型性。结合本案实际，争议焦点可归纳为：涉案的“仿制药”是否为法律规定的“假药”？销售未经进口批准的“仿制药”，是否构成销售假药罪？被告行为是否属于情节轻微，危害不大，可免予刑事处罚的情形？本案的关键点在于“假药不假”，即仿制药品与正版药品疗效一致，但两者市场销售价格悬殊。该药品实际上对患者减轻经济压力及维持生命有益，在刑法评价层面上，其未侵犯生命健康权这一主要客体，社会危害性不大。本案裁判贯穿主客观相一致原则和罪责刑相一致原则，在实现打击犯罪目的的同时，兼顾社会核心价值及关注民生对药品的合理需求，发挥刑法的司法裁判价值及引领作用，体现人文关怀和对生命的尊重。对今后类似案件的裁判，具有参考、借鉴意义。

一、刑法和《刑法修正案（十一）》等关于假药的规定衔接

已被修改的《中华人民共和国药品管理法》（以下简称《药品管理法》）（2015 修正）第四十八条规定：“禁止生产（包括配制，下同）、销售假药。有下列情形之一的，为假药：（一）药品所含成份与国家药品标准规定的成份不符的；（二）以非药品冒充药品或者以他种药品冒充此种药品的。有下列情形之一的药品，按假药论处：（一）国务院药品监督管理部门规定禁止使用的；（二）依照本法必须批准而未经批准生产、进口，或者依照本法必须检验而未经检验即销售的；（三）变质的；（四）被污染的；（五）使用依照本法必须取得批准文号而未取得批准文号的原料药生产的；（六）所标明的适应症或者功能主治超出规定范围的。”而新施行的《药品管理法》（2019 修订）第二条规定：“在中华人民共和国境内从事药品研制、生产、经营、使用和监督管理活动，适用本法。本法所称药品，是指用于预防、治疗、诊断人的疾病，有目的地调节人的生理机能并规定有适应症或者功能主治、用法和用量的物质，包括中药、化学药和生物制品等。”第九十八条第一款、第二款规定：“禁止生产（包括配制，下同）、销售、使用假药、劣药。有下列情形之一的，为假药：（一）药品所含成份与国家药品标准规定的成份不符；（二）以非药品冒充药品或者以他种药品冒充此种药品；（三）变质的药品；（四）药品所标明的适应症或者功能主治超出规定范围。”比较可知，2019 年修订后《药品管理法》缩小了假药、按假药论处的认定范围，判断药品真假标准集中在药品成分、效用等实质要素上，不再将“依照本法必须批准而未经批准生产、进口，或者依照本法必须检验而未经检验即销售的”，作为按假药论处的情形。

《刑法》第一百四十一条规定：“生产、销售假药的，处三年以下有期徒刑或者拘役，并处罚金；对人体健康造成严重危害或者有其他严重情节的，处三年以上十年以下有期徒刑，并处罚金；致人死亡或者有其他特别严重情节的，处十年以上有期徒刑、无期徒刑或者死刑，并处罚金或者没收财产……本条所称假药，是指依照《中华人民共和国药品管理法》的规定属于假药和按假药处理的药品、非药品。”本案中贺某、李某销售的印度版“易瑞沙”按《药品管理法》（2015 年）的规定属于“按假药论”的范畴，但值得注意的是，危害患者生命、健康的假药与没有取得进口批准文件但是有明显疗效的药品应当区别对待。前一种销售侵害了他人的生命健康权，后一种销售是法定犯，重在违反了药品的管理秩序。《刑法修正案（十一）》将刑法第一百四十一条修改为：“生产、销售假药的，处三年以下有期徒刑或者拘役，并处罚金；对人体健康造成严重危害或者有其他严重情节的，处三年以上十年以下有期徒刑，并处罚金；致人死亡或者有其他特别严重情节的，处十年以上有期徒刑、无期徒刑或者死刑，并处罚金或者没收财产。药品使用单位的人员明知是假药而提供给他人使用的，依照前款的规定处罚。”删除了“本条所称假药，是指依照《中华人民共和国药品管理法》的规定属于假药和按假药处理的药品、非药品”。

二、本案被告当时行为已触犯我国刑法，构成销售假药罪

从销售假药罪所侵犯的客体来看，生产、销售、提供假药罪侵犯客体为复杂客体，既侵犯不特定对象的生命健康权利，又侵犯国家对药品的管理制度。本罪规定于我国刑法第三章即破坏社会主义市场经济秩序罪当中，本案中，被告人的行为破坏了国家对药品这一特殊商品的管理制度，扰乱了正常的医药管理秩序。

根据2015年4月24日全国人大常委会第二次修正后的《中华人民共和国药品管理法》第四十八条第三款第（二）项规定，依照本法必须批准而未经批准生产、进口，或者依照本法必须检验而未经检验即销售的药品，以假药论处。这类药品为法律拟制的假药。

本案中的“吉非替尼片”，即印度版“易瑞沙”系未经我国批准进口的抗癌药品，且被告人贺某、李某系明知的情况下，前后六次向下家朱某（另案处理）销售印度版“易瑞沙”共计70盒，李某向贺某以500元/盒的价格销售，非法获利人民币7000元；贺某向朱某以1300元/盒的价格销售，非法获利人民币56000元。此种从他人处购买后再加价销售，牟取非法利益的行为属于刑法规定的销售假药罪的“按假药论”的行为。因此，一审及二审法院均依法认定被告人贺某、李某的行为构成销售假药罪。

三、本案被告行为属于情节轻微，可免予刑事处罚

（一）涉案“仿制药”不“假”

本案中，根据重庆市食品药品监督管理局2016年7月22日、9月23日出具给重庆市荣昌区公安局的《关于对涉案产品“易瑞沙”认定的情况说明》，“吉非替尼片”为片剂，商品名称为“易瑞沙”，该说明书标示有“适应症和用途：适用于治疗既往接受铂类和多西他赛化疗失败的局部晚期或转移性非小细胞肺癌”等内容，说明涉案产品“吉非替尼片”（商品名“易瑞沙”）具有药品的主要基本特征。另外，根据国家癌症中心发布的中国最新癌症数据（2017年4月）显示，我国癌症新发人数在持续上升，增幅达3%，占世界新发癌症病例的四分之一。药品属于特殊商品，抗癌药对病人来说是必需品且是救命商品。本案被告销售的仿制药品与正版药品疗效一致，但两者价格悬殊，印度版“易瑞沙”在国内有批文的同类药病人吃1个月，需要花费几万元的费用，很多病人无法承担这样高昂的费用，印度版“易瑞沙”一个月的费用为3000元左右，能够延续病人的生命，对患者减轻经济压力及维持生命是有益的。

（二）涉案行为客观上没有危害他人的生命健康，没有造成他人伤害后果或者延误诊治

从犯罪构成要件来看，生产、销售、提供假药罪侵犯客体虽然为复杂客体，根据

立法原意及法理，以侵犯他人生命健康权利为主要客体。打击假药，根本目的在于保护公民的身体健康与生命安全。虽然在2011年《刑法修正案（八）》中，对生产、销售假药罪的犯罪构成规定删除了“足以危害人体健康”的规定，但对三年以上十年以下有期徒刑保留了原刑法的“对人体健康造成严重危害”，因此，销售假药罪的“假药”应是与人体健康密切相关联的。2014年《最高人民法院、最高人民检察院关于办理危害药品安全刑事案件适用法律若干问题的解释》第十一条也把“没有造成他人伤害后果或者延误诊治，情节显著轻微危害不大”排除在犯罪之外。本案被告李某等销售的国外药品，经重庆市食品药品监督管理局证实该药具有药品的主要基本特征，且朱某销售的药品均是经医生推荐，患者要求购买的，目前无证据证明该药品对身体造成伤害后果或延误诊治，且销售的数量有据可查的只有70盒。

（三）被告人的犯罪情节轻微，社会危害性小，可免予刑事处罚

《最高人民法院、最高人民检察院在关于办理危害药品安全刑事案件适用法律若干问题的解释》第三条及第四条对生产、销售假药案件中的“其他严重情节”“其他特别严重情节”均有明确规定。本案中被告虽然以牟利为目的，无论是从销售金额还是法律后果上看，均远没有达到刑法处罚的要求，不属于上述规定严重情节或者特别严重情节，属于情节轻微情形。

从社会危害性来看，本案中涉及的药品“易瑞沙”系患者要求购买，经医生推荐对治疗肺癌有定点靶向作用，且重庆市食品药品监督管理局亦证实该药具有药品的主要基本特征。2017年4月7日《最高人民检察院、公安部关于公安机关管辖的刑事案件立案追诉标准的规定（一）的补充规定》第二条规定，生产、销售假药的，应予立案追诉。但销售少量根据民间传统配方私自加工的药品，或者销售少量未经批准进口的国外、境外药品，没有造成他人伤害后果或者延误诊治，情节显著轻微危害不大的除外。

综上，在认定本案销售仿制药品行为时，综合考虑其行为、社会危害性、法律与伦理等因素，在最大限度维系人民群众的生命健康权利与涉案行为刑事可罚性之间寻求平衡，二审法院遂作出有罪免予刑事处罚的改判。

四、在刑法修正案修订前贯彻适用谦抑性，体现法律公正、温情和对生命的尊重

刑法的根本目的是保护社会及公民个人的利益免受犯罪行为侵害。在现代社

会，人的生命权及健康权的价值越来越受社会重视，对于一些于社会无害、于他人无害的行为正逐步被非犯罪化。这既是我国社会主义价值观的重要体现，也符合世界刑事法律的发展潮流。按照罪责刑相适应原则，刑法的谦抑性也越来越被重视。其本质要求是如果以较轻的刑事责任方式足以抑止某种犯罪行为，就不要使用较重的刑事责任方式。正如陈兴良教授指出的那样，[①]“法治国家的刑法文化，就是要以人为本，具有人文关怀”。因此，提倡轻刑化是贯彻落实刑法谦抑性原则的重要体现。在实现打击犯罪目的的同时，更应该考虑社会核心价值及关注民生，发挥刑法的司法价值及引领作用，体现人文关怀和对生命的尊重。

本案中，二审法官既按照本罪的犯罪构成要件进行考量，又综合考虑本案的特定情节、法律原则和社会价值，为了保证社会基本的公正与公平所作出的个案裁判，在最大限度维系人民群众的生命健康权利与涉案行为刑事可罚性之间寻求平衡。

编写人：重庆市第五中级人民法院　王立新　郭敏　潘建兴

13

药品使用单位的人员销售假药行为之认定

——李某销售假药案

【基本信息】

1. 裁判书字号

辽宁省凤城市人民法院（2018）辽0682刑初170号刑事判决书

2. 罪名：销售假药罪

【基本案情】

被告人李某系凤城市凤山区龙某村卫生所医生，于1986年8月开始个体经营

① 陈兴良：《法治国的刑法文化——21世纪刑法学研究展望》，载《人民检察》1999年第11期。

凤山区龙某村卫生所，负责该卫生所药品购买、使用、日常管理工作等。2016年10月，被告人李某在未认真审查供货单位合法资质证明文件的情况下，以每千克人民币22元的价格从自称安徽省亳州市某药厂销售员夏某义手中购买中药饮片“土茯苓”5千克。2017年1月至5月，被告人李某在对上述药品依法应予检验而未经检验的情况下，将上述药品以每千克人民币50元的价格分别销售给附近居民季某英、安某启、吴某柱各500克，获赃款人民币75元。其间，被告人将上述药品约1000克免费提供给康某斌、李某生使用，剩余2500克药品被依法查获。2017年11月1日，经丹东市食品药品监督管理局出具的意见函认定，凤城市凤山区龙某村卫生所使用的中药饮片“土茯苓”，系假药。2018年1月18日，被告人李某经公安机关电话通知后主动到案，并如实供述销售假药的犯罪事实。

【案件焦点】

药品使用单位的人员销售假药的行为如何认定。

【裁判要旨】

辽宁省凤城市人民法院经审理认为，被告人李某在开庭审理过程中亦无异议，且有凤城市公安局案件来源及抓捕经过，证人季某英、安某启、吴某柱、康某斌、李某生等人的证言，被告人李某的供述、扣押决定书、扣押物品清单及移送清单，医疗机构执业许可证，乡村医生执业证书，凤城市市场监督管理局实施行政强制措施通知书及清单，亳州市市场监督管理局协查药品复函，药品购进记录，亳州市某药厂销售清单，凤城市市场监督管理局行政处罚决定书，罚没款收据，凤城市市场监督管理局案件移送书、调查报告、移送材料物品目录，关于对凤城市市场监督管理局申请认定凤城市凤山经济管理区龙某村卫生所使用的中药饮片“土茯苓”真伪的复函，前科劣迹查询表，户籍信息等证据证实，足以认定。综上，法院认为，被告人李某作为药品使用单位的人员明知是假药销售给他人，其行为已构成销售假药罪。被告人李某主动到案并如实供述了自己的犯罪事实，系自首，可以从轻处罚。依照《中华人民共和国刑法》第一百四十一条、第六十七条第一款、第七十二条第一款、第六十四条之规定，判决：

一、被告人李某犯销售假药罪，判处拘役四个月，缓刑六个月，并处罚金人民币2000元；

二、依法追缴被告人李某违法所得人民币 75 元。

宣判后，被告人未上诉，检察院亦未抗诉，判决已发生法律效力。

【适用解析】

一、关于医疗机构使用假药行为的刑事法律规范沿革

药品是一种直接关系人民群众生命健康的特殊商品，涉及每个人的切身利益，关系着国民经济的繁荣发展。在实践中，药品使用单位的人员如果从事销售假药、劣药违法犯罪行为的，其行为危害性比普通人更大，不仅损害医疗行业的管理秩序，更会对患者的生命健康、财产安全产生极大的负面影响。鉴于此，最高人民法院、最高人民检察院于 2009 年 5 月 13 日发布《关于办理生产、销售假药、劣药刑事案件具体应用法律若干问题的解释》，该解释首次明确将医疗机构销售假药行为纳入刑法规制的范畴。该解释第四条第一款规定："医疗机构知道或者应当知道是假药而使用或者销售，符合本解释第一条或者第二条规定标准的，以销售假药罪追究刑事责任。"2014 年 11 月 3 日，最高人民法院、最高人民检察院发布《关于办理危害药品安全刑事案件适用法律若干问题的解释》，把医疗机构工作人员生产、销售假药列入"从重处罚"情节之一。2020 年 12 月 26 日，《刑法修正案（十一）》增加了"药品使用单位的人员明知是假药而提供给他人使用的，依照第一款的规定处罚"条款，将药品使用单位人员明知是假药、劣药而提供给他人使用的行为，明确纳入刑法，与司法解释中对医疗机构及工作人员对销售假药行为进行刑法规制的立法原理相呼应，提高了医疗机构人员用药的审慎义务，契合了当前国家加大对药品犯罪的处罚力度。

二、明确药品使用单位的人员使用假药的刑事责任有利于行政法与刑法的顺畅衔接

2019 年 12 月 1 日实施的《中华人民共和国药品管理法》及其配套的《中华人民共和国药品管理法实施条例》已经对生产销售假药和医疗机构使用假药的行为进行了全面规定，使现实生活中的假药问题在很大程度上得到遏止，使行政执法部门（药品监督管理部门）在打击假药问题上发挥了更积极、更主动的作用。《药品管理法》第一百一十九条规定："药品使用单位使用假药、劣药的，按照销售假药、零售劣药的规定处罚；情节严重的，法定代表人、主要负责人、直接负责的主管人员和其他责任人员有医疗卫生人员执业证书的，还应当吊销执业证书。"但是，药品管理法毕竟只是一部行政法律，它的行政处罚权决定了药品监督管理部门只能对生产、销售、使用假药的违法行为予以行政处罚，而无权对犯罪行为进行惩处。这样，在行政法与刑法的衔接上就出现了脱节现象。为更好地与行政法衔接，有必要在刑事领域明确规定药品使用单位及其工作人员使用假药的刑事责任，从而避免这种立法疏漏，遏制包括医疗机构在内的药品使用单位的人员使用假药用于临床治疗，危及人身健康。

三、关于药品使用单位的人员使用假药行为的四个争议问题

（一）关于“药品使用单位的人员”的理解。《刑法修正案（十一）》新增的条款没有使用司法解释“医疗机构”这一概念。显然，这次引入的“药品使用单位的人员”比“医疗机构人员”要宽泛得多，是个广义的概念，不仅包括医院等医疗单位的人员，还包括药品生产企业、销售企业的人员。个体行医者属于医疗机构人员[①]，当然属于修正案中“药品使用单位的人员”的范畴。本案中，李某系个体医生，具有行医资格和执业许可证，在本村开设卫生室，其卫生室属于不具备法人资格的医疗机构，其本人属于该医疗机构的负责人员兼医务人员，符合销售假药罪的主体要件。

（二）关于“使用”的理解。根据我国《药品管理法》第二条规定，在中华人民共和国境内从事药品研制、生产、经营、使用和监督管理活动，适用本法。很明显“经营”和“使用”是两个概念，两种不同的行为。这里值得注意的是，医疗机构的人员“使用”假药的行为，能不能认定为销售假药的“销售”行为呢？医疗机构特别是医护人员对患者有偿使用药品的行为与一般的销售药品的行为有所不同。从某种意义上说是医疗机构医疗行为的自然衍生，是帮助患者治疗疾病的必要措施。它与纯粹以盈利为目的销售药品的药店或者经销商来说有所区别。因而有学者提出，医疗机构使用假药的行为，不应当定性为生产、销售假药罪，根据罪刑法定原则，该行为不构成犯罪。[②] 笔者认为，尽管医疗机构“使用”药品的行为与纯粹以盈利为目的的药品经销商的“销售”行为有所不同，但医疗机构使用药品的行为同样具有“销售”性质。在现实生活中，医疗机构使用药品的同时是将药品出售

① 根据《医疗机构管理条例》第二条规定，医疗机构是指从事疾病诊断、治疗活动的医院、卫生院、疗养院、门诊部、诊所、卫生所（室）以及急救站等单位。

② 张丽红、张绘南：《明确医疗机构使用假药的刑事责任》，载《吉林医药学院学报》2006 年 4 月。

给患者，往往出售价格与药品进价存在差价，且个别药品比普通药店还要贵，这种将药品给患者使用的行为实际上也是一种带有盈利性质的“销售”行为。基于此考量，《刑法修正案（十一）》使这一问题更加清晰化，对于包括医疗机构在内的药品使用单位的人员使用假药构成犯罪的行为以销售假药罪进行定罪处罚，落实了“罪刑法定”。

（三）关于“明知”的理解。销售假药罪的主观方面为故意，即药品使用单位的人员明知或者应当知道其使用的是假药，而仍然在预防、诊断和治疗等医疗行为中使用，如果系出于过失，即不知道所使用的是假药，则不构成该罪。判断行为人的主观故意一直是司法实务中的难点，由于人性的趋利避害，嫌疑人通常会否认其具有主观犯罪故意。这就需要根据各方面的犯罪事实，对其应当明知的各种可能的主观认知形态进行推定。主观故意包括两种情形，一种是现实故意，另一种是推定故意，推定故意是相对于现实故意而言的。现实故意是指有证据证明的故意，而推定故意是指没有证据能够直接证明，但根据一定的证据可以推定行为人具有某种故意，行为人如果否认自己具有此种故意，必须要提出反证。①

推定故意主要包括一般故意推定和证明推定。故意推定是指只要行为人对事实以及危害性有认识即推定故意，证明推定是指建立在证据分析基础之上，通常是对与本案有关的各种证据进行综合分析来推定故意。行为人主观意图见之于客观行为。采用故意推定时，判断行为人的主观故意需要根据相关的犯罪事实以及其他的相关证据，借助于案件中涉案人员的其他客观方面来推定行为人的主观意图，例如在处理药品使用单位人员关于认知的问题时，判断要素包括：药品使用单位人员使用药品的行为方式是否为本单位内正常的使用方式、行为人在使用药品环节当中所处的位置、此位置的属性以及此种环节对于整个药品使用流程所起到的作用、行为人由于其使用药品行为所获得的利益、行为人收取的价格与此种药品在市场上正常销售价格之间的比较、此交易对象的包装等外观与合法药品之间的差异性、药品本身是否存在着足以使得行为人明知此种药品不属于合法药品的外观、行为人的职业以及自身经验和文化等因素可否使得其有明知的可能性，等等。

---

① 陈兴良：《“应当知道”的刑法界说》，载《法学》2005年第7期。

本案中，从犯罪事实来看，李某身为医疗机构负责人员和有多年医疗经验的医务人员，应当对药品管理制度有相当深入的了解，并且具备足够的药学知识，但其在未认真审查供货单位合法资质证明文件的情况下，以每千克人民币 22 元的价格从自称安徽省亳州市某药厂销售员夏某义手中购买中药饮片“土茯苓”5 千克，并出售给他人，对使用假药行为显然属于明知故犯，符合销售假药罪主观方面的要件。

（四）关于“假药”的理解。需要说明的是，本案定案的基本证据是丹东市食品药品监督管理局出具的意见函。该意见函认定，凤城市凤山区龙某村卫生所使用的中药饮片“土茯苓”系假药。案件终审时，依据旧法判决，《刑法修正案（十一）》尚未出台。《刑法修正案（十一）》发布后，已经删除第一百四十一条第二款“本条所称假药，是指依照《中华人民共和国药品管理法》的规定属于假药和按假药处理的药品、非药品”的内容。这是为了更好地与 2019 年 12 月 1 日实施的药品管理法对接。药品管理法对“假药”认定条款进行了修订①，取消了“按假药论处”的六种情形。② 笔者认为，既然药品管理法对假药重新作了修订，考虑到今后无论是追诉还是审理销售假药案件时，在认定“假药”问题上，应该严格遵循药品管理法对假药的定义，避免扩大解释。

编写人：辽宁省高级人民法院　周文政

---

① 《中华人民共和国药品管理法》（2019 年修订）第九十八条规定，禁止生产（包括配制，下同）、销售、使用假药、劣药。有下列情形之一的，为假药：（一）药品所含成份与国家药品标准规定的成份不符；（二）以非药品冒充药品或者以他种药品冒充此种药品；（三）变质的药品；（四）药品所标明的适应症或者功能主治超出规定范围……

② 《中华人民共和国药品管理法》（2015 年修正）第四十八条规定，禁止生产（包括配制，下同）、销售假药。有下列情形之一的，为假药：（一）药品所含成份与国家药品标准规定的成份不符的；（二）以非药品冒充药品或者以他种药品冒充此种药品的。有下列情形之一的药品，按假药论处：（一）国务院药品监督管理部门规定禁止使用的；（二）依照本法必须批准而未经批准生产、进口，或者依照本法必须检验而未经检验即销售的；（三）变质的；（四）被污染的；（五）使用依照本法必须取得批准文号而未取得批准文号的原料药生产的；（六）所标明的适应症或者功能主治超出规定范围的。

第二节　妨害对公司、企业的管理秩序罪

【第 161 条　违规披露、不披露重要信息罪】

14

不同阶段涉财务造假信息的违规披露行为罪数问题探究

——丹东某某电气股份有限公司等欺诈发行股票、
违规披露重要信息案*

【基本信息】

1. 裁判书字号

辽宁省丹东市中级人民法院（2017）辽 06 刑初 11 号刑事判决书

2. 罪名：欺诈发行股票罪、违规披露重要信息罪

【基本案情】

被告单位丹东某某电气股份有限公司（以下简称某某电气公司）。2016 年 7 月 5 日因本案被证监会责令整改，给予警告，并处以人民币 832 万元罚款。

被告人温某某，男，汉族，1961 年 3 月 30 日出生，原系某某电气公司董事长。2016 年 7 月 5 日因本案被证监会给予警告，并处以人民币 892 万元罚款。

被告人刘某某，男，汉族，1964 年 12 月 11 日出生，原系某某电气公司财务总

* 本案入选最高人民法院 2020 年 9 月 24 日发布的 7 件人民法院依法惩处证券、期货犯罪典型案例；入选最高人民检察院、中国证券监督管理委员会 2020 年 11 月 6 日发布的 12 件证券违法犯罪典型案例。

监。2016 年 7 月 5 日因本案被证监会给予警告，并处以人民币 60 万元罚款。

2011 年 3 月 30 日，被告单位某某电气公司提出在创业板上市的申请因持续盈利能力不符合条件而被证监会驳回。2011 年至 2013 年 6 月，被告人温某某、刘某某合谋决定采取虚减应收账款、少计提坏账准备等手段，虚构有关财务数据，并在向证监会报送的首次公开发行股票并在创业板上市申请文件的定期财务报告中载入重大虚假内容。2014 年 1 月 3 日，证监会核准某某电气公司在创业板上市。随后某某电气公司在《首次公开发行股票并在创业板上市招股说明书》中亦载入了具有重大虚假内容的财务报告。2014 年 1 月 27 日，某某电气公司股票在深圳证券交易所创业板挂牌上市，首次以每股发行价 16. 31 元的价格向社会公众公开发行 1577. 8 万股，共募集资金 2. 57 亿元。

被告单位某某电气公司上市后，被告人温某某、刘某某继续沿用前述手段进行财务造假，向公众披露了具有重大虚假内容的 2013 年年度报告、2014 年半年度报告、2014 年年度报告等重要信息。2017 年 7 月，深圳证券交易所决定让某某电气公司退市、摘牌，主承销商兴业证券公司先行赔付 1 万余名投资人的损失，共计 2. 36 亿余元。

【案件焦点】

1. 不同阶段涉财务造假信息的违规披露行为罪数问题；2. 严格把握违规披露行为在刑事制裁、行政法处罚上的关系；3. 关于“直接负责的主管人员”的理解与适用。

【裁判要旨】

辽宁省丹东市中级人民法院经审理认为，被告单位某某电气公司为达到上市发行股票的目的，采取伪造、虚构财务事项等手段，在首次公开发行股票并在创业板上市的申请文件和招股说明书中编造重大财务虚假内容，发行股票数额巨大，其行为已构成欺诈发行股票罪；被告人温某某作为某某电气公司董事长、被告人刘某某作为财务部门负责人，均系被告单位某某电气公司直接负责的主管人员，其行为均构成欺诈发行股票罪；被告单位某某电气公司作为负有信息披露义务的公司，多次向股东和社会公众提供虚假和隐瞒重要事实的财务报告，最终导致公司发行的股票被终止上市，严重损害股东利益，被告人温某某与被告人刘某某作为被告单位某某电气公司直接负责的主管人员，其行为均构成违规披露重要信息罪，均应予以惩处。被告人温某某、刘某某在判决宣告以前一人犯数罪，应当数罪并罚。被告人温某某到案后如实供述自己的罪行，依法可以从轻处罚。被告人刘某某接到侦查人员电话后，在原地等候侦查人员，并积极配合侦查人员前往办案地点接受询问，可视为主动到案，其到案后如实供述了犯罪事实，应认定为自首，依法可以从轻处罚。综上，经审判委员会讨论决定，依照《中华人民共和国刑法》第一百六十条，第一百六十一条，第三十条，第三十一条，第六十七条第一款、第三款，第六十九条之规定，判决如下：

一、被告单位某某电气公司犯欺诈发行股票罪，判处罚金人民币832万元（已缴纳）。

二、被告人温某某犯欺诈发行股票罪，判处有期徒刑二年六个月；犯违规披露重要信息罪，判处有期徒刑一年，并处罚金人民币10万元；决定执行有期徒刑三年，并处罚金人民币10万元（已缴纳）。

三、被告人刘某某犯欺诈发行股票罪，判处有期徒刑二年；犯违规披露重要信息罪，判处有期徒刑六个月，并处罚金人民币8万元；决定执行有期徒刑二年，并处罚金人民币8万元（已履行）。

宣判后，各被告人及被告单位均未上诉，检察院亦未抗诉，判决已发生法律效力。

【适用解析】

目前，我国经济发展依然处于上升期，推进以信息披露为核心的证券发行注册制使证券市场生命力旺盛。但是有些上市公司在发行、持续信息披露中的财务造假行为，已经严重蛀蚀资本市场的诚信基础，破坏市场信心，损害投资者利益。市场主体的诚信建设，事关资本市场长期健康发展。欺诈发行、财务造假等违法犯罪行为，严重挑战信息披露制度的严肃性，严重破坏市场诚信基础，严重损害投资者利益，是证券市场的“毒瘤”，必须坚决依法从严惩处。《刑法修正案（十一）》对欺诈发行股票、债券罪，违规披露、不披露重要信息罪刑法条文的修改，进一步加大对这此类犯罪的惩罚力度，为注册制改革行稳致远，资本市场健康稳定发展提供更加有力的法律保障。

一、违规披露、不披露重要信息罪的立法演进

1979 年刑法没有关于提供虚假财务报告或者信息披露方面的明确规定。随着改革开放的深入发展，经济生活更加活跃，新形式的经济犯罪频繁发生。1993 年 12 月 29 日全国人大常委会通过了《中华人民共和国公司法》（以下简称《公司法》），其第二百一十二条规定："公司向股东和社会公众提供虚假的或者隐瞒重要事实的财务会计报告的，对直接负责的主管人员和其他直接责任人员处以一万元以上十万元以下的罚款。构成犯罪的，依法追究刑事责任。"该条规定的是公司提供虚假财务信息的行政处罚措施，在行政处罚的规定之后还提出对此行为构成犯罪的要依法追究刑事责任，虽然规定得比较笼统，但却是我国首次将提供虚假财会报告的行为规定为犯罪。1995 年出台了《关于惩治违反公司法的犯罪的决定》，该决定第四条规定了公司提供虚假财务信息的刑事责任，即"公司向股东和社会公众提供虚假的或者隐瞒重要事实的财务会计报告，严重损害股东或者其他人利益的，对直接负责的主管人员和其他直接责任人员，处三年以下有期徒刑或者拘役，可以并处二十万元以下罚金"。这项规定弥补了 1993 年《公司法》规定的不足，将对该行为的行政处罚上升为刑事处罚，既是对《公司法》第二百一十二条中关于该行为构成犯罪的法律后果的细化，同时也是我国首次明确公司披露虚假或者隐瞒重要事实的财会报告的刑事责任。1997 年刑法正式设立"提供虚假财务报告罪"。2006 年《刑法修正案（六）》第五条将刑法第一百六十一条修改为："依法负有信息披露义务的公司、企业向股东和社会公众提供虚假的或者隐瞒重要事实的财务会计报告，或者对依法应当披露的其他重要信息不按照规定披露，严重损害股东或者其他人利益，或者有其他严重情节的，对其直接负责的主管人员和其他直接责任人员，处三年以下有期徒刑或者拘役，并处或者单处二万元以上二十万元以下罚金。"《刑法修正案（六）》第五条舍弃原罪名，将第一百六十一条重新规定为"违规披露、不披露重要信息罪"。违规披露、不披露重要信息罪的设置曾经在相当长时间内为保证市场经济的顺利进行起到了重要的作用。但是随着经济的不断发展，该罪名在司法实践中也遇到越来越多的障碍，特别是信息披露义务人的信披监管一直以来是资本市场的疑难问题。虽然此前《中华人民共和国证券法》《中华人民共和国刑法》《上市公司信息披露管理办法》等对信息披露义务人的信披作出了强制性的规定，但不报、瞒报、迟报与漏报等违规现象仍然在市场上大行其道，既扰乱了市场的正常秩

序，也严重损害了投资者的知情权和切身利益。2020 年《刑法修正案（十一）》将本罪修改为“依法负有信息披露义务的公司、企业向股东和社会公众提供虚假的或者隐瞒重要事实的财务会计报告，或者对依法应当披露的其他重要信息不按照规定披露，严重损害股东或者其他人利益，或者有其他严重情节的，对其直接负责的主管人员和其他直接责任人员，处五年以下有期徒刑或者拘役，并处或者单处罚金；情节特别严重的，处五年以上十年以下有期徒刑，并处罚金。前款规定的公司、企业的控股股东、实际控制人实施或者组织、指使实施前款行为的，或者隐瞒相关事项导致前款规定的情形发生的，依照前款的规定处罚。犯前款罪的控股股东、实际控制人是单位的，对单位判处罚金，并对其直接负责的主管人员和其他直接责任人员，依照第一款的规定处罚”。此次修改与证券法相呼应，调整了量刑幅度，删除了罚金限额，增加了对控股股东、实际控制人的刑事处罚，体现了国家对资本市场违法犯罪行为“零容忍”的态度和决心，对当前从严惩处资本市场财务造假、欺诈违法犯罪行为具有震慑作用，有利于保障建设规范、透明、开放、有活力、有韧性的资本市场，有利于完善资本市场基础制度的设立，进一步为资本市场改革发展保驾护航。

二、关于《刑法修正案（十一）》修改本罪的解读

证券行政监管与证券司法审判是保障证券市场健康发展，维护投资者合法权益的两大主要力量。此次《刑法修正案（十一）》的修改，加大了对证券市场违法犯罪行为的惩治力度，提高了资本市场违法违规的成本。

1. 与证券法相衔接

于 2020 年 3 月实施的新修订的证券法明确推行注册制，其涉及网络信息、市场、行政、监管、自律、审核等诸多方面的内容。本罪的修改体现了证券犯罪刑法规制与行政法协调修正，立法与司法联动调整。

2. 提高自由刑和财产刑

修改前的违规披露、不披露重要信息罪，只有处三年以下有期徒刑，或者拘役一档自由刑。修改后的本罪自由刑，不仅根据情节分为两档，还大幅度提升了刑期。修改后的第一档法定刑的立案标准与修改前相同，即具有严重损害股东或其他人利益或者有其他严重情节的，但法定刑发生了变化，从处三年以下有期徒刑变为处五年以下有期徒刑。新增的第二档法定刑升格要件为情节特别严重，刑罚为处五年以上十年以下有期徒刑，也即本罪法定刑从最高处三年有期徒刑变为处十年有期徒刑，极大地提升了自由刑的处罚力度，使本罪的追诉时效从五年变为十五年。财产刑方面，原财产刑处 2 万元以上 20 万元以下罚金。《刑法修正案（十一）》删除了罚金数额的浮动期间，变为处罚金。这与欺诈发行股票债券罪对财产刑的修改相同。实践中证监会因上市的公司实施信息违规披露行为而给予的行政处罚，远高于刑罚的罚金数额。比如，本案中，证监会以某某电气公司首次公开发行股票并在创业板上市的申请文件中相关财务数据存在虚假记载、上市后披露的定期报告中存在虚假记载和重大遗漏为由对某某电气公司处以 832 万元罚款，对温某某处以 892 万元罚款，对刘某某处以 60 万元罚款。由此可见，原财产刑罚太轻，已不具有刑罚的一般预防和特殊预防功能，有必要降低财产刑的处罚下限，提高财产刑的处罚上限，增加司法机关的自由裁量权。当然关于本罪中“情节特别严重”的认定，尚需司法部门在修正案实施过程中，通过司法解释等方式进一步明确。

3. 明确对控股股东和实际控制人的处罚

证券资本市场公司主要的实际控制人，一般为控股股东，其违规披露行为实际损害的是其他小股东、未参与实际经营股东及社会投资者的合法权益，但实际控制人、控股股东未必就是信息披露义务人，不一定符合直接负责主管人员或其他直接责任人员这一主体身份。如果控股股东和实际控制人是单位，就存在处罚的漏洞。实践中该类案件进入刑事司法程序的较少，且犯罪主体的范围亦狭小，多数案件也仅限于追究董事会秘书一人的刑事责任。上述情况，亦造成上市公司的控股股东或实际控制人、主要管理人员等真正责任人员逍遥法外。[①]《刑法修正案（十一）》新增的第二款明确了对控股股东和实际控制人的处罚。一方面考虑上述主体对信息披露义务人所起的实际作用，另一方面也弥补了控股股东和实际控制人是单位的情况下，可能存在的处罚漏洞。

三、本案例中三个争议问题解析

（一）不同阶段涉财务造假信息的违规披露行为罪数问题

本案例是上市公司在申请上市前后连续财务造假而受到刑事处罚并被依法强制退市的典型案例。被告人温某某、刘某某的辩护人均提出不应以欺诈发行股票罪、

---

① 参见 2016 年 9 月 12 日《对十二届全国人大四次会议第 6912 号建议的答复》。

违规披露重要信息罪数罪并罚，只应定一罪的辩护意见。2007 年《上市公司信息披露管理办法》对信息披露作了相关规定。信息披露义务人应本着实事求是的态度全面、及时地披露信息，不得任意扩大或者缩小需要公开的信息范围。违规披露罪，主要是应当披露而不披露，不应当披露而进行违规披露，即对应当披露的重要信息进行隐瞒、提供虚假信息或者不按照规定进行披露，是不作为犯罪。而欺诈发行股票罪是在招股说明书、认股书中隐瞒重要事实或者编造重大虚假内容。在招股说明书、认股书中也包含了相关的财务会计报告，两罪中都涉及对财务会计报告“提供虚假的信息”“隐瞒重要事实”，也都造成严重社会危害性，两罪属于想象竞合。但是必须注意的是，本案中，某某电气公司欺诈发行股票行为与违规披露重要信息行为发生在公司上市前后两个阶段，前一阶段是某某电气公司通过虚构财务数据，使公司成功上市并发行股票，数额巨大，其所侵犯的是国家关于股票发行的管理制度，后一阶段是某某电气公司上市后，其多次违规披露虚假的财务会计报告，最终导致公司发行的股票被终止上市交易，严重损害股东的利益，其所侵犯的是上市公司信息披露制度，前后两个阶段的犯罪行为所侵犯的法益和所造成的社会危害均不相同，只有数罪并罚，才能全面、客观评价其所犯罪行，真正体现罪责刑相适应原则。因此，对于不同阶段涉财务造假信息的违规披露行为，刑法规定了不同的罪名和相应的刑罚。在司法办案当中要注意区分不同时期信息披露行为所触犯的刑法规范，根据刑法规定的构成要件分别适用不同罪名，数罪并罚。

（二）严格把握违规披露行为在刑事制裁、行政处罚上的关系

本案中，被告人温某某的辩护人提出某某电气公司、温某某、刘某某因本案已受到最严厉的行政处罚，后期证监会对类似案件的处理，均将上市之前的欺诈行为与上市之后的违规披露行为按一个行为处理，且处罚相对较轻，请求法院在定罪量刑时酌定考虑辩护意见，法院对此不予采纳。证券监管体现为效率与公正的内在一致性，即只有迅速及时地打击证券领域的各种违法行为，才能使各方利益主体的合法权益得到维护，尤其是广大中小股民的合法权益才能得到及时有效的保护，才能实现法律实质的正义。实践中，对于证券交易中的违法行为的打击方法包括民事救济、行政处罚和刑事制裁三种。民事救济的实现方式主要是向受害方进行赔偿。行政处罚的实现方式则是由证券监管机关对违法者进行行政处罚。而刑事制裁的实现方式则是对违法者处以刑罚。民事救济方式具有灵活、效率高等优点，行政处罚的

优势更多体现为及时性。但是，在证券交易中对于某些以谋取巨额利润为动机、社会危害性大的违法行为，仅以民事救济、行政处罚是不够的，不能有效制约这类行为。因为民事救济仅限于受害人所受之经济损失，而行政处罚则只能对违法者的某些活动资格作出限制。这时刑事制裁的优势体现出来，及时地打击制止各种证券违法行为才能维护相关主体的合法权益，同样只有严厉地处罚违法犯罪分子，通过刑罚的手段使其不敢或没有能力再作出相关的违法行为，才能达到维护证券市场秩序的目的。在具体考虑行政处罚与刑事制裁的衔接时，遵循“同步协调”原则，首先需要的是迅速打击违法犯罪分子，使其丧失违法能力，以及时维护市场秩序和各方主体利益，证监会发挥行政处罚的职能，将涉嫌犯罪的移送司法机关。根据情节轻重，施以刑罚处罚。这是效率与公正原则的内在有机统一。本案中，行政执法和刑事司法职能作用得以综合发挥。某某电气公司、温某某、刘某某财务造假和信息披露违法行为，同时违反证券监管法律规范和刑法，触发了行政处罚程序和刑事追诉程序。证券监督管理部门和司法机关发挥各自职能作用，根据司法工作的需要，及时追究某某电气公司、温某某、刘某某的法律责任。证券监督管理部门作出行政处罚后，认为某某电气公司、温某某、刘某某构成犯罪，及时移送公安机关立案侦查，加强行政执法与刑事司法之间的有效衔接，有效防止以罚代刑。已经作出的行政处罚决定不影响司法机关追究刑事责任，充分体现了对资本市场违法犯罪行为“零容忍”的态度和决心。

（三）关于“直接负责的主管人员”理解与适用

违规披露重要信息罪属于单位犯罪，只有依法负有信息披露义务的公司、企业才能构成本罪的主体。“依法负有信息披露义务的公司、企业”，是指根据有关法律、法规的规定具有信息披露义务的股票发行人、上市公司，债券上市交易的公司、企业，以及银行、基金管理人、基金托管人等公司、企业。单位犯罪的处罚原则有单罚制和双罚制两种，本罪采取的是单罚制，只对依法负有信息披露义务的公司，企业直接负责的主管人员、实际控股股东等定罪处罚，而没有对犯罪主体本身——公司、企业规定罚金，这主要出于保护股东、债权人及其他人的合法权益，不再加重公司的经济负担。所谓“直接负责的主管人员和其他直接责任人员”，主要是指对公司、企业财务会计报告的真实性、可靠性负有责任的公司董事长、董事、总经理、经理、监事以及直接参与虚假财务会计报告制作工作的财会人员。实践中，往往既有策划、授意者，又有具体实行、制作者，在认定责任、决定处罚时，应当注意区分行为人在整个制作、提供虚假财会报告过程中所起的作用及地位。其中，“直接负责的主管人员”，一般是指签署、审核财务会计报告的人员和授意编制虚假的或者隐瞒重要事实的财务会计报告的公司、企业负责人。“其他直接责任人员”，是指具体编制虚假的或者隐瞒重要事实的财务会计报告的人员。本案中，辩护人提出刘某某不是某某电气公司违规披露重要信息的直接负责的主管人员，指控刘某某涉嫌违规披露重要信息罪不能成立的辩护意见。经查，刘某某系公司财务总监，负责财务部门的管理和公司各项财务报表的审核等工作，其不仅直接指挥财务人员进行财务数据造假，而且最终将造假的财务报告提交公司予以披露，其行为与某某电气公司违规披露重要信息具有直接因果关系，应当以单位直接负责的主管人员对单位违规披露重要信息的行为承担法律责任。

四、本案例的实践意义

本案是上市公司在申请上市前后连续财务造假而受到刑事处罚并被依法强制退市的典型案例。目前，我国正在推进以信息披露为核心的证券发行注册制。市场主体的诚信建设，事关资本市场长期健康发展。上市公司在发行、持续信息披露中的财务造假行为，严重蛀蚀资本市场的诚信基础，破坏市场信心，损害投资者利益，必须严厉惩治。本案的正确处理，契合了《刑法修正案（十一）》的精神，充分体现了对资本市场违法犯罪行为“零容忍”的态度和决心，对当前从严惩处资本市场财务造假、欺诈违法犯罪行为具有重要警示作用。

值得说明的是，2020 年 3 月实施的证券法进一步完善了投资者保护制度，先行赔付、证券代表人诉讼等规定为更好地保护投资人合法权益提供了法律依据。本案中主承销商设立先行赔付专项基金，投资人的损失得到相应赔偿，维护了投资者的合法权益，取得了较好的社会效果。

编写人：辽宁省高级人民法院　周文政

【第 163 条 非国家工作人员受贿罪】

15

非国家工作人员犯罪的罪与罚

——童某某非国家工作人员受贿案

【基本信息】

1. 裁判书字号

浙江省诸暨市人民法院（2019）浙 0681 刑初 1464 号刑事判决书

2. 罪名：非国家工作人员受贿罪

【基本案情】

2015 年 2 月以来，被告人童某某担任大东南公司副董事长，主持司法事务、证券融资协调等日常工作。童某某在处理公司对外债务的还本付息工作期间，利用职务上的便利为公司债权人赵某、王甲、王乙、孟某强谋取利益，从赵某处非法收受好处费人民币 302.45 万元，从王甲处非法收受好处费人民币 610.84 万元，从王乙处非法收受好处费人民币 480.95 万元，从孟某强处非法收受好处费人民币 73 万元。以上共计非法收受好处费人民币 1467.24 万元。

【案件焦点】

1. 童某某实际是否危害公司还本付息的利益，是否给债务人、债权人造成实际经济损失；2. 童某某是否构成非国家工作人员受贿罪。

【裁判要旨】

浙江省诸暨市人民法院认为，被告人童某某身为公司工作人员，利用职务之便，非法收受他人财物，为他人谋取利益，数额巨大，其行为已构成非国家工作人员受贿罪，依法应追究其刑事责任。童某某犯罪后能自首，且退缴部分违法所得，自愿认罪认罚，依法予以从轻处罚。该院依照《中华人民共和国刑法》第一百六十三条第一款、第六十七条第一款、第六十四条，《中华人民共和国刑事诉讼法》第十五条之规定，作出如下判决：

一、童某某犯非国家工作人员受贿罪，判处有期徒刑六年六个月；

二、童某某退缴违法所得人民币 873.447509 万元，依法予以没收，由扣押机关上缴国库；向童某某继续追缴违法所得人民币 593.792491 万元。

【适用解析】

《刑法修正案（十一）》第十条将《刑法》第一百六十三条第一款修改为："公司、企业或者其他单位的工作人员，利用职务上的便利，索取他人财物或者非法收受他人财物，为他人谋取利益，数额较大的，处三年以下有期徒刑或者拘役，并处罚金；数额巨大或者有其他严重情节的，处三年以上十年以下有期徒刑，并处罚金；数额特别巨大或者有其他特别严重情节的，处十年以上有期徒刑或者无期徒刑，并处罚金。"相较于修改之前的刑法，《刑法修正案（十一）》根据犯罪情节，更加细致地划分了量刑幅度，新增了数额特别巨大或者有其他特别严重情节，并新增了无期徒刑。

要构成非国家工作人员受贿罪，客观方面表现为利用职务上的便利，索取他人财物或非法收受他人财物，为他人谋取利益，数额较大的行为。利用职务上的便利是本罪在客观方面的重要因素，是指公司、企业以及事业单位、其他组织，后者如教育、科研、医疗、体育、出版等单位的工作人员利用本人组织、领导、监督、管理等职权，以及利用与上述职权有关的便利条件。索取他人财物是指利用组织、领导、监督、管理等职务上的便利，主动向有求于行为人职务行为的请托人索要财物。非法收受他人财物是指利用组织、领导、监督、管理等职务上的便利，为请托人办事，接受请托人主动送给的财物。为他人谋取利益是指行为人索要或收受他人财物，利用职务之便为他人或允诺为他人实现某种利益；该利益是合法还是非法，该利益是否已被谋取到，均不影响本罪的成立。数额较大是指接受贿赂即财物的数额较大，接受了数额较大的贿赂，则构成该罪的既遂。

非国家工作人员受贿罪的犯罪主体是特殊主体，即公司、企业或者其他单位的工作人员。公司、企业的工作人员是指在公司、企业中从事领导、组织、管理工作的人员，如公司的董事、监事以及公司、企业的经理、厂长、财会人员以及其他受公司、企业聘用从事管理事务的人员。“其他单位的工作人员”包括非国有事业单位或者其他组织的工作人员，如教育、科研、医疗、体育、出版等单位从事组织领导以及履行监督、管理职责的人员。在国有公司、企业以及国有其他单位中从事公务的人员和国有公司、企业、国有其他单位委派到非国有公司、企业以及其他单位从事公务的人员利用职务上的便利受贿的，不成立公司、企业、其他单位人员受贿罪，而应依照《刑法》第三百八十五条、第三百八十六条，以受贿罪处罚。本案中，被告人童某某为大东南公司副董事长，由于大东南公司不属于国有企业或者集体企业，且童某某也不是国有公司、企业以及国有其他单位委派到非国有公司、企业以及其他单位从事公务的人员，故童某某的身份不属于国家工作人员，而是非国家工作人员。

非国家工作人员受贿罪主观方面表现为故意，即公司、企业、其他单位人员故意利用其职务之便接受或索取贿赂，为他人谋取利益。该罪侵犯的客体是国家对公司、企业以及非国有事业单位、其他组织的工作人员职务活动的管理制度。在市场经济的运行机制中，公司、企业以及事业单位、其他组织，后者如教育、科研、医疗、体育、出版等单位扮演着十分重要的角色。这些单位的工作人员通过自己合法的职务活动，使公司、企业、事业单位等在市场经济体制中的角色得以正常而出色发挥。因此，有关法律对这些单位的工作人员的职务活动作了规范，建立起一套明确的管理制度。相关人员受贿则是对这套管理制度的直接违反，从而产生公司、企业、事业单位等管理层的腐败，危害公司、企业、事业单位的根本利益，破坏正常的社会主义市场公平竞争的交易秩序。

当然，非国家工作人员受贿罪作为一项刑法罪名，在审判实务中还是应该审慎认定，对于平时正常的礼尚往来等行为，不宜以非国家工作人员受贿罪定罪论处。而如何辨别是正常的礼尚往来，还是利用职务上的便利索取他人财物或者非法收受他人财物，为他人谋取利益，一般需要通过行贿人的行为加以确定。由于行贿受贿基本上都在暗中进行，证据难以取得，因此在司法实践中需要对行贿人给予司法政策倾斜，如对行贿人从轻、减轻甚至免除处罚，争取让行贿人说出真相。

本案中，童某某身为公司工作人员，利用职务之便，非法收受他人财物，为他人谋取利益，数额巨大，其行为已构成非国家工作人员受贿罪，且共计非法收受好处费人民币1467.24万元，属于数额巨大。依照作出判决时的刑法规定，对童某某应判处五年以上有期徒刑，但依照《刑法修正案（十一）》则应判处三年以上十年以下有期徒刑，这在今后贯彻实施《刑法修正案（十一）》过程中应引起注意。

编写人：浙江省诸暨市人民法院　赵海毅

第三节　破坏金融管理秩序罪

【第175条之一　骗取贷款、票据承兑、金融票证罪】

16

已归还未给银行造成损失的不宜再认定为骗取贷款的数额

——雍某骗取贷款、违法发放贷款案

【基本信息】

1. 裁判书字号

河南省驻马店市中级人民法院（2020）豫17刑终601号刑事判决书

2. 罪名：骗取贷款罪、违法发放贷款罪

【基本案情】

2010年11月30日，被告人雍某购买中业房地产公司开发的“某花园”第10幢自东向西1号、2号、3号、4号房屋，并签订购房合同，总房款201.218万元，支付首付款100.609万元。同年12月19日，雍某向驻马店农商行中华支行申请贷款100万元，借款期限自2011年1月4日至2013年1月4日。2011年1月4日，该贷款转入中业房地产公司。2012年1月13日，雍某与中业房地产公司解除购房合同，中业房地产公司将购房款退还给雍某，雍某将购房款用于他处。同年12月10日，雍某在购房合同已解除的情况下，偿还10万元本金，仍以购买门面房名义对原借款申请展期，展期期限自2013年1月4日至2014年1月4日，展期金额为90万元。后雍某向李某欣借款将贷款还清。2014年7月1日，雍某再次以已解除作废的“某花园”第10幢自东向西1号、2号、3号、4号房屋的购房合同，向驻马店农商行中华支行签订借款协议，借款金额为80万元，借款期限自2014年7月1日至2015年7月1日，该笔贷款转入雍某账户后，雍某用于偿还李某欣借款。该笔贷款除系统自动扣除一次利息996.92元后不再偿还，经驻马店农商行中华支行多次催讨借款，雍某拒不还款。

【案件焦点】

行为人骗取的贷款中，已归还的，未给银行造成损失的，该归还的数额能否再认定为骗取贷款的数额。

【裁判要旨】

河南省驻马店市驿城区人民法院一审认为，被告人雍某以欺骗手段取得银行贷款170万元，造成银行损失79.900308万元，其行为已构成骗取贷款罪；雍某作为银行工作人员，违反国家规定发放贷款172.1万元，尚有127.201008万元贷款未追回，造成银行特别重大的损失，其行为已构成违法发放贷款罪。雍某一人犯数罪，依法应数罪并罚。根据被告人雍某犯罪的事实，犯罪的性质、情节和对于社会的危害程度，依照《中华人民共和国刑法》第一百七十五条之一第一款，第一百八十六条第一款，第六十九条第一款、第三款，第六十四条，第五十二条，第五十三条第一款之规定，判决如下：

一、被告人雍某犯骗取贷款罪，判处有期徒刑一年零六个月，并处罚金人民币5万元；犯违法发放贷款罪，判处有期徒刑五年零二个月，并处罚金人民币10万元；决定执行有期徒刑六年，并处罚金人民币15万元。

二、对被告人雍某骗取贷款的违法所得79.900308万元，依法予以追缴，发还驻马店农商行中华支行。

原审被告人雍某不服，向河南省驻马店市中级人民法院提出上诉。

上诉人雍某及其辩护人的意见为，原判认定雍某骗取贷款170万元不准，应为80万元；该80万元没有归还是多种因素导致，雍某没有不归还的主观故意，因此雍某的行为不构成骗取贷款罪。

二审经审理查明的事实、证据和一审一致，且证据均经一审庭审举证、质证，证据来源合法，内容客观真实，河南省驻马店市中级人民法院予以确认。

关于上诉人雍某及其辩护人提出原判认定雍某骗取贷款170万元不准，应为80万元；该80万元没有归还是多种因素导致，雍某没有不归还的主观故意，雍某的行为不构成骗取贷款罪的意见，经查，展期90万元已经归还，未给银行造成损失，不宜认定为犯罪金额。现有证据能够证实雍某隐瞒贷款用途，以已经解除的购房合同在银行申请贷款80万元，至今未偿还，给银行造成重大损失，其行为已构成骗取贷款罪。

二审法院认为，原判认定上诉人雍某犯骗取贷款罪和违法发放贷款罪的事实清楚，证据确实、充分，定罪准确，但认定雍某骗取贷款的数额和量刑不当，二审予以改判。根据雍某犯罪的事实，犯罪的性质、情节和对于社会的危害程度，依照《中华人民共和国刑法》第一百七十五条之一第一款，第一百八十六条第一款，第六十九条第一款、第三款，第六十四条，第五十二条，第五十三条第一款，《中华人民共和国刑事诉讼法》第二百三十六条第一款第（二）项之规定，判决如下：

一、维持河南省驻马店市驿城区人民法院（2020）豫1702刑初199号刑事判决的第二项，即对被告人雍某骗取贷款的违法所得79.900308万元，依法予以追缴，发还驻马店农商行中华支行；

二、撤销河南省驻马店市驿城区人民法院（2020）豫1702刑初199号刑事判决的第一项，即被告人雍某犯骗取贷款罪，判处有期徒刑一年零六个月，并处罚金人民币5万元；犯违法发放贷款罪，判处有期徒刑五年零二个月，并处罚金人民币10万元；决定执行有期徒刑六年，并处罚金人民币15万元；

三、被告人雍某犯骗取贷款罪，判处有期徒刑一年，并处罚金人民币3万元；犯违法发放贷款罪，判处有期徒刑五年零二个月，并处罚金人民币10万元；决定执行有期徒刑五年零六个月，并处罚金人民币13万元。

【适用解析】

在司法实践中，骗取贷款罪是破坏金融管理秩序中的一种常见罪名，随着经济、金融的日益发展，党中央对金融市场秩序领域的刑法治理和保护提出了一系列具体、明确的要求。同时，近年来司法实践中出现了一些新情况、新问题，为更好地发挥刑法对经济社会生活的规范保障、引领推动作用，刑法对骗取贷款罪进行了必要的修改。总体上，修改了骗取贷款、票据承兑、金融票证罪入罪门槛规定，对由于“融资门槛高”“融资难”等原因，民营企业因生产经营需要，在融资过程中虽然有一些违规行为，但并没有诈骗目的，最后未给银行造成重大损失的，一般不作为犯罪处理。在具体审判实践中，还要结合修改精神和刑法的立法本意，根据具体案情加以正确分析认定和准确适用。

一、新规的具体变化

《刑法》第一百七十五条之一第一款规定：“以欺骗手段取得银行或者其他金融机构贷款、票据承兑、信用证、保函等，给银行或者其他金融机构造成重大损失或者有其他严重情节的，处三年以下有期徒刑或者拘役，并处或者单处罚金；给银行或者其他金融机构造成特别重大损失或者有其他特别严重情节的，处三年以上七年以下有期徒刑，并处罚金。”

《刑法修正案（十一）》第十一条规定，将《刑法》第一百七十五条之一第一款修改为：“以欺骗手段取得银行或者其他金融机构贷款、票据承兑、信用证、保函等，给银行或者其他金融机构造成重大损失的，处三年以下有期徒刑或者拘役，并处或者单处罚金；给银行或者其他金融机构造成特别重大损失或者有其他特别严重情节的，处三年以上七年以下有期徒刑，并处罚金。”

比较而言，该条之变化为，明确规定只有给银行或者其他金融机构造成重大损失的才认定为构成骗取贷款罪，删除了有其他严重情节构罪的情形，也就是提高了骗取贷款罪的入罪门槛。骗取贷款罪侵犯的客体为国家金融管理秩序和金融机构财产的使用权；客观方面为以欺骗手段取得金融机构贷款，造成重大损失的行为；主体包括自然人和单位；主观方面为直接故意，且不以非法占有为目的。

就本案而言，虽然被告人雍某在向驻马店农商行中华支行申请展期90万元贷款的过程中提供虚假的贷款资料，但该笔贷款雍某已借他人钱还清，并未给银行造成实际损失，亦未利用贷款进行任何非法活动，未给金融管理秩序造成实际危害，该90万元不宜再认定为骗取贷款的数额。原判认定被告人雍某骗取贷款的数额和量刑不当，故二审参照《刑法修正案（十一）》的修改精神，结合本案具体实际，依法予以改判。

二、新规变化的缘由及价值功能

从骗取贷款罪的发展历程看，我国设立骗取贷款罪的立法本意旨在弥补贷款诈骗罪的不足，造成该罪具有一定的补充性。同时由于有关骗取贷款罪的司法解释一直未出台，在实践中，司法人员在理解与适用该罪名时过于形式和机械，且适用中十分混乱，各省根据当地经济发展的需要又有各自不同的具体操作。一方面，不当地扩大处罚范围，将行为人以欺骗手段获取的贷款到期未能还款的情形，都以骗取贷款罪定罪处罚，导致该罪被广泛而肆意地适用，破坏了民事纠纷与刑事案件的合理界限。另一方面，不当地限缩入罪范围，使该罪实际上形同虚设。

就刑法规定的骗取贷款罪而言，行为人以欺骗手段取得贷款给银行或者其他金融机构造成重大损失或者其他严重情节的才构成犯罪。从立法模式看，该罪包含结果犯和情节犯。2010 年，最高人民检察院、公安部联合发布的《关于公安机关管辖的刑事案件立案追诉标准的规定（二）》第二十七条规定："以欺骗手段取得银行或者其他金融机构贷款、票据承兑、信用证、保函等，涉嫌下列情形之一的，应予立案追诉：（一）以欺骗手段取得贷款、票据承兑、信用证、保函等，数额在一百万元以上的；（二）以欺骗手段取得贷款、票据承兑、信用证、保函等，给银行或者其他金融机构造成直接经济损失数额在二十万元以上的；（三）虽未达到上述数额标准，但多次以欺骗手段取得贷款、票据承兑、信用证、保函等的；（四）其他给银行或者其他金融机构造成重大损失或者有其他严重情节的情形。"

从上述追诉的四种情形看，第二种是"已造成损失"的立案情形；第三种是犯罪次数的规定；第四种是"兜底性条款"的规定，这三种情形与《刑法》第一百七十五条之一骗取贷款罪的规定并不冲突，理论上和司法实践中也不存在争议。但第一种追诉情形，即"未造成损失"的立案情形，在理论和实务中均存在一定争议。实际上，银行基于被告人提供的虚假材料而发放了贷款，并不意味着银行必然会遭受损失。比如，虽然行为人通过欺骗手段取得了银行贷款，但在案发前已经还本付息，或者行为人提供了足额有效的担保，银行贷款能够有效得到保障的情形。也就是说"以欺骗手段取得贷款数额在一百万元以上"的这一追诉标准，与我国《刑法》第一百七十五条之一要求"给银行造成重大损失"的标准之间，并不存在必然的因果关系。该项追诉标准之所以存在是针对司法操作中对银行损失不宜举证这一难题而出现的化解方式，但却造成骗取贷款罪在适用上偏重数额，而忽视其他的考量因素，使得该罪在很大程度上被扩大适用。

这次《刑法修正案（十一）》第十一条将骗取贷款罪进行了修改，明确规定只有给银行或者其他金融机构造成重大损失的才认定为构成骗取贷款罪，删除了有其他严重情节构罪的情形，提高了骗取贷款罪的入罪门槛。这一规定，将彻底解决司法实践中骗取贷款罪偏重数额而被扩大适用的混乱状况。具体到本案骗取贷款中，一审系直接按数额这一静态追诉标准，把采取欺骗手段骗取的数额均认定为骗取贷款罪的数额加以认定；二审结合《刑法修正案（十一）》的修改精神和本案的具体情况，认为雍某前期采取欺骗手段取得的银行贷款已经归还，对银行而言并不存在损失，故对该已归还的 90 万元不再认定为骗取贷款的数额。

三、指导意义

法治是最好的营商环境，用法治维护公平高效的制度环境，赋予企业持久发展的动力与信心。新规提高了骗取贷款、票据承兑、金融票证罪的入罪门槛，即以欺骗手段骗取贷款，但未给银行或者其他金融机构造成严重损失，没有危及金融安全的，不宜认定为骗取贷款罪。这一修改对优化营商环境、助力民营企业更好地发展具有法治保障作用，即对民营企业因生产经营需要，在融资过程中虽然有一些违规行为，但未给银行造成重大损失的，一般不作为犯罪处理。

编写人：河南省高级人民法院　多甜甜
河南省驻马店市中级人民法院　赵雪莲

【第 176 条　非法吸收公众存款罪】

17

加大对非法吸收公众存款罪的惩处力度

——郭某等非法吸收公众存款案

【基本信息】

1. 裁判书字号

北京市第三中级人民法院（2018）京 03 刑终 453 号刑事裁定书

2. 罪名：非法吸收公众存款罪

【基本案情】

被告人郭某先后出资成立财神宝公司、诚基伟业公司、诚基信达公司，系三家公司实际控制人。

2015 年至 2016 年，被告人郭某在北京市朝阳区光华路 SOHO 二期 A 座某号等地，指使他人以财神宝公司名义对外公开宣传“爱国者项目”“健鑫科技项目”，承诺高额返利，以诚基伟业公司为私募基金管理人，以诚基信达公司为担保公司，以委托投资管理或借款的名义向陶某、王某等人非法募集资金共计 1189 万余元，其间返收益 8.5 万元。由于到期不能兑付导致案发。

被告人佟某受指派协助被告人郭某注册成立公司，登记为财神宝公司、诚基伟业公司法定代表人，担任公司财务人员参与财神宝公司全部非法集资活动；被告人杨某担任销售负责人，负责销售和组建销售团队，参与非法募集资金 427 万余元。

后被告人郭某被公安机关抓获归案，被告人杨某、佟某自动到案。公安机关冻结部分涉案银行账户在案。

【案件焦点】

非法吸收公众存款罪中的量刑问题。

【裁判要旨】

北京市朝阳区人民法院经审理认为，郭某、佟某、杨某未经国家有关部门批准，违反金融管理法规，非法吸收公众存款，数额巨大，其行为已经构成非法吸收公众存款罪，均应依法予以惩处。

对于被告人郭某关于“2015 年 9 月 21 日已将公司股权转让给了丁某和杨某，不再负责经营管理，不应对以后募集的资金承担责任”的辩解及其辩护人的相关辩护意见，经查，证人王某 1 证言证明，2016 年 1 月被告人郭某仍然以借款为名向其募集资金，同案被告人杨某、佟某亦供述，2015 年 9 月 21 日之后郭某仍然在管理控制公司，证人证言与同案被告人供述相互印证，可以证明被告人郭某虽然签署股权转让协议，将公司股权转让他人，但其仍然是公司的实际控制人和管理人，其应对募集的全部资金承担责任，因此被告人郭某及其辩护人的上述辩解和辩护意见，不予采纳。

对于被告人杨某关于“他是诚基伟业公司的业务经理，不是财神宝公司总经理，不应对全案非法集资数额承担责任”的辩解及其辩护人的相关辩护意见，经查，被告人杨某以财神宝公司名义向投资人宣传销售理财产品，在案同案犯及证人王某 2、张某分别证明被告人杨某系财神宝公司总经理、销售总监或经理，负责销售公司理财产品及组建销售团队，因此可以确认被告人杨某系财神宝公司销售负责人；张某系其销售团队成员，被告人杨某应当对其团队成员非法募集资金承担责任，郭某以借款名义向王某 1 所募集的资金，被告人杨某并未参与，不应对此承担责任，被告人杨某及其辩护人的相关辩护意见，酌予采纳。

对于被告人郭某、佟某的辩护人关于本案应认定为单位犯罪的辩护意见，经查，财神宝公司成立后以实施非法吸收公众存款犯罪活动为其主要业务，根据相关司法解释规定，不构成单位犯罪，被告人郭某、佟某辩护人的上述辩护意见，不予采纳。

对于郭某辩护人关于郭某具有揭发丁某坤涉嫌犯罪事实的辩护意见，经查缺乏证据证明，不予支持。

在案证人证言及被告人供述均能证实郭某转让股权之后，仍继续管理控制公司，是公司的实际控制人和管理人，其应对募集的全部资金承担责任。在共同犯罪中，被告人郭某系非法吸收公众存款犯罪活动的发起者、组织者、策划者，也是犯罪资金的实际控制人，在犯罪中处于领导地位，是起主要作用的主犯。被告人杨某、佟某受郭某雇佣、指派从事非法吸收公众存款犯罪活动，在犯罪中处于从属地位，属于起次要作用的从犯。被告人杨某接到公安机关电话传唤后自动到案，如实供述主要犯罪事实，应当认定为自首；被告人佟某明知公安人员在其家中等待而主动投案，如实供述主要犯罪事实，应当认定为自首，故对被告人佟某所犯罪行依法予以从轻处罚，对被告人杨某所犯罪行依法予以减轻处罚。另鉴于被告人郭某协助公安机关通知被告人佟某到案，量刑时将酌情予以考量。

北京市朝阳区人民法院根据三被告人犯罪的事实，犯罪的性质、情节，悔罪表现和对于社会的危害程度，依照《中华人民共和国刑法》第一百七十六条第一款，第二十五条第一款，第二十六条第一款、第四款，第二十七条，第六十七条第一款，第五十二条，第六十一条，第六十四条及《最高人民法院关于处理自首和立功具体应用法律若干问题的解释》第一条，《最高人民法院关于审理非法集资刑事案件具体应用法律若干问题的解释》第一条第一款，第二条，第三条第二款之规定，判决如下：

一、被告人郭某犯非法吸收公众存款罪，判处有期徒刑六年，罚金人民币 30 万元；

二、被告人佟某犯非法吸收公众存款罪，判处有期徒刑三年六个月，罚金人民币 10 万元；

三、被告人杨某犯非法吸收公众存款罪，判处有期徒刑二年六个月，罚金人民币 8 万元；

四、责令被告人郭某、佟某、杨某退赔集资参与人损失；

五、冻结在案之银行账户内钱款用于执行本判决第四项。

宣判后，原审被告人郭某、佟某、杨某不服一审判决，向北京市第三中级人民法院提出上诉。

北京市第三中级人民法院经审理认为，上诉人郭某、佟某、杨某未经国家有关部门批准，违反金融管理法规，非法吸收公众存款，数额巨大，其行为已经构成非法吸收公众存款罪，均应依法予以惩处。一审法院根据郭某、佟某、杨某犯罪的事实，犯罪的性质、情节及对于社会的危害程度所作出的判决，认定事实清楚，证据确实充分，定罪及适用法律正确，量刑适当，审判程序合法，应予维持。据此，本院依照《中华人民共和国刑事诉讼法》第二百二十五条第一款第（一）项之规定，裁定：驳回郭某、佟某、杨某的上诉，维持原判。

【适用解析】

自1979年改革开放以来，市场经济体制下市场主体的地位发生了转变，融资需求随着自负盈亏的推动凸显出来，非法集资等一系列问题也随之而来。1995年《商业银行法》规定，未经中国人民银行批准，擅自设立商业银行，或者非法吸收公众存款、变相吸收公众存款的，依法追究刑事责任；并由中国人民银行予以取缔。伪造、变造、转让商业银行经营许可证的，依法追究刑事责任。[①] 随后，全国人大常委会通过的《关于惩治破坏金融秩序犯罪的决定》第七条明确将非法吸收或变相吸收公众存款的行为纳入了刑事处罚的范围。1997年刑法修改时，沿用了该罪名。

非法吸收公众存款行为严重侵犯了国家金融管理秩序，具有极大的社会危害性：首先，由于这类行为一般是通过采取提高利率的方式或手段，将大量的社会闲散资金集中到单位或个人手中，从而造成大量社会资金失控，不利于国家对集中有限的资金进行必要的宏观调控。其次，行为人任意提高利率，形成在吸收存款上的不正当竞争，破坏利率的统一，影响币值稳定，严重扰乱国家金融秩序。最后，吸收存款人的经济实力不足，承担风险能力弱，根本无法保证存款人资金的安全和利益。一旦经营失败，往往形成巨额资金亏空，导致广大“储户”财产损失，引发大量群体性事件，极大地影响了社会稳定。因此，非法吸收公众存款罪是当前司法机关严厉打击的金融犯罪[②]。

近年来，金融市场的爆雷潮从P2P平台蔓延到私募基金，涉案金额动辄几十亿元、几百亿元，而根据现行刑法，非法吸收公众存款罪涉案金额500万元与涉案金额百亿元的案件，法定刑为同一档，即三年以上十年以下有期徒刑，显然难以拉开

---

① 杜志明：《非法吸收公众存款罪的立法沿革分析》，载《大江周刊·论坛》2012年2月。

② 最高人民法院刑事审判第一、二、三、四、五庭主办：《中国刑事审判指导案例3》，法律出版社2017年版，第149页。

不同犯罪数额的刑期差距，较难实现罪刑相适应。此外，非法吸收公众存款罪的法定刑最高为十年有期徒刑，法定刑过轻会降低震慑作用。

非法吸收公众存款不仅扰乱经济金融秩序，更严重侵害人民群众财产。为进一步防范化解金融风险，保障金融改革，维护金融秩序，保护人民群众利益，切实解决量刑档次过窄、杠杆作用不明显的问题，《刑法修正案（十一）》进一步完善刑法有关规定，从严惩处非法集资犯罪。针对实践中不法分子借互联网金融名义从事网络非法集资，严重扰乱经济金融秩序和极大侵害人民群众财产的情况，将非法吸收公众存款罪的法定最高刑由十年有期徒刑提高到十五年，加大对非法吸收公众存款犯罪的惩处力度。刑期上提有利于防范和化解相关社会矛盾纠纷，下一步亟须在“追赃挽损”上有所突破，这也是投资参与人更为关注的问题。

关于非法吸收公众存款罪的量刑，现行刑法及《最高人民法院关于审理非法集资刑事案件具体应用法律若干问题的解释》规定，非法吸收或者变相吸收公众存款，具有下列情形之一的，应当依法追究刑事责任，即应当判处三年以下有期徒刑或者拘役，并处或者单处 2 万元以上 20 万元以下罚金：个人非法吸收或者变相吸收公众存款，数额在 20 万元以上的，单位非法吸收或者变相吸收公众存款，数额在 100 万元以上的；个人非法吸收或者变相吸收公众存款对象 30 人以上的，单位非法吸收或者变相吸收公众存款对象在 150 人以上的；个人非法吸收或者变相吸收公众存款，给存款人造成直接经济损失数额在 10 万元以上的，单位非法吸收或者变相吸收公众存款，给存款人造成直接经济损失数额在 50 万元以上的；造成恶劣社会影响或者其他严重后果的。具有下列情形之一的，属于《刑法》第一百七十六条规定的“数额巨大或者有其他严重情节”，即应当判处三年以上十年以下有期徒刑，并处 5 万元以上 50 万元以下罚金：个人非法吸收或者变相吸收公众存款，数额在 100 万元以上的，单位非法吸收或者变相吸收公众存款，数额在 500 万元以上的；个人非法吸收或者变相吸收公众存款对象在 100 人以上的，单位非法吸收或者变相吸收公众存款对象在 500 人以上的；个人非法吸收或者变相吸收公众存款，给存款人造成直接经济损失数额在 50 万元以上的，单位非法吸收或者变相吸收公众存款，给存款人造成直接经济损失数额在 250 万元以上的；造成特别恶劣社会影响或者其他特别严重后果的。

非法吸收公众存款案中个人非法吸收或者变相吸收公众存款数额动辄上千万元

甚至上亿元，对于犯罪数额跨度如此之大的案件，应当如何量刑才能实现案与案之间的平衡，是该类案件困扰审判人员的一大难题。

为此，《北京市高级人民法院〈关于常见犯罪的量刑指导意见（二）〉实施细则（试行）》给出该类犯罪的量刑指导意见，第一个量刑幅度，具有下列情形之一的，在三个月拘役至一年有期徒刑幅度内确定量刑起点：个人非法吸收或者变相吸收公众存款数额在20万元以上的，单位非法吸收或者变相吸收公众存款数额在100万元以上的；个人非法吸收或者变相吸收公众存款对象30人以上的，单位非法吸收或者变相吸收公众存款对象150人以上的；个人非法吸收或者变相吸收公众存款，给存款人造成直接经济损失数额在10万元以上的，单位非法吸收或者变相吸收公众存款，给存款人造成直接经济损失数额在50万元以上的；造成恶劣社会影响或者其他严重后果的。在量刑起点的基础上，根据非法吸收或者变相吸收公众存款的数额、给存款人造成的直接经济损失数额等其他影响犯罪构成的犯罪事实增加刑罚量，确定基准刑。有下列情形之一的，增加相应的刑罚量：个人非法吸收或者变相吸收公众存款，犯罪数额每增加3万元，增加一个月刑期；单位非法吸收或者变相吸收公众存款，犯罪数额每增加15万元，对直接负责的主管人员和其他直接责任人员增加一个月刑期；个人非法吸收或者变相吸收公众存款，给存款人造成直接经济损失的数额每增加1万5千元，增加一个月刑期；单位非法吸收或者变相吸收公众存款，给存款人造成直接经济损失的数额每增加7万5千元，对直接负责的主管人员和其他责任人员增加一个月刑期。案件的犯罪数额和直接经济损失数额不得同时用以增加刑罚量，二者数额均明确的，以确定刑罚量更重的标准计算。第二个量刑幅度，具有下列情形之一的，在三年六个月至四年有期徒刑幅度内确定量刑起点：个人非法吸收或者变相吸收公众存款数额在100万元以上的，单位非法吸收或者变相吸收公众存款数额在500万元以上的；个人非法吸收或者变相吸收公众存款对象100人以上的，单位非法吸收或者变相吸收公众存款对象500人以上的；个人非法吸收或者变相吸收公众存款，给存款人造成直接经济损失数额在50万元以上的，单位非法吸收或者变相吸收公众存款，给存款人造成直接经济损失数额在250万元以上的；造成特别恶劣社会影响或者其他特别严重后果的。在量刑起点的基础上，根据非法吸收或者变相吸收公众存款的数额、给存款人造成的直接经济损失数额等其他影响犯罪构成的犯罪事实增加刑罚量，确定基准刑。有下列情形之一的，增加相应的刑罚量：个人非法吸收或者变相吸收公众存款，犯罪数额已满100万元不满3000万元的，每增加60万元，增加一个月刑期；超过3000万元的，超过部分每增加500万元，增加一个月至二个月刑期；单位非法吸收或者变相吸收公众存款，犯罪数额已满500万元不满1亿5千万元的，每增加300万元，对直接负责的主管人员和其他直接责任人员增加一个月刑期；超过1亿5千万元的，超过部分每增加2500万元，对直接负责的主管人员和其他直接责任人员增加一个月至二个月刑期；个人非法吸收或者变相吸收公众存款，给存款人造成直接经济损失的数额每增加150万元，对直接负责的主管人员和其他直接责任人员增加一个月刑期。案件的犯罪数额和直接经济损失数额不得同时用以增加刑罚量，二者数额均明确的，以确定刑罚量更重的标准计算。非法吸收或者变相吸收公众存款，人数超过量刑起点规定人数的50%或造成存款人自杀、精神失常等严重后果的，可以增加基准刑的20%以下。非法吸收或者变相吸收公众存款，根据案发前后已归还的数额，可以减少基准刑的40%以下。非法吸收或者变相吸收公众存款，主要用于正常的生产经营活动，能够及时清退所吸收资金，可以免予刑事处罚；情节显著轻微的，不作为犯罪处理。为他人向社会公众非法吸收资金提供帮助，从中收取代理费、好处费、返点费、佣金、提成等费用，构成共同犯罪，能够及时退缴上述费用的，可依法从轻处罚，其中情节轻微的，可以免除处罚；情节显著轻微、危害不大的，不作为犯罪处理。

如果严格依据北京市高级人民法院量刑指导意见规定量刑，非法吸收或者变相吸收公众存款数额上千万元与上亿元案件的量刑将较为接近，会造成量刑相对不平衡。因此，在司法实践中，通常会综合考量犯罪数额及给投资参与人造成的直接经济损失数额，对非法吸收或者变相吸收公众存款数额达六七千万元的，量刑一般在四年至六年。

本案中，郭某指使他人对外公开宣传项目，承诺高额返利，非法募集资金共计1189万余元，其间仅返收益8.5万元，给投资参与人造成巨额经济损失。一、二审均考虑到郭某系非法吸收公众存款犯罪活动的发起者、组织者、策划者，也是犯罪资金的实际控制人，在犯罪中处于领导地位，是起主要作用的主犯，对其处以较为严厉的刑罚，判处其有期徒刑六年，罚金人民币30万元。此判决加大了对非法集资犯罪的惩处力度，与《刑法修正案（十一）》所体现的从严惩处非法吸收公众存款犯罪精神相契合。

编写人：北京市第三中级人民法院　夏苗苗

18

非法吸收公众存款案起诉前退赔可从宽处罚

——席某某非法吸收公众存款案

【基本信息】

1. 裁判书字号

江苏省苏州市虎丘区人民法院（2015）虎刑二初字第00142号刑事判决书

2. 罪名：非法吸收公众存款罪

【基本案情】

被告人席某某为筹集资金于2014年9月26日在苏州注册成立富泽公司，从2014年10月至2014年11月未经有关部门依法批准，向社会公开宣传投资山西晋煤集团煤矿等项目，并承诺在一定期限内还本并支付高息，向盛某某、陈某某、戴某某等21人非法吸收资金共计人民币41.7万元。被告人席某某于案发后向公安机关退出赃款人民币42万元。在法院审理期间，被告人席某某预交罚金保证金共计人民币1万元。

【案件焦点】

被告人席某某在公安机关侦查阶段已退出赃款，且足以覆盖全部受害人财产损失，是否可以从宽处罚。

【裁判要旨】

江苏省苏州市虎丘区人民法院经审理认为，被告人席某某非法吸收公众存款，扰乱金融秩序，其行为已构成非法吸收公众存款罪，但考虑其于案发后已向公安机关退出全部赃款，减少损害结果发生，弥补了全部受害人的财产损失，可以从轻或者减轻处罚。江苏省苏州市虎丘区人民法院为了维护金融管理秩序，惩治犯罪，依照《中华人民共和国刑法》第一百七十六条第一款、第六十四条之规定，判决：

一、被告人席某某犯非法吸收公众存款罪，判处拘役三个月零一天，并处罚金人民币 2 万元；

二、已被公安机关扣押的赃款，分别发还相关被害人，其余款项，由公安机关依法处理。

【适用解析】

非法吸收公众存款罪是一种典型的涉众型经济犯罪，该种犯罪的特点在于投资参与人人数众多、财产损失较大。近年来，随着互联网金融的蓬勃发展，不法分子借互联网金融名义从事网络非法集资，不仅扰乱了金融秩序，更造成了众多群众的巨额财产损失。《刑法修正案（十一）》也对这种金融乱象作出了及时的回应，将第一百七十六条的非法吸收公共存罪作出了以下三点修改：其一，由原有的两档刑罚转变为三档刑罚，增加了数额特别巨大的情形下，处十年以上有期徒刑，提高了对于非法吸收公众存款的打击力度；其二，取消了罚金刑 50 万元以下的限额，提高了法官对于罚金刑的自由裁量权；其三，增加了公诉前积极退赔退赃，减少损害结果发生的，可以从轻或者减轻处罚的量刑条款。

本案中，被告人席某某于 2015 年 5 月 5 日因涉嫌集资诈骗犯罪被刑事拘留，同年 6 月 10 日因涉嫌非法吸收公众存款犯罪被逮捕，同年 8 月 5 日被取保候审，共计羁押三个月零一天。因其在公安机关侦查阶段已退赔赃款 42 万元，足以弥补全部投资参与人的财产损失，并预交罚金保证金，可以酌情从宽量刑。法院经审理后认定被告人席某某犯非法吸收公众存款罪，判处拘役三个月零一天，现行羁押的天数可以完全折抵被告人全部刑期。该判决充分体现了《刑法修正案（十一）》增设的第一百七十六条第三款的立法精神。

在《刑法修正案（十一）》之前，退赔作为从轻量刑情节仅体现在司法解释中：一是《最高人民法院关于审理非法集资刑事案件具体应用法律若干问题的解释》第三条第三款、第四款规定，非法吸收或者变相吸收公众存款的数额，以行为人所吸收的资金全额计算。案发前后已归还的数额，可以作为量刑情节酌情考虑。非法吸收或者变相吸收公众存款，主要用于正常的生产经营活动，能够及时清退所吸收资金，可以免予刑事处罚；情节显著轻微的，不作为犯罪处理。二是《最高人民法院、最高人民检察院、公安部关于办理非法集资刑事案件若干问题的意见》第六条第三款规定，对于涉案人员积极配合调查、主动退赃退赔、真诚认罪悔罪的，可以依法从轻处罚；其中情节轻微的，可以免除处罚；情节显著轻微、危害不大的，不作为犯罪处理。

相较而言，《刑法修正案（十一）》增设的第一百七十六条第三款之规定明确了退赃退赔的时间节点，同时在司法解释的基础上增加了减轻处罚的量刑情节，降低了刑档，可以进一步增强犯罪行为人退赃退赔的积极性与时效性。同时，刑法修正案并未吸收司法解释中“免予处罚”及“不作为犯罪处理”的规定，这与非法吸收公众存款罪的法益存在一定的关联，相较于集资诈骗罪，非法吸收公众存款罪侵害的法益是国家金融秩序，其主动退赃退赔的行为并未对该法益进行修复，仅因全部退赃退赔免予刑事处罚也存在不合理之处。

《刑法修正案（十一）》修改第一百七十六条非法吸收公众存款罪后，在具体适用上应当注意以下几点：

其一，根据《最高人民法院关于审理非法集资刑事案件具体应用法律若干问题的解释》的规定，个人非法吸收或者变相吸收公众存款，数额在20万元以上的，单位非法吸收或者变相吸收公众存款，数额在100万元以上的应当追究刑事责任；个人非法吸收或者变相吸收公众存款，数额在100万元以上的，单位非法吸收或者变相吸收公众存款，数额在500万元以上的，属于数额巨大或者有其他严重情节。《刑法修正案（十一）》增加了数额特别巨大，目前尚未有相应司法解释对其作出规定，在这一空白期，只能由司法机关结合当地经济发展情况自由裁量，这就需要做好类案检索工作，防止出现不同法院不同个案认定偏差过大。

其二，主动退赃退赔可以从轻或者减轻处罚的量刑条款存在时间节点。在既往的司法判例中，有很多犯罪行为人会存在侥幸心理，在一审审理期间乃至二审审理期间方进行退赔工作，使得投资参与人的财产损失无法得到及时的弥补，而在《刑法修正案（十一）》主动退赔可从轻或者减轻的时间节点为提起公诉前。但是如对在提起公诉后犯罪行为人主动退赃退赔不作量刑评价，也可能削弱犯罪行为人退赃退赔的积极性，审判机关或可结合认罪认罚从宽制度加以综合评价，在量刑情节的具体考量上，可体现在提起公诉前后主动退赔存在一定的阶梯性。

编写人：江苏省苏州市虎丘区人民法院　许修尧　刘琼

【第 182 条　操纵证券、期货市场罪】

19

“抢帽子”交易行为构成操纵证券罪

——汪某中操纵证券市场案

【基本信息】

1. 裁判书字号

北京市高级人民法院（2011）高刑终字第 512 号刑事裁定书

2. 罪名：操纵证券、期货市场罪

【基本案情】

被告人汪某中在担任首放公司负责人期间，在 2006 年 7 月至 2008 年 3 月，先后利用其本人及他人的身份证开立了其实际控制的沪、深证券账户，并使用上述账户，在中信证券北京北三环中路营业部、国信证券北京三里河营业部等证券营业部开立了 10 余个资金账户用于证券交易。同时，在中国工商银行开立了 10 个银行账户，用于证券交易资金的存取和划转。

2007 年 1 月 9 日至 2008 年 5 月 21 日，被告人汪某中采取先买入“工商银行”“中国联通”等 38 只股票，后利用首放公司名义通过“新浪网”“搜狐网”上海证券报、证券时报等媒介对外推荐其先期买入的股票，并在股票交易时抢先卖出相关股票，人为影响上述股票的交易价格，获取个人非法利益。根据中国证券监督管理委员会统计，在首放公司推荐股票的内容发布后，相关 38 只股票交易量在整体上出现了较为明显的上涨：个股开盘价、当日均价明显提高；集合竞价成交量、开盘后 1 小时成交量成倍放大；全天成交量大幅增长；当日换手率明显上升；参与买入账户明显增多；新增买入账户成倍增加。汪某中采取上述方式操纵证券市场55次，累计买入成交额人民币52.6亿余元，累计卖出成交额人民币53.8亿余元，非法获利共计人民币1.25亿余元归个人所有。

被告人汪某中于2008年11月8日被抓获归案，上述违法所得已于案发后被追缴。

2011年8月3日，北京市第二中级人民法院一审判决：被告人汪某中犯操纵证券市场罪，判处有期徒刑七年，罚金人民币125757599.5元。随案移送的财物分别予以充抵罚金、发还、存档备查和退回北京市人民检察院第二分院。2012年3月13日，北京市高级人民法院裁定驳回汪某中的上诉，维持原判。

【案件焦点】

“抢帽子”交易行为是否属于操纵证券市场。

【裁判要旨】

北京市第二中级人民法院认为，被告人汪某中无视国家法律，为获取不正当利益，操纵证券市场，侵害了国家对证券交易的管理制度和投资者的合法权益，情节特别严重，其行为已构成操纵证券市场罪，依法应予惩处。北京市人民检察院第二分院指控被告人汪某中犯操纵证券市场罪的事实清楚，证据确实、充分，指控罪名成立。本院根据被告人汪某中犯罪的事实、犯罪的性质、情节及对于社会的危害程度，依照《中华人民共和国刑法》第一百八十二条第一款第（四）项、第五十二条、第五十三条、第六十一条、第六十四条及《最高人民法院关于执行〈中华人民共和国刑事诉讼法〉若干问题的解释》第三百五十九条第三款之规定，判决如下：

一、被告人汪某中犯操纵证券市场罪，判处有期徒刑七年（刑期自判决执行之日起计算；判决执行以前先行羁押的，羁押一日折抵刑期一日，即自2009年9月28日起至2016年3月18日止），罚金人民币125757599.5元（已被中国证券监督管理委员会申请强制执行并上缴国库的罚款人民币54626119.99元予以折抵，余款于判决生效后三个月内缴纳）；

二、随案移送的财物分别予以充抵罚金、发还、存档备查和退回北京市人民检察院第二分院。

宣判后，原审被告人汪某中不服一审判决，向北京市高级人民法院提起上诉。

北京市高级人民法院认为，一审法院判决认定被告人犯操纵证券市场罪的事实清楚，证据确实、充分，定罪及适用法律正确，量刑适当，审判程序合法，应予维持。唯对被告人汪某中所判刑罚的刑期计算有误，本院予以纠正：汪某中的刑期自2008年11月8日起至2015年11月7日止。据此，本院依照《中华人民共和国刑事诉讼法》（1996年）第一百八十九条第（一）项之规定，裁定如下：

驳回汪某中的上诉，维持原判。

【适用解析】

一、“抢帽子”交易概念

早期的证券、期货交易都是交易员在交易池内喊价交易，用手势加上高声喊叫来报价，于是在日内短线炒作的交易员就要不停地举手报价，其情形似一群人在伸手抢帽子，业内人员就把日内短线交易的手法称为“抢帽子”。

操纵证券价格犯罪中的“抢帽子”交易，是指对证券、证券发行人、期货交易标的公开作出评价、预测或者投资建议，同时进行反向证券交易或者相关期货交易，影响证券、期货交易价格或者证券、期货交易量，情节严重的行为。

二、规则的沿革

新中国成立以来，我国最早规定操纵证券价格罪的是1997年刑法。该部刑法第一百八十二条规定：“有下列情形之一，操纵证券交易价格，获取不正当利益或者转嫁风险，情节严重的，处五年以下有期徒刑或者拘役，并处或者单处违法所得一倍以上五倍以下罚金：（一）单独或者合谋，集中资金优势、持股优势或者利用信息优势联合或者连续买卖，操纵证券交易价格的；（二）与他人串通，以事先约定的时间、价格和方式相互进行证券交易或者相互买卖并不持有的证券，影响证券交易价格或者证券交易量的；（三）以自己为交易对象，进行不转移证券所有权的自买自卖，影响证券交易价格或者证券交易量的；（四）以其他方法操纵证券交易价格的。单位犯前款罪的，对单位判处罚金，并对其直接负责的主管人员和其他直接责任人员，处五年以下有期徒刑或者拘役。”上述规定与1998年出台的《证券法》第七十七条规定基本相同。

1999年国务院颁布了《期货交易管理暂行条例》，其中第六十二条规定了禁止和处罚操纵期货价格的内容。同年12月25日，全国人大常委会通过《刑法修正案》，将操纵期货交易价格情节严重的行为规定为犯罪，纳入《刑法》第一百八十二条中。

2005 年 10 月 27 日全国人大常委会对《证券法》作出全面修订，将第七十一条中的“获取不正当利益或者转嫁风险”删除。2006 年 6 月 29 日，全国人大常委会通过《刑法修正案（六)》，对《刑法》第一百八十二条第二次作出修改，对操纵证券、期货交易价格的罪状作出相应修改，但仍未对“抢帽子”交易作出规定。

2007 年 3 月 27 日中国证券监督管理委员会发布《证券市场操纵行为认定指引（试行)》，进一步明确经 2004 年和 2005 年修订后的《证券法》第七十七条规定的“其他手段操纵证券市场”，包括蛊惑交易、“抢帽子”交易、虚假申报、特定价格、特定时段交易五类市场操纵行为。其中，“抢帽子”交易，是指证券公司、证券咨询机构、专业中介机构及其工作人员，买卖或者持有相关证券，并对该证券或其发行人、上市公司公开做出评价、预测或者投资建议，以便通过期待的市场波动取得经济利益的行为。《证券市场操纵行为认定指引（试行)》第三十七条还规定，具有下列情形的，可以认定为抢帽子交易操纵：（一）行为人是证券公司、证券咨询机构、专业中介机构及其工作人员；（二）行为人对相关证券或其发行人、上市公司公开做出评价、预测或者投资建议；（三）行为人在公开做出评价、预测或者投资建议前买卖或持有相关证券；（四）行为人通过公开评价、预测或者投资建议，在相关证券的交易中谋取利益。

2001 年 4 月 18 日最高人民检察院、公安部联合印发《关于经济犯罪案件追诉标准的规定》，2008 年 3 月 5 日最高人民检察院、公安部联合印发《关于经济犯罪案件追诉标准的补充规定》，该两个文件均未规定“抢帽子”交易的追诉标准。

2010 年 5 月 7 日最高人民检察院、公安部联合印发《关于刑事案件立案追诉标准的规定（二)》，其中第三十九条规定，操纵证券、期货市场，涉嫌下列情形之一的，应予立案追诉……（七）证券公司、证券投资咨询机构、专业中介机构或者从业人员，违背有关从业禁止的规定，买卖或者持有相关证券，通过对证券或者其发行人、上市公司公开作出评价、预测或者投资建议，在该证券的交易中谋取利益，情节严重的；（八）其他情节严重的情形。该规定施行后，前述 2001 年、2008 年的追诉标准同时废止。

2010 年 6 月 21 日最高人民法院印发《关于在经济犯罪审判中参照适用〈最高人民检察院、公安部关于公安机关管辖的刑事案件立案追诉标准的规定（二)〉的通知》，指出最高人民法院对相关经济犯罪的定罪量刑标准没有规定的，人民法院在审理经济犯罪案件时，可以参照适用上述追诉标准的规定（二）的规定。

2019 年 12 月 28 日全国人大常委会对《证券法》作出修改，修改后的《证券法》第五十五条将修改前《证券法》第七十七条规定的四项操纵证券交易手段增加规定为八项，即增加规定了以下几项：（四）不以成交为目的，频繁或者大量申报并撤销申报；（五）利用虚假或者不确定的重大信息，诱导投资者进行证券交易；（六）对证券、发行人公开作出评价、预测或者投资建议，并进行反向证券交易；（七）利用在其他相关市场的活动操纵证券市场；（八）操纵证券市场的其他手段。与此对应，2020 年 12 月 26 日，全国人大常委会通过《刑法修正案（十一）》，对《刑法》第一百八十二条作出第三次修改，在第一百八十二条中增加规定了三项操纵行为类型，将原来四项增加到七项。其中新增加的第（六）项专门规定了“抢帽子”交易的情形，表述为“对证券、证券发行人、期货交易标的公开作出评价、预测或者投资建议，同时进行反向证券交易或者相关期货交易的”。同时，该项规定基本上吸纳了《关于刑事案件立案追诉标准的规定（二）》第三十九条第（七）项规定的内容，只是表述更加精练准确。

三、本案的难点和争议

本案是新中国成立以来首例“抢帽子”交易操纵证券、期货市场案。由于本案一审审理时间是 2010 年 8 月至 2011 年 8 月，被告人汪某中实施“抢帽子”交易的时间发生在 2007 年 1 月至 5 月，当时最高人民检察院、公安部的追诉标准、相关立法司法解释均未对“抢帽子”交易作出明文规定，故“抢帽子”交易行为能否认定为当时《刑法》第一百八十二条第一款第（四）项“兜底条款”规定的“以其他方法操纵证券、期货市场”，成为审理中的主要争议和审理难点。控方认为“抢帽子”交易行为属于“以其他方法操纵证券、期货市场”，辩方认为不属于，一审法院支持了控方主张，以操纵证券市场罪对被告人汪某中定罪处罚。汪某中提出上诉，北京市高级人民法院终审裁定驳回上诉，维持原判。

此案审结至今已经过去近十年，现在审视此案，仍然具有重要意义。本案裁判结果是否妥当呢？答案是肯定的。虽然 2020 年修改前的《刑法》第一百八十二条未明确规定处罚“抢帽子”交易，但通过文理解释和目的解释，可以在不违背罪刑法定原则的前提下，认定“抢帽子”交易包含在该条第一款第（四）项“兜底条款”规定的“以其他方法操纵证券、期货市场”之内。根据文理解释，其他方法是指前三项以外的操纵证券、期货市场的方法，“抢帽子”交易是否属于操纵证券、期货市场的方法，就成为认定其是否属于第（四）项的“其他方法”的全部问题。那么，“抢帽子”交易是否属于操纵证券、期货市场的方法呢？答案也是肯定的。操纵的字面含义是控制、支配，“抢帽子”交易能对证券、期货市场的价格波动产生较大影响，在一定范围内可以达到控制支配的程度，故可以认定为操纵证券、期货市场。正因如此，我国证券行政主管部门于2007年制定《证券市场操纵行为认定指引（试行）》，明确规定“抢帽子”交易属于操纵证券市场的行为。根据目的解释，刑法设立操纵证券、期货市场罪的目的是通过惩治危害市场的操纵行为维护市场秩序，“抢帽子”交易属于危害市场的操纵行为，为维护秩序，有必要对其按操纵罪行予以惩处。

此外，认定属于操纵证券、期货市场的方法，也有国外先例供借鉴。德国《有价证券交易法》与我国《证券法》规定类似，运用“列举＋概括”的立法模式，使用概括性用语“其他市场操纵行为”。2003年，德国联邦最高法院首次判决“抢帽子”交易属于市场操纵行为，确立了审判“抢帽子”交易案件的指导原则，认为行为人发出投资建议，其目的在于诱使其他市场参与人作出相应的交易行为，对股价产生波动，以便行为人通过期待的股价影响，获取经济上的利益，可以推定为《交易所法》第88条第（2）项以及《有价证券交易法》第20a条第1款第1句第（2）项意义上的“交易所行情和市场价格操纵”的其他市场操纵行为。即使根据专业判断，行为人作出的推荐是合理的，这种交易行为同样是禁止的“交易所行情和市场价格操纵”。

还有，对于《刑法》第一百八十二条兜底条款的适用，最高人民法院没有像对待《刑法》第二百二十五条第（四）项规定那样，要求逐级向最高人民法院请示。[①] 故本案一审法院直接适用《刑法》第一百八十二条第一款第（四）项作出判

① 2011年4月8日最高人民法院印发《关于准确理解和适用刑法中“国家规定”的有关问题的通知》（法发〔2011〕155号）规定，各级人民法院审理非法经营犯罪案件，要依法严格把握《刑法》第二百二十五条第（四）项的适用范围。对被告人的行为是否属于《刑法》第二百二十五条第（四）项规定的“其他严重扰乱市场秩序的非法经营行为”，有关司法解释未作明确规定的，应当作为法律适用问题，逐级向最高人民法院请示。

决，未逐级向最高人民法院请示，程序没有瑕疵。

四、对修改后《刑法》第一百八十二条第一款第（六）项的理解

1. 定罪要件的理解

根据《刑法》第一百八十二条第一款规定，构成“抢帽子”交易的操纵证券、期货市场的犯罪行为必须符合以下两个条件：

（1）对证券、证券发行人、期货交易标的公开作出评价、预测或者投资建议，同时进行反向证券交易或者相关期货交易。该条件具体包含以下 4 个方面的含义。①因现行刑法没有对操纵证券、期货市场罪的行为主体作出限制规定，任何单位都可以构成本案的犯罪主体，任何人只要具有刑事责任能力，达到年满 16 周岁的刑事责任年龄，都可以构成本案的犯罪主体。在实践中，一般是对公众有影响力的证券公司、证券咨询机构、专业中介机构及其工作人员。一般人员没有影响投资者的能力，起不到操纵证券、期货市场的作用；②该行为分为两部分，一是公开评价、预测或建议。即对某些证券、期货优劣等情况公开进行评价，对其涨跌趋势进行预测，对投资者是否交易以及交易哪些证券、期货进行建议。二是自己反向交易。即行为人在其作出评价、预测或建议，投资者买入跟进，证券、期货市场出现预期波动的前后，自己买入或持有所评价、预测或建议的证券、期货，之后自己卖出证券、期货，以获取差价；③行为人主观上是故意。即明知自己的行为属于操纵证券、期货市场，影响证券、期货交易价格或者证券、期货交易量，仍然实施；④该行为侵犯了证券期货市场的管理秩序，损害其他投资者的经济利益。

（2）影响证券、期货交易价格或者证券、期货交易量，情节严重。对证券、证券发行人、期货交易标的公开作出评价、预测或者投资建议，同时进行反向证券交易或者相关期货交易，属于操纵证券、期货市场，影响证券、期货交易价格或者证券、期货交易量，但是，认定操纵证券、期货市场罪，行为人的行为除符合这个条件外，还必须达到情节严重的程度。

情节严重的标准，在出台新的司法文件作出规定之前，可以参照 2001 年最高人民检察院、公安部联合印发的《关于经济犯罪案件追诉标准的规定》第三十二条的规定，确定为：非法获利数额在 50 万元以上；致使交易价格和交易量异常波动；或者虽未达到上述数额标准，但因操纵证券、期货交易价格，受过行政处罚两次以上，又操纵证券、期货交易价格。

2. 量刑标准的理解

根据《刑法》第一百八十二条第一款的规定，构成“抢帽子”交易情节严重的，处五年以下有期徒刑或者拘役，并处或者单处罚金；情节特别严重的，处五年以上十年以下有期徒刑，并处罚金。情节严重的标准前已述及。关于情节特别严重的具体标准，目前尚无立法和司法文件加以规定。

五、新旧法衔接的处理

1. 罪名

本罪罪名历经数次变化，称呼罪名时注意与所适用的条文一致。分别为操纵证券价格罪，操纵证券、期货价格罪和操纵证券、期货市场罪。根据1997年12月16日印发的《最高人民法院关于执行〈中华人民共和国刑法〉确定罪名的规定》，《刑法》第一百八十二条罪名为操纵证券交易价格罪；根据2002年3月26日印发的《最高人民法院、最高人民检察院关于执行〈中华人民共和国刑法〉确定罪名的补充规定》，《刑法》第一百八十二条罪名为操纵证券、期货交易价格罪；根据2007年11月6日印发的《最高人民法院、最高人民检察院关于执行〈中华人民共和国刑法〉确定罪名的补充规定（三）》，《刑法》第一百八十二条罪名为操纵证券、期货市场罪。

2. 法条的适用

操纵证券、期货市场刑法立法历经三次修改。1997年新增设操纵证券交易价格罪，2002年修改为操纵证券、期货交易价格罪，2006年在原有“五年以下有期徒刑”基础上，增加一档“五年以上十年以下有期徒刑”的法定刑，2020年增加操纵行为类型。在审理操纵证券、期货市场罪案适用和引用法条时，要注意准确认定犯罪行为实施时间，区分罪状变化和法定刑变化的情况，坚持罪刑法定原则和从旧兼从轻原则。参照适用追诉标准或者司法解释时也要注意贯彻这些原则，并适用2001年最高人民法院、最高人民检察院联合印发的《关于适用刑事司法解释时间效力问题的规定》。

编写人：北京市第二中级人民法院　杨子良

【第191条　洗钱罪】

20

洗钱犯罪审判实务若干问题解析

——韩某某洗钱案

【基本信息】

1. 裁判书字号

浙江省绍兴市中级人民法院（2016）浙06刑终635号刑事裁定书

2. 罪名：洗钱罪

【基本案情】

2013年7月9日，倪某某及其经营的A公司以集资诈骗的方式从王某某处骗得人民币2000万元，并通过B公司账户收到该笔款项后，其中1130万元被转入被告人韩某某个人账户，余款870万元被汇入倪某某经营的C公司，而其中805万元被A公司用于归还银行贷款。同日，A公司以提供虚假证明文件的方式从中国农业银行绍兴嘉会分理处（以下简称农行嘉会分理处）骗取贷款800万元，其中295万元经多次转账后，与上述870万元中的余款65万元以及其他款项合并成480万元，于同月10日被转入被告人韩某某个人账户。同月11日，B公司将合计727万元转入被告人韩某某个人账户。倪某某以急用为由要求身处北京的被告人韩某某将转入其账户的上述2337万元全部取现。同月11日至13日，被告人韩某某按照倪某某的要求，将转入其账户中的2000万元转入华某某账户，将其中200万元转入许某某账户并要求许某某帮忙取现，将其中647.5万元用于归还倪某某的借款、支付房租和取现等。

2013年7月11日，倪某某乘坐飞机离开绍兴，并与向其追讨债务的债权人失去联系。同月13日傍晚，被告人韩某某回到绍兴并获知倪某某被人追债且有潜逃嫌疑后，仍于同月14日至15日，驾车从绍兴至杭州，沿途进入多个银行，将包括倪某某及A公司以集资诈骗和骗取贷款的方式从王某某、农行嘉会分理处骗得的合计642.5万元进行大量取现和分散转入多个账户，后将所取现金交给周某某，由周某某转交给倪某某。

【案件焦点】

1. 上游犯罪尚未被依法裁判，是否影响洗钱罪的认定；2. 如何判断洗钱犯罪行为人对上游犯罪是否明知。

【裁判要旨】

一、上游犯罪虽未被依法裁判，但根据现有证据已查证属实，不影响对洗钱罪的审判。

倪某某作为A公司法定代表人，以欺骗手段取得银行贷款，属于骗取贷款的犯罪行为。虽该犯罪行为尚未被依法裁判，但根据现有证据已查证属实。根据《最高人民法院关于审理洗钱等刑事案件具体应用法律若干问题的解释》的相关规定，此种情况不影响对洗钱罪的审判。

二、判断行为人是否“明知”涉案钱款系金融诈骗犯罪所得，应当综合行为人的认知能力，接触犯罪所得的情况、犯罪所得的数额、犯罪所得的转移方式等因素综合认定。

其一，韩某某不存在为倪某某大额取现的正当理由。韩某某在倪某某的公司负责日常用品及配件的采购工作，平时并不负责资金取现、转账或与财务相关工作。且根据韩某某的供述及倪某某等人的证言，此前并不存在倪某某让韩某某大额取现的情况。

其二，在案证据证实，在韩某某实施涉案洗钱行为前，倪某某的债权人王某某等人多次到倪某某公司、倪某某丈母娘家等地找倪某某，称倪某某欠债且已失去联系。韩某某明知王某某等人上门找倪某某追债和倪某某逃跑的事情，且担心再帮倪某某取现会受牵连，遂要求倪某某出具一张书面委托书，内容为倪某某委托韩某某取现，责任由倪某某承担。

其三，韩某某在获知倪某某被追债且存在潜逃嫌疑的异常情况下，驾车从绍兴出发赶往杭州，沿路遇见银行就停车取现，其取现方式、取现金额明显异常。

综上，根据被告人韩某某的取款方式、金额、其所获知倪某某出逃的信息以及其供述情况和认知能力，足以认定被告人韩某某明知涉案钱款系犯罪所得。

浙江省绍兴市柯桥区人民法院以洗钱罪判处被告人韩某某有期徒刑二年六个月，并处罚金人民币35万元。

被告人韩某某不服，向浙江省绍兴市中级人民法院提起上诉。二审法院认为，上诉人韩某某明知是金融诈骗或破坏金融管理秩序犯罪所得，通过转账、取现等方式掩饰、隐瞒其来源和性质，其行为已构成洗钱罪。原判认定事实基本清楚，适用法律正确，量刑基本适当，依照《中华人民共和国刑事诉讼法》第二百二十五条第一款第（一）项之规定，裁定：驳回上诉，维持原判。

【适用解析】

“反洗钱”传统上是立足于金融系统对犯罪分子掩饰、隐瞒犯罪所得进行预防和打击的工作体系，但随着国际国内形势的发展，反洗钱已经超出了预防和打击洗钱犯罪的范畴，在完善国家治理、维护金融安全和促进改革开放中发挥着日益重要的作用。自2007年《反洗钱法》实施以来，我国反洗钱工作成效明显，但仍存在一些较为突出的问题。

在此背景下，《刑法修正案（十一）》出台了，该修正案将原本事后不可罚的“自洗钱”单独入罪，与国际通行做法接轨，同时细化了洗钱的行为方式，将地下钱庄等跨境支付结算的行为也规定为洗钱方式之一，我国将从立法、司法等多个层面加大对洗钱犯罪的打击力度。在审判实务中，有以下三个方面问题需引起注意：

一、对洗钱罪的认定不以上游犯罪被依法查处为前置条件

《最高人民法院关于审理洗钱等刑事案件具体应用法律若干问题的解释》第四条规定，洗钱罪应当以上游犯罪事实成立为认定前提。上游犯罪尚未依法裁判，但查证属实的，不影响洗钱罪的审判。上游犯罪事实可以确认，因行为人死亡等原因依法不予追究刑事责任的，不影响洗钱罪的认定。该规定的核心在于，洗钱罪以上游犯罪事实存在为前提，但不以上游犯罪被刑事追责为前提。

本案中，农行嘉会分理处与A公司签订的是保理合同，农行嘉会分理处以受让

A公司的应收账款作为发放贷款的条件，故应收账款的真实性对银行决定发放贷款至关重要。A公司向农行嘉会分理处提供了销货单位为A公司、购货单位为上海某公司的增值税专用发票以证实其有应收账款。经查证，上述增值税专用发票的销货单位和购货单位均系造假。倪某某作为A公司法定代表人，以欺骗手段取得银行贷款，其行为已涉嫌骗取贷款犯罪。至此，韩某某所涉洗钱罪所对应的上游犯罪事实已经成立，倪某某是否被追究刑事责任不影响韩某某洗钱罪的构成。

二、“明知”的具体内容为对上游犯罪客观事实的概括认识

《最高人民法院关于审理洗钱等刑事案件具体应用法律若干问题的解释》第一款第三款中规定：“被告人将刑法第一百九十一条规定的某一上游犯罪的犯罪所得及其收益误认为刑法第一百九十一条规定的上游犯罪范围内的其他犯罪所得及其收益的，不影响刑法第一百九十一条规定的‘明知’的认定”，根据该解释精神，洗钱罪的“明知”是一种概括性认识，即只要行为人认为对方资金来路不明，可能来源于七类上游犯罪即可，并不要求行为人必须确切知道具体是哪一类上游犯罪。本案虽无证据证实上诉人韩某某明知倪某某骗取贷款的事实，但综合上诉人韩某某的认知能力、其异常的取现方式、取现金额、其所获知倪某某被追债并出逃的信息及其供述等主观、客观因素，可认定其已认识到涉案钱款可能是倪某某金融诈骗犯罪或破坏金融管理秩序犯罪所得，韩某某主观上已达到洗钱罪所要求的概括性认识标准。

此外，该“明知”内容要求的是对上游犯罪客观事实的认识，而非对该行为性质的认识，不要求行为人对上游行为有准确的法律判断。如将某一上游犯罪所得及其产生的收益认为是七类犯罪之中另一上游犯罪所得及其产生的收益，不影响主观上“明知”的认定。

三、上游共同犯罪与洗钱犯罪行为的区分

洗钱罪与掩饰、隐瞒犯罪所得、犯罪所得收益罪是刑法特别规定与一般规定的关系。掩饰、隐瞒犯罪所得、犯罪所得收益罪包含传统的窝藏犯罪和普通的洗钱犯罪，洗钱罪是针对七类严重犯罪而为其洗钱的行为所作的特别规定，其本质仍是掩饰、隐瞒犯罪所得，如与上游犯罪行为人事先通谋，为帮助上游犯罪而实施的提供账户、资金结算等行为，不宜认定为洗钱犯罪，而应认定为上游犯罪的共同犯罪。在大量的破坏金融管理秩序犯罪、金融诈骗犯罪案件中，行为人为躲避银行对大额资金流的监管，往往会借用他人银行账户作为与被害人的资金往来结算账户，此时，对于提供银行账户的人员需要结合具体案情，考量如下两点，综合评判其行为构成上游共同犯罪还是洗钱犯罪。

首先，是否有共同犯罪的事先通谋。《刑事审判参考》指导案例第 471 号裁判观点认为，是否通谋，是区分上游犯罪共犯与洗钱罪的关键。如行为人明知其他人实施非法吸收公众存款、集资诈骗等上游犯罪，仍将自己银行账户出借给他人使用，属明知他人实施非法吸收公众存款犯罪行为而提供帮助，存在事先通谋，有共同犯罪故意，而非事后将他人获利洗白。

其次，是否符合洗钱罪将“黑钱洗白”的本质属性。《刑法修正案（十一）》将“自洗钱”单独定为洗钱罪，但即使“自洗钱”入罪，也需要考量行为人出借银行账户的目的、用途，是否为典型意义的洗钱行为。洗钱罪的目的、行为均是掩饰黑钱的非法来源和性质，使黑钱合法化。如行为人出借银行账户的目的是为犯罪集团提供资金结算工具，则不符合洗钱罪将“黑钱洗白”的本质属性。在一些案件中，行为人出借的银行账户充当上游犯罪资金结算一环，在被害人入资时用以接受汇入资金、在被害人要求提现时汇出，在案银行流水往往显示，卡内资金均流向被害人用于支付被害人提现款。此时，无论从行为人的行为目的及卡内真实资金流向，均显示出该账户充当上游犯罪实行行为的一环，行为人出借账户客观上虽帮助上游犯罪分子逃避了金融机构监管，但实质上则是为了使上游犯罪行为得以施行、延续，没有“漂白”赃钱的意图，而在洗钱罪中“提供资金账户”的目的是将资金转移，使其与犯罪所得脱离联系，具有表面合法化的性质，以便于后续的控制、占有，与此具有明显的区别。

编写人：浙江省绍兴市中级人民法院　李莹　梁赛群　杜奕灵

第四节　金融诈骗罪

【第 192 条　集资诈骗罪】

21

集资诈骗罪量刑的重大调整

——吴某某集资诈骗案

【基本信息】

1. 裁判书字号

新疆维吾尔自治区高级人民法院（2019）新刑终 466 号刑事裁定书

2. 罪名：集资诈骗罪

【基本案情】

2013 年 3 月至 2014 年 10 月，吴某某 2（已判刑）以非法占有为目的，以高额回报为诱饵，虚构集资用途，共计与 220 人签订借款担保合同，非法吸收资金 5381.5 万元，除少量资金用于向投资参与人支付利息及退款外，大部分资金用于偿还个人债务、购买高档车辆、个人挥霍等，导致投资参与人资金 4722.6542 万元无法返还；其中，向上诉人吴某某的个人银行卡转账 1579.2784 万元。吴某某在吴某某 2 的安排下，用上述钱款偿还吴某某 2 的债务、支付工程款及向投资参与人支付利息、退还本金等。

【案件焦点】

1. 量刑档次如何进行调整；2. 集资诈骗数额在量刑中的作用；3. 罚金刑是否具有上限。

【裁判要旨】

新疆维吾尔自治区乌鲁木齐市中级人民法院一审认定，被告人吴某某犯集资诈骗罪，判处有期徒刑七年，并处罚金人民币 100 万元。吴某某提出原审判处的罚金刑过重。其辩护人提出，吴某某 2 向吴某某转款系集资诈骗犯罪结束后的独立行为。

新疆维吾尔自治市高级人民法院认为，吴某某 2 在开设的公司未具备相应资质的情况下以高于银行的利率吸引他人投资，吸收大量资金，这并非集资诈骗罪的完成，只是对资金的占有。吴某某 2 将吸收的资金通过吴某某用于偿还个人债务，购买高档汽车，导致其无法向投资参与人履行合同义务，其非法占有目的才得以实现。因此，吴某某按照吴某某 2 的安排处理吴某某 2 占有的资金，是为实现非法占有目的，并非集资诈骗行为完成后的独立行为。吴某某和吴某某 2 构成共同犯罪，吴某某在共同犯罪中起次要、辅助作用，系从犯。虽然吴某某的犯罪数额特别巨大，但依照《中华人民共和国刑法》第一百九十二条之规定，集资诈骗罪并处罚金的上限为 50 万元，原判并处罚金人民币 100 万元不当。原判综合考虑吴某某在本案中的地位、作用已对其减轻处罚适当。原审认定的主要事实清楚，证据确实、充分，定罪准确，主刑量刑适当。审判程序合法。但认定上诉人吴某某犯罪数额有误，且判处罚金违反法律规定，属法律适用错误，依法予以纠正，将罚金刑 100 万元改判为 50 万元。

【适用解析】

《刑法》（2017 年）第一百九十二条原文为“以非法占有为目的，使用诈骗方法非法集资，数额较大的，处五年以下有期徒刑或者拘役，并处二万元以上二十万元以下罚金；数额巨大或者有其他严重情节的，处五年以上十年以下有期徒刑，并处五万元以上五十万元以下罚金；数额特别巨大或者有其他特别严重情节的，处十年以上有期徒刑或者无期徒刑，并处五万元以上五十万元以下罚金或者没收财产”。

刑法现有罪名中，有四种金融诈骗罪的主体既包括个人也包括单位，其中除保险诈骗罪的量刑档次略有特殊外，其他三种罪名即集资诈骗罪、票据诈骗罪、信用证诈骗罪量刑档次的设置是一致的，故《刑法》第二百条对单位构成上述三种罪名的情形作了统一规定，即“单位犯本节第一百九十二条、第一百九十四条、第一百九十五条规定之罪的，对单位判处罚金，并对其直接负责的主管人员和其他直接责任人员，处五年以下有期徒刑或者拘役，可以并处罚金；数额巨大或者有其他严重情节的，处五年以上十年以下有期徒刑，并处罚金；数额特别巨大或者有其他特别严重情节的，处十年以上有期徒刑或者无期徒刑，并处罚金”。

在吴某某集资诈骗案中，吴某某虽与吴某某2构成集资诈骗罪的共犯，但其应负责的集资诈骗所得为1579.2784万元。根据《最高人民法院关于审理非法集资刑事案件具体应用法律若干问题的解释》第五条规定，个人进行集资诈骗，数额在10万元以上的，应当认定为“数额较大”；数额在30万元以上的，应当认定为“数额巨大”；数额在100万元以上的，应当认定为“数额特别巨大”。吴某某的集资诈骗所得远超数额特别巨大标准，应在十年有期徒刑以上判处刑罚。但考虑到其在本案中起次要、辅助作用，是从犯，可依法减轻处罚，判处五年以上十年以下有期徒刑，并处5万元以上50万元以下罚金，故一审法院判处有期徒刑七年适当，但判处100万元罚金超出法律规定的罚金刑范围，属于法律适用错误。二审法院进行了纠正。

《刑法修正案（十一）》第十五条将《刑法》第一百九十二条修改为“以非法占有为目的，使用诈骗方法非法集资，数额较大的，处三年以上七年以下有期徒刑，并处罚金；数额巨大或者有其他严重情节的，处七年以上有期徒刑或者无期徒刑，并处罚金或者没收财产”。新增第二款，即“单位犯前款罪的，对单位判处罚金，并对其直接负责的主管人员和其他直接责任人员，依照前款的规定处罚”。

将修改前后的第一百九十二条作比较，可得出如下结论：

一、从立法技术来看，采用了较为罕见的刑罚设置方式

从现行刑法中罪名量刑档次的设置情况来看，一般以某一刑期为分界线，以“以上”“以下”来分数档。只有在极少数的罪名中没有“以下”，即这类罪名的起刑点就是有期徒刑。例如，背叛国家罪的起刑点就是十年，最高可判处无期徒刑。引诱幼女卖淫罪的起刑点为五年，最高可判处有期徒刑十五年，是现行刑法中极为少见的没有区分量刑档次的罪名。这些罪名之所以将起刑点设置得比其他罪名高，是因为这些罪名的社会危害性大。就以引诱幼女卖淫罪为例，引诱幼女卖淫者不仅损害了幼女的身体健康权，同时侵害了幼女的健康成长权，可以说直接毁掉幼女的一生，行为性质非常恶劣。

集资诈骗罪原来的量刑档次采用的是四档，即拘役至有期徒刑五年、五年至十年有期徒刑、十年至十五年有期徒刑、无期徒刑，这种方式在现行刑法中比较常见，所有的金融诈骗罪都采用了这种量刑档次设置方式。但《刑法修正案（十一）》将集资诈骗罪的量刑档次调整为看似二档实为三档，即三年至七年有期徒刑、七年至十五年有期徒刑、无期徒刑，不仅明显区别于其他金融诈骗罪，在整个刑法中也较为罕见。现行刑法中走私武器、弹药罪，走私核材料罪，走私假币罪与其较为类似，情节较轻的，处三年以上七年以下有期徒刑，并处罚金；情节一般的，处七年以上有期徒刑，并处罚金或者没收财产；情节特别严重的，处无期徒刑，并处没收财产。但两者在财产刑的分档上又有不同。修改后的集资诈骗罪中，有期徒刑三年至七年应并处罚金，有期徒刑七年至无期徒刑应并处罚金或没收财产。所以修改后的集资诈骗罪量刑档次的设置在诸多罪名中较为特殊。

二、从立法原义来看，对集资诈骗犯罪的处罚上整体趋严

首先，起刑点大幅提高。修改前的集资诈骗罪的起刑点为拘役，修改后的集资诈骗罪的起刑点为三年有期徒刑。这种变化不仅是刑期的变化，还会涉及刑罚执行方式甚至诉讼程序的选择。拘役的期限为一个月以上六个月以下，由公安机关就近执行，在刑罚执行期间犯罪分子每月可以回家一天至两天，参加劳动的甚至可以得到报酬，在诉讼程序上可以采用简易程序，审理期限短，审判组织的组成更为灵活。被判处三年有期徒刑的犯罪分子，除因判决生效后需要执行的刑期较短而可以继续在原羁押场所服刑外，一般都移交监狱执行刑罚，诉讼程序、审判组织的选择上更为严格。

其次，财产刑的处罚力度大幅加强。这主要体现在两个方面。一方面，修改后的集资诈骗罪取消了财产刑的范围限制。修改前的集资诈骗罪中，判处五年有期徒刑以下刑罚，并处罚金不能超过 20 万元；五年有期徒刑以上刑罚，并处财产刑最高不能超过 50 万元，且在五年至十年有期徒刑一档只能并处罚金。在吴某某集资诈骗案中，二审法院就是根据这个规定认为一审法院判处罚金刑不当，予以改判。修改后的集资诈骗罪中，在七年至十五年有期徒刑这一档就可以并处没收财产，总体上并处的财产刑既没有最低限制，也没有最高限制，需要根据案件具体情况确定。另一方面，修改前的集资诈骗罪中，单位构成犯罪的，直接负责的主管人员和其他直接责任人员被判处五年以下有期徒刑或者拘役者可以并处罚金。换句话说，对上述人员可以不并处罚金。修改后的集资诈骗罪中，直接负责的主管人员和其他直接责任人员被判处三年以上七年以下有期徒刑者应当并处罚金。修改前的集资诈骗罪中，直接负责的主管人员和其他直接责任人员被判处十年以上有期徒刑或者无期徒刑的情况下只并处罚金。修改后的集资诈骗罪中，上述人员只要被判处七年有期徒刑以上刑罚，就应当被并处罚金或没收财产。虽然罚金或没收财产孰轻孰重没有定论，但在实践中就被告人的家庭而言，没收财产的直接影响比罚金刑更大。集资诈骗犯罪的收益不仅数额大，而且周期短，很多被告人被抓时已将犯罪所得转移或挥霍，很难追回。因此，有效防止集资诈骗犯罪行为，不仅要在主刑上加大处罚力度，还要在财产刑上提高可预期的犯罪成本，让试图通过此途径“发财致富”者望而却步。

最后，集资诈骗数额在量刑中的作用弱化。综观我国刑法，犯罪数额在许多罪名中是很重要的量刑情节，在金融诈骗罪中尤其如此，是量刑档次区分的直接依据。修改前的集资诈骗罪中，数额较大是本罪的构成要件，个人进行集资诈骗达不到 10 万元，单位进行集资诈骗达不到 50 万元就不能以集资诈骗罪定罪处罚。个人集资诈骗达到数额巨大标准即 30 万元以上，应在有期徒刑五年以上十年以下量刑，达到数额特别巨大标准即 100 万元以上，应判处十年以上有期徒刑或者无期徒刑。可以说集资诈骗数额在集资诈骗罪的量刑中起决定性作用。在吴某某集资诈骗案中，吴某某 2 的集资诈骗数额为 4722. 6542 万元，远超数额特别巨大标准，被顶格判处无期徒刑。吴某某的集资诈骗数额为 1579. 2784 万元，亦远超数额特别巨大标准，应至少被判处十年以上有期徒刑。但考虑到其在本案中系从犯，所以一审法院对其减轻处罚，判处有期徒刑七年，比照吴某某 2 降了两档，在不了解具体案情者看来是大幅减轻处罚。实际上，在吴某某集资诈骗案中，吴某某并未参与前期诈骗行为，也未将诈骗所得用于个人挥霍，只是按照父亲吴某某 2 的安排处理部分集资诈骗所得，所以有期徒刑七年可以说是罚当其罪。

集资诈骗罪在本质上是一种涉众型犯罪，即被告人一般为多人，投资参与人的数量更多，所以比普通诈骗罪更为复杂，犯罪数额更大。对集资诈骗行为进行刑事处理时应注重数额还是被告人的主观恶性，这是对集资诈骗罪量刑上首要考虑的问题，也是集资诈骗罪量刑档次设置的潜在逻辑。很明显，修改前的集资诈骗罪更注重数额，数额越大，量刑越重。这种量刑方式在实践中存在一定的不足，在第一档中表现得较为明显。举例说明，甲在A省进行集资诈骗10万元，被判处拘役六个月。刑满释放后，甲到B省进行集资诈骗15万元，被判处有期徒刑一年六个月。刑满释放后，甲到C省进行集资诈骗25万元，被判处有期徒刑四年。综合来看，甲先后集资诈骗50万元，获刑五年六个月，拘役六个月，比涉及犯罪数额特别巨大，但作为从犯的吴某某轻得多。换句话说，甲作为集资诈骗罪的惯犯，只要规避构成累犯，每次犯罪数额在30万元以下，就可以避免被判处重刑（一般判处五年及五年以上有期徒刑视为重刑）。虽然法条中还规定了“有其他严重情节”这个标准，但目前这个标准并不明确，所以在司法实践中犯罪数额达不到既定标准的情况下以“其他严重情节”为由提高量刑档次是比较困难的。虽然无明文规定，但从案件特点来看，多次作案或惯犯应属于“其他严重情节”，但在被告人流窜作案的案件中，公安机关收集其以前被判处刑罚的证据材料是比较困难的，认定其多次作案或惯犯在法律上有一定的障碍。因此，这在一定程度上纵容了一部分犯罪数额不大但主观恶性深的犯罪分子。

值得注意的是，以数额为量刑的决定性因素还忽视了我国不同地区经济发展水平不平衡的实际。以甲为例，在一线城市，集资诈骗10人得25万元，平均一人2.5万元，对投资参与人的影响可能不是很大，案件的影响也有限，其可能被判处的刑罚不会很重。但在偏远的县城或农村，被告人的犯罪行为可能直接改变一个人甚至一个家庭的命运，如果以同样的标准判处刑罚，可能引起当地民众对司法公正的质疑。因此，对集资诈骗犯罪量刑在考虑数额的同时还要综合考虑其他情节，如被告人是否为惯犯、被害人人数、犯罪后果等。

修改后的集资诈骗罪虽然作为构成要件保留了“数额较大”这个标准，但在第一档中取消了拘役刑，以三年有期徒刑作为起刑点，实际上就是提高犯罪数额不大但主观恶性深的犯罪分子可预期的犯罪成本。以甲为例，根据修改后的集资诈骗罪的量刑规则，甲在A省进行集资诈骗10万元，最低被判处三年有期徒刑。刑满释放后，甲到B省进行集资诈骗15万元，无特殊情况下至少可被判处四年有期徒刑。刑满释放后，甲到C省进行集资诈骗25万元，无特殊情况下可至少被判处六年有期徒刑。综合来看，甲同样三次实施集资诈骗，数额同样为50万元，但最终被判处的刑期至少可以达到有期徒刑十三年。在这种处罚力度下，集资诈骗罪的初犯、惯犯的犯罪成本会大大提高，有利于遏制此类犯罪。

修改后的集资诈骗罪取消了“数额特别巨大或者有其他特别严重情节”这个标准，只要达到“数额巨大或者有其他严重情节”标准就可以在有期徒刑七年至无期徒刑这个区间予以量刑，这也符合在坚持宽严相济刑事政策的前提下严厉打击集资诈骗犯罪的政策要求。首先，“其他严重情节”或“其他特别严重情节”在实践中很难具体界定和区分，写进法条中可能为司法实践带来不必要的困扰。其次，从集资诈骗犯罪的特点来看，一般而言犯罪数额都会远超数额特别巨大标准。在集资诈骗共同犯罪案件中，这对处罚主犯无影响，但会提高对从犯量刑的基准点，不利于落实宽严相济刑事政策。在吴某某集资诈骗案中，以吴某某在案件中的地位、作用和本案中吴某某和吴某某2的特殊关系来看，对其判处有期徒刑五年至七年均无不当。一审法院考虑到本案的社会影响，对其判处有期徒刑七年，实际上是在合理的量刑区间内的顶格判处。按照集资诈骗罪修改后的量刑档次，对吴某某比照吴某某2同样降二档，完全可以判处五年有期徒刑，更符合宽严相济刑事政策的要求。

综上，《刑法修正案（十一）》对集资诈骗罪的修改弥补了该罪名量刑档次的设置在司法实践中暴露出来的不足，使其更加科学，更符合司法实践，为坚持宽严相济刑事政策，严厉打击集资诈骗犯罪，保护人民群众财产安全，保障人民群众幸福感、获得感、安全感提供了刑法方案。

编写人：新疆维吾尔自治区高级人民法院　依明江·买买提

第五节　侵犯知识产权罪

【第217条　侵犯著作权罪】

22

销售盗版加密锁的行为构成侵犯著作权罪

——陈某某侵犯著作权案

【基本信息】

1. 裁判书字号

北京市第一中级人民法院（2018）京01刑终566号刑事裁定书

2. 罪名：侵犯著作权罪

【基本案情】

公诉机关指控称：2017年4月至8月，被告人陈某某以营利为目的，未经广联达公司许可，通过互联网向本市海淀区等多地销售广联达公司享有著作权的计算机软件及用于破解使用该软件的加密锁，非法经营数额总计人民币217523元。被告人陈某某于2017年8月15日被民警抓获，其到案后如实供述了上述犯罪事实。

被告人陈某某一审对起诉书指控的事实和罪名没有提出实质性异议。二审提出原判量刑过重，请求对其从轻处罚。辩护人的辩护意见：陈某某犯罪情节相对较轻，且其系初犯，到案后如实供述自己的罪行，认罪、悔罪态度较好，提请法庭对其从宽处罚。

法院经审理查明：被告人陈某某在2017年4月至8月，以营利为目的，未经广联达公司许可，通过互联网向本市海淀区等多地销售广联达公司享有著作权的计算机软件及用于破解使用该软件的加密锁，非法经营数额总计人民币 217523 元。被告人陈某某于 2017 年 8 月 15 日被民警抓获，当场起获盗版广联达软件及作案电脑主机等物，现扣押在案。陈某某到案后如实供述了上述犯罪事实。

【案件焦点】

销售可供公众免费下载的软件及盗版加密锁的行为是否构成侵犯著作权罪。

【裁判要旨】

陈某某以营利为目的，未经著作权人许可，发行他人享有著作权的计算机软件，情节严重，其行为已构成侵犯著作权罪，依法应予惩处。

在计算机软件犯罪认定过程中，需把握犯罪行为的本质。加密锁是用户获得许可使用计算机软件的关键，盗版加密锁的功能是使他人未经著作权人授权而正常使用正版软件，销售盗版加密锁的行为破坏了著作权人的技术保护措施，实质侵害的客体是软件的著作权，构成侵犯著作权罪。

北京市海淀区人民法院认为，被告人陈某某以营利为目的，未经著作权人许可，发行他人享有著作权的计算机软件，情节严重，其行为已构成侵犯著作权罪，应予惩处。陈某某已经实施完成销售发行盗版软件的实行行为，属于犯罪既遂。鉴于陈某某到案后及在庭审中能如实供认自己的基本罪行，认罪、悔罪态度较好，对其依法从轻处罚。依照《中华人民共和国刑法》第二百一十七条第（一）项、第六十七条第三款、第五十三条第一款、第六十四条之规定，判决：

一、被告人陈某某犯侵犯著作权罪，判处有期徒刑二年，并处罚金人民币 8 万元；

二、在案扣押的侵权计算机软件及作案工具电脑主机等物依法予以收缴没收。

原审被告人陈某某不服，提出上诉。上诉人陈某某的主要辩护意见是：陈某某系初犯、偶犯，归案后能够如实供述犯罪事实，认罪态度较好，有悔罪表现，请求对其再予从轻、减轻处罚。

北京市第一中级人民法院认为，一审法院根据陈某某犯罪的事实、犯罪的性质、情节及对于社会的危害程度所作出的判决，事实清楚，证据确实、充分，定罪及适用法律正确，量刑适当，审判程序合法，应予维持。据此，依照《中华人民共和国刑事诉讼法》第二百二十五条第一款第（一）项之规定，裁定：驳回上诉，维持原判。

【适用解析】

随着科技的进步，著作的主要利用方式从拥有实体著作物变为直接体验与感受著作物的内容。在当前的数字环境中，通过销售盗版加密锁解除他人的计算机软件保密措施，已经成为对正版软件的新型侵权方式，保护著作权人采取的技术措施不被规避、破坏至关重要。

本案的焦点问题在于被告人陈某某行为性质的认定，即被告人销售可供公众免费下载的软件及盗版加密锁的行为是否侵犯了权利人的著作权。

对于本案被告人的行为是否构成侵犯著作权罪存在两种观点：第一种观点认为计算机软件的著作权应由软件本身享有，著作权人已经在官方网站上向公众提供免费正版软件，被告人销售软件的行为没有侵害权利人的著作权，而销售加密锁的行为是一种规避、破坏技术措施的行为，不代表一定侵犯了受该技术措施保护的作品的著作权，因而本案被告人不构成侵犯著作权罪。第二种观点认为用户虽可以从广联达官网下载安装该工程软件，但加密锁是用户获得许可使用涉案工程软件的关键，如果没有加密锁，该工程软件不能运行，被告人销售盗版加密锁的行为本质上构成侵犯著作权罪。

我们同意第二种观点，理由如下：

第一，我国法律规定权利人为保护软件著作权而采取的技术措施受法律保护，销售盗版加密锁构成犯罪的应该承担相应的刑事责任。《著作权法》第五十三条规定："有下列侵权行为的，应当根据情况，承担本法第五十二条规定的民事责任；侵权行为同时损害公共利益的，由主管著作权的部门责令停止侵权行为，予以警告，没收违法所得，没收、无害化销毁处理侵权复制品以及主要用于制作侵权复制品的材料、工具、设备等，违法经营额五万元以上的，可以并处违法经营额一倍以上五倍以下的罚款；没有违法经营额、违法经营额难以计算或者不足五万元的，可以并处二十五万元以下的罚款；构成犯罪的，依法追究刑事责任：（一）未经著作权人许可，复制、发行、表演、放映、广播、汇编、通过信息网络向公众传播其作品的，本法另有规定的除外；（二）出版他人享有专有出版权的图书的；（三）未经表演者许可，复制、发行录有其表演的录音录像制品，或者通过信息网络向公众传播其表演的，本法另有规定的除外；（四）未经录音录像制作者许可，复制、发行、通过信息网络向公众传播其制作的录音录像制品的，本法另有规定的除外；（五）未经许可，播放、复制或者通过信息网络向公众传播广播、电视的，本法另有规定的除外；（六）未经著作权人或者与著作权有关的权利人许可，故意避开或者破坏技术措施的，故意制造、进口或者向他人提供主要用于避开、破坏技术措施的装置或者部件的，或者故意为他人避开或者破坏技术措施提供技术服务的，法律、行政法规另有规定的除外；（七）未经著作权人或者与著作权有关的权利人许可，故意删除或者改变作品、版式设计、表演、录音录像制品或者广播、电视上的权利管理信息的，知道或者应当知道作品、版式设计、表演、录音录像制品或者广播、电视上的权利管理信息未经许可被删除或者改变，仍然向公众提供的，法律、行政法规另有规定的除外；（八）制作、出售假冒他人署名的作品的。”《计算机软件保护条例》第二十四条规定，“故意避开或者破坏著作权人为保护其软件著作权而采取的技术措施”触犯刑律的，依照刑法关于侵犯著作权罪、销售侵权复制品罪的规定，依法追究刑事责任。对规避技术措施行为明确予以刑法规制。《信息网络传播权保护条例》第十八条、第十九条规定，“故意避开或者破坏技术措施”“故意制造、进口或者向他人提供主要用于避开、破坏技术措施的装置或者部件，或者故意为他人避开或者破坏技术措施提供技术服务”的行为构成犯罪的，依法追究刑事责任。

上述附属刑法规范虽然缺乏独立的罪刑配置，但是明确了破坏、规避技术措施具备经济或行政上的违法结构，构成犯罪的应该承担相应的刑事责任，具有提示性意义。

第二，销售盗版加密锁的行为使权利人的著作权受到实际损害，具有法益侵害性。判断销售加密锁的行为是否构成犯罪，首先需要考虑该行为对法益造成的侵害。因电子软件在数字环境中极易被复制利用，软件著作权人普遍通过设置加密锁的方式控制他人非法接触作品从而实现对作品的专属权利。本案中，广联达公司虽在官网上向公众免费提供正版软件，使用者可以自行下载，但是如果想实际运行该软件还需付费购买广联达公司的软件加密锁，著作权人以此控制软件的供应和使用渠道来获取对价收入。本案被告人销售的盗版加密锁通过重新编码等技术手段替代性地实现了正版加密锁的加密、解密功能，使软件呈现出一种裸露状态，可供他人非法使用。被告人销售的盗版加密锁绕开了权利人的技术保护措施，同时还向购买者附赠从广联达公司官网上免费下载的软件，这种行为方式实现了变相销售软件的目的，使软件著作权受到实际损害。

第三，涉案盗版加密锁的唯一用途是规避著作权人有效技术措施，不具有其他商业价值，销售盗版加密锁的行为不能与实际利用软件的行为区分看待。反对观点认为，盗版加密锁损害权利人著作权的过程包含了两个行为，一是行为人提供盗版加密锁的行为，二是购买者实际接触和使用软件的行为。盗版加密锁针对的对象是技术措施，如果购买者最终没有接触和使用软件，则该行为并不必然会损害权利人的著作权。笔者认为，不必将侵犯著作权的过程区分为物理上两个行为。提供盗版加密锁势必会干扰权利人利用技术措施进行自力保护，法律将规避、破坏技术措施的行为列为侵犯软件著作权的具体侵权方式也证明该行为本身具有可责性。且销售盗版加密锁普遍具有捆绑软件、单纯营利的特点，破坏技术措施后，必然导致侵犯软件著作权的后果，故该行为应当认定为侵犯著作权罪。

本案是一起新型的计算机软件侵权犯罪，在正确定罪过程中需注重辨析犯罪行为的本质，在裁判过程中结合计算机软件的侵权模式，准确把握“作品”的内涵。本案被告人销售的盗版加密锁的功能是使他人未经著作权人授权而正常使用正版软件。这种销售盗版加密锁的行为绕开了著作权人的技术保护措施，实质侵害的客体是软件的著作权，构成侵犯著作权罪。

在司法实践中，对于销售盗版加密锁这一类的犯罪行为存在罪名认定混乱的问题：以侵犯著作权罪最多，非法经营罪次之，销售侵权复制品罪最少。主要原因是刑事立法对避开或破坏权利人技术保护措施的行为性质没有作出明确规定，理论界也存在较大分歧。

刑事立法应当根据网络和数字技术的发展而不断调整和更新，通过科学的刑法立法和合理的刑事司法对著作权进行系统、全面的保护。从侵犯著作权罪的保护法益及罪刑法定的原则出发进行判断，实践中多发的通过提供规避技术保护措施而侵害著作权的行为，与直接的“复制、发行”的行为相比不具有实质性区别。

《刑法修正案（十一）》第二十条对刑法第二百一十七条作出了增订，其中第（六）项规定：“未经著作权人或者与著作权有关的权利人许可，故意避开或者破坏权利人为其作品、录音录像制品等采取的保护著作权或者与著作权有关的权利的技术措施的”构成侵犯著作权罪。该项增订修正了侵犯著作权的客观行为，从刑事立法的角度明确回应了数字时代网络科技发展对著作权刑法保护造成的冲击，解决了司法实务中对于此类犯罪行为的认定问题。

编写人：北京市第一中级人民法院　林辛建　魏晓田

第四章　侵犯公民人身权利、民主权利罪

【第 236 条　强奸罪】

23

多次奸淫不满 10 周岁的幼女如何量刑

——张某某强奸案

【基本信息】

1. 裁判书字号

广西壮族自治区钦州市中级人民法院（2020）桂 07 刑终 185 号刑事裁定书

2. 罪名：强奸罪

【基本案情】

2020 年 2 月至 3 月，被告人张某某为满足其性欲以观看手机淫秽视频为由，多次引诱本村的张某荣（女，2013 年 7 月 15 日出生，6 周岁）、张某欣（女，2010 年 11 月 22 日出生，9 周岁）两名留守女童到其位于某村的住处进行奸淫。具体事实如下：1. 2020 年 2 月 3 日晚，被告人张某某为发泄性欲，将本村的留守女童张某荣、张某欣引诱到其住处，然后用手机播放淫秽视频给张某荣、张某欣两人观看，在张某荣、张某欣观看淫秽视频的过程中，被告人张某某乘机将张某荣、张某欣的裤子脱下，对两人进行奸淫。2. 2020 年 3 月初的一天晚上，被告人张某某在其住处，给张某荣、张某欣观看淫秽视频，将张某荣、张某欣两人的裤子脱下，进行奸

淫。3. 2020 年 3 月 22 日 20 时许，被告人张某某以上述同样手段在其住处，用手机播放淫秽视频给张某荣、张某欣观看，在张某荣、张某欣观看淫秽视频的过程中，乘机将两人的裤子脱下，对两人进行奸淫。在奸淫过程中，被告人听到张某荣的奶奶陈某某在外面呼喊张某荣，因害怕被人发现，便停止奸淫，并叫张某荣、张某欣赶快穿好裤子从后窗跳窗离开。陈某某见到其孙女张某荣后发现其形迹可疑便对其进行盘问，张某荣便将张某某奸淫其的情况告诉了奶奶陈某某。次日，陈某某带其孙女张某荣到当地公安机关报案。2020 年 3 月 24 日，被告人张某某被公安机关抓获归案。

【案件焦点】

1. 对性侵不满 10 周岁的幼女如何判决；2. 对多次奸淫不满 10 周岁幼女的行为是否可以加重处罚。

【裁判要旨】

广西壮族自治区浦北县人民法院经审理认为，被告人张某某以观看手机淫秽视频为手段，引诱奸淫两名不满 14 周岁的幼女，其行为构成强奸罪，从重处罚；被告人归案后能如实供述其罪行，认罪认罚，可从轻处理；被告人多次奸淫农村留守女童，酌情从重处罚。广西壮族自治区浦北县人民法院依照《中华人民共和国刑法》第二百三十六条第一款、第二款，第六十七条第三款的规定，以被告人张某某犯强奸罪，判处有期徒刑九年。

张某某以量刑过重为由提起上诉。广西壮族自治区钦州市人民检察院认为一审判决量刑适当，建议驳回上诉，维持原判。

广西壮族自治区钦州市中级人民法院经审理认为，上诉人张某某对两名不满 14 周岁的幼女实施奸淫，其行为确已构成强奸罪，一审认定事实及适用法律正确，量刑适当。依照《中华人民共和国刑事诉讼法》第二百三十六条第一款第（一）项的规定，裁定：

驳回上诉，维持原判。

【适用解析】

一、刑法对奸淫不满10周岁幼女的规定和性侵幼女犯罪的规定存在漏洞

本案焦点在于对奸淫不满10周岁幼女如何量刑才能最大限度地保护未成年人利益，以下就《刑法修正案（十一）》中相关条文的适用进行解析。依照《中华人民共和国刑法》第二百三十六条规定，以暴力、胁迫或者其他手段强奸妇女的，处三年以上十年以下有期徒刑。奸淫不满14周岁的幼女的，以强奸论，从重处罚。强奸妇女、奸淫幼女，有下列情形之一的，处十年以上有期徒刑、无期徒刑或者死刑：（一）强奸妇女、奸淫幼女情节恶劣的；（二）强奸妇女、奸淫幼女多人的；（三）在公共场所当众强奸妇女的；（四）二人以上轮奸的；（五）致使被害人重伤、死亡或者造成其他严重后果的。该条规定奸淫不满10周岁的幼女除非有其他恶劣、伤亡等严重后果，否则奸淫不满10周岁的幼女仅有从重情节，其法定量刑范围是三年至十年有期徒刑。

根据《最高人民法院关于常见犯罪的量刑指导意见》（以下简称《量刑指导意见》）的规定，在量刑起点的基础上，可以根据强奸人数、次数、致人死亡后果、奸淫幼女等犯罪事实增加刑罚量，确定基准刑。结合本案案情，被告人张某某奸淫不满10周岁幼女二人三次，未造成伤亡后果，但奸淫二人三次，强奸的对象是幼女，有增加刑罚量的事实。《量刑指导意见》规定，奸淫幼女一人的，可以在四年至七年有期徒刑幅度内确定量刑起点。强奸多人多次的，以强奸人数作为增加刑罚量的事实，强奸次数作为调节基准刑的量刑情节。但该意见亦提及，“对于当庭自愿认罪的，根据犯罪的性质、罪行的轻重、认罪程度以及悔罪表现等情况，可以减少基准刑的10%以下”。但是幼女几乎没有自我保护能力，更应该受到法律保护，应该严惩强奸幼女犯。根据本案案情，一审和二审法院认为被告人张某某虽然是使用诱惑的手段奸淫幼女，但没有造成伤亡等严重后果，虽其奸淫不满10周岁幼女多次，但现行刑法仅规定“奸淫幼女多人”符合加重处罚情形，故法院认定被告人张某某奸淫不满10周岁幼女情节一般，其奸淫幼女二人多次不能加重处罚只能从重处罚，根据奸淫次数、人数和对象，决定在法定刑为三年至十年有期徒刑内量刑，鉴于被告人坦白和认罪认罚，判处被告人张某某有期徒刑九年。

所以，在《刑法修正案（十一）》出台之前，对强奸罪的处罚分为两个档次，相对而言一轻一重，轻的一档处三年以上十年以下有期徒刑，重的一档即为有加重情节的强奸，处十年以上有期徒刑、无期徒刑或者死刑。单纯奸淫不满 10 周岁幼女的行为，虽然要从重处罚，但依然属于“轻的一档”，最高判处十年有期徒刑，无法突破十年有期徒刑的上限。在司法实践中对单纯奸淫不满 10 周岁的幼女量刑偏低，由于量刑轻纵，导致目前强奸幼女案件的逐年增加，根据中国少年儿童文化艺术基金会女童保护基金会发布的《2019 年性侵儿童案例统计及儿童预防性侵教育调查“女童保护”报告》[①] 的统计显示，2019 年全年媒体公开报道性侵未成年人案例 301 起，受害人数 807 人，年龄最小的仅 4 岁，这些案件的被害人中女童占 92.83%，所以法官以兜底条款“其他特别严重情节”来加重处罚奸淫不满 10 周岁的幼女的犯罪人，也仍然只是个例，缺乏统一的裁判尺度与规则，难以达到震慑效果。

二、《刑法修正案（十一）》中对奸淫不满 10 周岁幼女的最新规定

2020 年 12 月 26 日通过的《刑法修正案（十一）》将《刑法》第二百三十六条修改为：以暴力、胁迫或者其他手段强奸妇女的，处三年以上十年以下有期徒刑。奸淫不满 14 周岁的幼女的，以强奸论，从重处罚。强奸妇女、奸淫幼女，有下列情形之一的，处十年以上有期徒刑、无期徒刑或者死刑：（一）强奸妇女、奸淫幼女情节恶劣的；（二）强奸妇女、奸淫幼女多人的；（三）在公共场所当众强奸妇女、奸淫幼女的；（四）二人以上轮奸的；（五）奸淫不满 10 周岁的幼女或者造成幼女伤害的；（六）致使被害人重伤、死亡或者造成其他严重后果的。该条直接规定了只要奸淫不满 10 周岁的幼女或者奸淫时造成幼女伤害的，哪怕没有造成重伤或死亡结果也将适用更重刑罚，起步就是十年以上有期徒刑，最高可判处死刑。与以往“奸淫不满十周岁幼女”通常是三年至十年有期徒刑从重处罚不同，针对性侵不满 10 周岁幼女的行为，《刑法修正案（十一）》给予了更加严厉的打击，从法无明文规定到罪刑法定。

三、适用《刑法修正案（十一）》第二十六条规定分析本案案情

适用《刑法修正案（十一）》第二十六条规定对本案进行分析，本案判决将有以下几点效果和作用：

首先，加重被告人刑罚力度。本案中，被告人张某某奸淫不满 10 周岁幼女二

---

① 《2019 年性侵儿童案例统计及儿童防性侵教育调查“女童保护”报告》，载微信公众号“女童保护”2020 年 5 月 18 日，2021 年 3 月 31 日访问。

人三次，按照《刑法修正案（十一）》规定，其法定量刑起点是十年以上有期徒刑，最高刑是死刑，张某某奸淫幼女二人多次，应从重处罚，虽然被告人张某某的奸淫行为没有造成被害人伤亡等严重后果，但其因奸淫的是不满10周岁的幼女，本案在审理过程中就算没有其他结果加重和行为加重的情节，也会直接以十年以上有期徒刑确定量刑起点，再针对被告人张某某奸淫幼女情节恶劣程度、强奸人数、致人伤害后果等其他影响犯罪构成的犯罪事实增加刑罚量，从而确定基准刑。因此，如果一审和二审适用本条规定，被告人张某某奸淫不满10周岁幼女的行为将比之前被判处九年有期徒刑更高，其将会被判处十年以上有期徒刑，这将进一步有力地打击奸淫不满10周岁幼女的犯罪分子，提高法律震慑力度。

其次，增强司法判决法律效果和社会效果。2021年3月1日实施的《刑法修正案（十一）》，明确对奸淫不满10周岁的幼女或者造成幼女伤害等严重情形适用更重刑罚，可处十年以上有期徒刑、无期徒刑或者死刑，那些强奸幼女的犯罪人员无疑将面临更严厉的刑罚。社会对强奸幼女行为的恶劣性已取得充分共识，《刑法修正案（十一）》与时俱进，在量刑上确保法律效果和社会效果的统一，不仅体现了对被害人的抚慰，同时还回应了公众关切。

再次，体现保护幼女的力度。由于绝大部分不满10周岁的幼女连性是什么都不清楚，且年龄越小的幼女越没有反抗能力，性侵对其造成的伤害越大，因此《刑法修正案（十一）》直接根据性侵的幼女年龄，将奸淫不满10周岁幼女作为加重处罚的情节，也能更好地保护幼女，进一步体现了对未成年人的特殊保护。

最后，奸淫不同年龄幼女，量刑适用更具体。对于强奸幼女的行为加重处罚，可根据受害者的年龄不同给予犯罪行为人不同的处罚。如《刑法修正案（十一）》第二十六条规定，奸淫不满14周岁的幼女，从重处罚，处三年至十年有期徒刑；奸淫不满10周岁的幼女，加重处罚，处十年以上有期徒刑、无期徒刑或者死刑。该立法体现了越来越注重对于幼女身心健康的保护，通过立法来减少犯罪的发生率。对于儿童的保护根据其年龄及身心状况和生理状况的不同，对犯罪行为适用不同的刑罚，更加体现刑罚适用的精确性。新修订的《刑法修正案（十一）》为幼女的性权利提供了更多的保障，对完善刑法体系、尊重和保护受害幼女权益，都有着积极的意义。

编写人：广西壮族自治区钦州市中级人民法院 郑雪霞

24

奸淫幼女型强奸罪的司法适用

——唐某云强奸案

【基本信息】

1. 裁判书字号

湖南省永州市中级人民法院（2020）湘11刑终481号刑事裁定书

2. 罪名：强奸罪

【基本案情】

被告人唐某云犯强奸罪，奸淫不满14周女幼女并长期与其强行发生性关系一案，检察院在2020年4月23日的起诉书中指控唐某云长期奸淫不满14周岁的幼女，并违背妇女意志，以胁迫手段强行与妇女发生性关系，触犯了《中华人民共和国刑法》第二百三十六条第一款、第二款之规定，构成强奸罪；因唐某云认罪认罚，建议判处有期徒刑八年。

法院经第一次庭审认为：1. 对于唐某云首次与被害人发生性关系的时间点问题，现有证据难以完全确定，此问题直接关系到唐某云是否涉嫌强奸不满14周岁幼女，需进一步补充证据；2. 起诉书虽指控唐某云“长期强行”与被害人发生性关系，但未就是否属于情节恶劣、应当判处十年以上有期徒刑的情况进行认定。针对这两个重点问题，法院向检察院送达了司法建议函，要求补充证据、明确指控，如认为属于情节恶劣的升格刑罚档次，则需变更起诉并重新送达起诉书。

2020年7月17日，检察院作出了变更起诉决定书，认定唐某云奸淫不满14周岁幼女，并违背妇女意志，以威胁手段强行长期与妇女发生性行为，情节恶劣，触犯了《中华人民共和国刑法》第二百三十六条第二款、第三款第（一）项之规定，构成强奸罪，依法变更起诉，并在法院第二次庭审中对唐某云给出了有期徒刑十二年的量刑建议。

法院经审理查明：被告人唐某云系被害人唐某某表叔。2016 年四五月左右的一天晚上，唐某云到唐某某（时龄未满 14 周岁）家里，趁唐某某一人在家之机，强行与其发生性行为，之后一方面采取给唐某某送手机、经常给生活费的诱惑方式，另一方面采取公开性爱照片、揭露隐私等方式相威胁，软硬兼施，长期强行与唐某某发生性关系。2019 年 9 月 7 日上午，唐某云到永州工商职业中专学校找唐某某（时龄未满 18 周岁）出来见面，唐某某不愿意与其见面，唐某云便扬言要到唐某某班上传播以前与唐某某发生过性关系的事实，并以发布唐某某的裸照为要挟逼迫唐某某离开学校。唐某某跟唐某云到某宾馆开房住宿，当晚，唐某云在其住宿的房间，以发唐某某裸照传播与唐某某发生过性关系的事实为要挟，胁迫唐某某与其发生了性关系。2019 年 9 月 8 日，唐某某在与同学相约溜冰时，因其身边男同学遭到唐某云打骂遂报警，并向民警相告其被侵害事实。唐某云同日被抓获归案。

【案件焦点】

1. 被告人是否存在奸淫不满 14 周岁幼女的行为；2. 被告人是否符合强奸罪中情节恶劣、应处十年以上有期徒刑的情形。

【裁判要旨】

湖南省永州市零陵区人民法院认为，本案审理焦点，一是被告人是否存在奸淫幼女行为，二是被告人是否符合强奸罪的情节恶劣情形。关于第一个焦点问题，从现有证据上看，被告人唐某云与被害人唐某某第一次发生性关系的时间，有唐某云与唐某某的供述相印证，又有唐某某家中贴瓷砖的时间、唐某某初二放暑假的时间相佐证，可以确定唐某云与唐某某第一次发生性关系的时间在 2016 年 4 月至 5 月左右，故对公诉机关指控唐某云奸淫不满 14 周岁幼女的事实成立，本院予以采纳。对第二个焦点问题，由被告人供述、被害人陈述、二人的微信及短信对话、被告人拍摄的隐私照片等证据可知，唐某云长期对唐某某进行精神强制以达到强奸目的，尤其是 2019 年 9 月 7 日当天以公布裸照隐私等威胁被害人离校并与其发生性关系，严重侵害了唐某某性自主的权利，属于情节恶劣情形，故公诉机关对唐某云奸淫不满 14 周岁的幼女，并违背妇女意志，以发裸照、传播与唐某某发生过性关系的事实为要挟，强行长期与唐某某发生性行为，情节恶劣的指控，事实清楚、证据充分，本院予以支持。唐某云奸淫未满 14 周岁的幼女，依法应当从重处罚；唐某云有犯罪前科，酌情从重处罚；唐某云在庭审中当庭翻供，不具有坦白情节。综上，依据《中华人民共和国刑法》第二百三十六条第二款、第三款第（一）项规定，判决如下：

被告人唐某云犯强奸罪，判处有期徒刑十二年。

宣判后，被告人提出上诉。湖南省永州市中级人民法院认为，公诉机关指控唐某云犯强奸罪的罪名成立。公诉机关指控、一审法院认定唐某云与唐某某第一次发生性关系的时间在2016年四五月左右，有被告人供述、被害人陈述以及其他证人证言等证据相互印证予以证实，上述证据均经公安机关依法取得并在对唐某云讯问时进行了全程录音录像，证据真实可信。虽然由于时间较远没有确定具体是哪一天发生第一次性关系，但在本案中不影响认定被害人为未满14周岁的幼女，唐某云也未提供充足证据否定该事实。唐某云奸淫不满14周岁的幼女，并以威胁等方法对被害人实施精神强制，长期强行与被害人发生性关系，情节恶劣。原判根据查明的事实和证据定罪准确，量刑亦无不当。故唐某云的上诉理由和请求以及其辩护人的辩护意见均与本案已查明事实和法律规定不符，本院依法不予采纳。

综上，原判认定事实清楚，证据确实、充分，适用法律正确，量刑适当，审判程序合法。据此，依照《中华人民共和国刑事诉讼法》第二百三十六条第一款第（一）项规定，裁定如下：

驳回上诉，维持原判。

【适用解析】

《刑法修正案（十一）》是深入推进全面依法治国的重大时代背景下对刑法作出的一次重要修改。修正案以习近平法治思想为根本遵循，积极回应社会关切，尤其在加强未成年人权益保护方面作出了重大调整。修正案第二十六条进一步明确了性侵未成年人犯罪适用更重刑罚的情形，第二十七条增加了特殊职责人员性侵罪，这些变化均体现了以人民为中心的新时代刑事立法特征。本文通过分析奸淫幼女型强奸罪中的重点问题，进一步探求规范变迁中的不变宗旨，以期对《刑法修正案（十一）》相关规范的解释适用有所裨益。

一、被害人年龄对行为人主观要件认定的区分

奸淫幼女型强奸罪中，作为犯罪对象的未成年女性，不同的年龄段对被告人犯罪的主观故意的认定也不同，这是司法实务中认定存在奸淫幼女犯罪的重点。这种区别的产生，与刑法对未成年女性性自主权的界定密不可分。

（一）奸淫幼女侵犯了幼女的身心健康权利

当前法律规范对幼女的界定以14周岁为标准，14周岁以下的幼女身心发育尚未完全成熟，对性知识的了解程度不够，未形成正确、全面的认识，如在这样生理及心理年龄段遭受性侵犯，将对未来成长尤其是精神世界的塑造产生重大不良影响。通说认为，奸淫幼女型强奸罪保护的法益是幼女的身体和精神正常发育和健康成长的权利。[①] 这一点与《德国刑法典》第一百八十二条规定的“性侵少年罪”的法益内涵一致，[②] 均关注于幼女不受侵扰的“性成长”权益。“性成长说”认为，一方面幼女的性生理和心理是一个不断发育和成长的过程，幼女有权利免受性行为对其成长所带来的损害。由于性生长的期间是过程性的、持续性的，幼女的性自主能力也是从生长生活经历中逐渐习得的；另一方面，这也是对幼女性自主能力的保障。因此，也有观点认为，性侵犯罪具备状态犯的特征，性侵行为完成后幼女的身心健康受损状态一直处在延续中。[③]

（二）未满14周岁幼女不具有性同意能力

女性是否届满14周岁对划定刑法保护对象范围具有特别含义，我国刑法将未成年人的性同意年龄确定为14周岁。从规范意义上分析，女性在年满14周岁之后，就被刑法赋予了一般性、抽象性的性同意能力。由幼女（14周岁以下）到未成年女性（14~18周岁）再到达法律认可的适婚年龄（18~20周岁），女性的性自主能力一直处于不断习得、成长、完善的过程之中。然而，在14周岁的性同意年龄届满之后，未成年女性究竟积累了多少正确行使性自主权的可能性？是否能够真正的在理解性含义的基础上在自愿状态下与他人实施性行为？这些问题在学界依然争议颇多，现实生活的多重案例也对此提出了质疑与挑战。因此，性同意年龄的届满虽然意味着幼女获得了一般意义上性自主权利，但这仍属于消极意义上的性

---

① 高铭暄、马克昌：《刑法学》，高等教育出版社2019年版，第461页。

② 赵冠男：《论德国刑法对少年性权益的保护——以〈德国刑法典〉第182条为视角》，载《青少年学刊》2021年第1期。

③ 贾健：《强奸究竟侵犯了什么？——作为通说的“性的自主决定权”法益之检讨》，载《法律科学》2018年第5期。

自主权利，刑法仍然禁止他人对未成年女性实施不法侵害或受到不法操纵，14 周岁至 18 周岁的未成年女性仍在消极层面拥有排除他人不法性侵的权利。

（三）奸淫未满 14 周岁幼女需主观明知

我国刑法实践及理论通说均坚持罪过责任原则，认为在奸淫幼女等性侵害犯罪中，明知被害人年龄是默示的犯罪构成必要要件。从法律及司法解释的发展上看，2001 年《最高人民检察院关于构成嫖宿幼女罪主观上是否需要具备明知要件的解释》规定，“行为人知道被害人是或者可能是不满十四周岁幼女而嫖宿的，以嫖宿幼女罪追究刑事责任”。此处嫖宿幼女构成犯罪的，需以明知为前提。《最高人民法院 最高人民检察院 公安部 司法部关于依法惩治性侵害未成年人犯罪的意见》（法发〔2013〕12 号，以下简称《意见》）第十九条第一款规定，知道或者应当知道对方是不满 14 周岁的幼女，而实施奸淫等性侵害行为的，应当认定行为人明知对方是幼女，这是认定奸淫幼女等性侵害犯罪主观明知问题的总原则。[①] 这代表着奸淫不满 14 周岁的幼女，不论是否使用暴力、胁迫或者其他强制手段，都要以强奸罪论处。第二款则采用了严格责任认定方法，规定对不满 12 周岁的被害人实施奸淫等性侵害行为，应当认定行为人明知对方是幼女。而对于已满 12 周岁不满 14 周岁年龄段的幼女，考虑到其身心发育特点已逐渐接近于已满 14 周岁的未成年少女，第三款规定，要求结合被害人身体发育状况、言谈举止、衣着特征、生活作息规律等进行是否“可能是”幼女的判断，如有此可能性，则应当认定行为人主观上属明知。

（四）本案定性为奸淫幼女犯罪的证据审查

本案第一个争议焦点即被告人是否奸淫了未满 14 周岁的幼女。此案不同之处在于，被告人并未作主观上不知情、非明知等辩护，而是选择在第一次与被害人发生性关系的时间上进行抗辩。这是因为，被告人与被害人具有亲属关系，且居住相隔较近，两家时常走动。在这种情况下，法院推定被告人对被害人的年龄是明知的，故被告人只能选择从与被害人第一次发生性关系的时间节点上进行抗辩。由于亲属关系的存在，被告人只有同时证明：其与被害人发生性关系系二人自愿，以及被害人时龄已满 14 周岁两个方面才有脱罪可能。对于双方是否自愿的问题，法院

---

① 周峰等：《〈关于依法惩治性侵害未成年人犯罪的意见〉的理解与适用》，载《人民司法（应用）》2014 年第 1 期。

结合两人长期微信、短信等记录，可明显判断被告人存在威胁等精神控制、强迫的行为，故否认了被害人的自愿性，尤其是否认了被害人年满 14 周岁后仍与被告人长期发生性行为的自愿性。而对于被害人第一次被性侵的时间，由于作案时间距今较远，且被害人无法精确证明到具体的“日”，故法院采取了锁定相关时段来判断被害人是否年满 14 周岁。这方面，有被害人陈述回忆时间、被害人与被告人的供述中实施侵犯的位置、被害人家庭装修时间、被害人家属及装修人员的证言中对装修时间的回忆均能锁定具体时段，而被害人在该时段尚未满 14 周岁。结合以上两点，法院认定被告人实施了奸淫不满 14 周岁幼女的行为。

二、犯罪行为是否符合奸淫幼女加重量刑情节的判断

本案的另一个争议焦点即被告人行为是否符合奸淫幼女加重量刑情节，法院经第一次开庭审理认为被告人的行为符合升格为十年以上量刑档次，并通过司法建议函要求检察院纠正错误指控。《刑法修正案（十一）》对符合奸淫幼女加重量刑情节的犯罪行为作出了进一步细化和明确。我们在尊重刑法溯及力的同时，不妨结合刑法修正案的规定对同类问题进行分析。

（一）对“情节恶劣”规范性要素的理解

本案中司法建议函的作出，源于法院和检察院对《刑法》第二百三十六条第三款第（一）项“奸淫幼女情节恶劣”的不同理解。该项的法条表述方式明显不同于第三款的第（二）项至第（五）项，后者表现为记述的构成要件要素，即对被告人的行为进行事实性的描述，如奸淫幼女多人、二人以上轮奸、致使被害人重伤、死亡等，根据我们对日常生活的理解即可得出迅速的判断。而第（一）项“奸淫幼女情节恶劣”则表现为规范的构成要件要素，需要在事实判断的基础上再结合价值判断才能明确，其中对“情节恶劣”的判断，属于价值判断。对情节恶劣的理解，主要可从四个方面进行：一是从时间、次数把握，如与未成年女性长期或者多次发生性关系，或与多名未成年女性发生性关系的；二是从犯罪对象把握，如与严重残疾或者精神智力发育迟滞的未成年女性发生性关系的；三是从犯罪结果把握，如造成未成年女性轻伤、怀孕、感染性病等后果的；四是从人身危险性把握，如行为人有强奸、猥亵等性侵犯罪前科劣迹的。以上都可以认定为情节恶劣的情况。①

本案中，被告人奸淫幼女后，一方面采取给被害人送手机、经常给生活费的诱惑方式，另一方面采取公开性爱照片、揭露隐私等方式相威胁，软硬兼施，长期强行与被害人发生性关系。检察院在第一次指控中，仅将被告人的行为归属于基本犯罪构成要件的量刑档次，即三年至十年有期徒刑。对此，法院认为，被告人的行为长期侵扰了被告人性成长权和性自主权，被害人尚未成年却长期处于不确定的、被迫性交的状态，既无从倾诉疏导也无法自行化解，不论是情绪、性格还是学习成绩都受到了极大的影响，对性、对生命的认知也发生了惧怕与扭曲。基于前述的分析，法院认为被告人的行为完全符合奸淫幼女情节恶劣、应处十年以上有期徒刑的情形，检察院也采纳了该司法建议变更了指控。

（二）《刑法修正案（十一）》第二十六条对“人”之价值的关注

《刑法修正案（十一）》第二十六条增设了“（五）奸淫不满十周岁的幼女或者造成幼女伤害的”情形。前半句奸淫不满10周岁幼女，是对性侵14周岁以下幼女情节的进一步细分，与奸淫幼女的基本刑拉开差距，进一步体现了刑法对未成年人的保护态度；后半句“造成幼女伤害”则拓宽了加重情节的适用范围。我们不妨对本案假设改造来观察该条款的效果。

假设一：本案其他案情不变，但被害人提供了打胎的住院记录，从诊疗记录看，被害人存在多次打胎的情况，且子宫功能受到较大影响。

假设二：被害人第一次被性侵时未满10周岁，被告人在后续一两个月的时间又对被害人进行了七八次侵害，由于被害人缺乏性知识，在怀孕后尚不知情，后经被告人发现被强制打胎，被害人身体受到一定损害，被告人此后未再纠缠被害人。

假设三：被害人被性侵时未满10周岁，但由于遭受了性侵，长期处于精神压抑状态，患上了中度或重度躁郁症，长期接受精神治疗，无法正常上学。

第一种情况，法院可以不用作过多价值判断，直接以奸淫幼女造成幼女伤害为由，要求检察院变更指控（本案最初系认罪认罚，故对不当量刑建议仍需告知检察院）。

---

① 胡云腾、徐文文：《〈刑法修正案（十一）〉若干问题解读》，载《法治研究》2021年第2期。

第二种情况，法院需要进行一定程度的价值判断，同时结合被害人身体被损害的事实，认定被告人符合十年以上的刑法加重情节。此处，适用《刑法修正案（十一）》第二十六条“（五）奸淫不满十周岁的幼女或者造成幼女伤害的”对被告人进行评价，比“（一）强奸妇女、奸淫幼女情节恶劣的”更妥帖，但第（一）项亦存在适用余地，具体则属于法官心证范围。

第三种情况，虽然被告人威胁、强迫被害人的时间不长，但却造成被害人身体的损害，可以升格量刑档次。这种情况下，我们更能深刻理解刑法对被害人作为“人”的关注。其他规定都是从犯罪行为恶劣程度、造成公众场合不安全感的失序的角度进行加重处罚，相较之下，此项是直接从被害人角度审视犯罪行为的危害性，关注被害人不满10周岁的年龄，关注被害人身体遭受伤害，真正彰显了新时代下贯彻“以人民为中心”的刑事立法精神。

三、对负有照护职责人员性侵罪的延伸思考

《刑法修正案（十一）》第二十七条增设了“负有照护职责人员性侵罪”，关于该条文规定的理解与适用，需要注意以下几个问题：

一是犯罪主体的特殊性，本条明确列举了五类对14周岁至16周岁未成年人负有特殊职责的主体，即监护、收养、看护、教育、医疗等特殊职责的人员，并使用“等”字兜底。这说明如果存在其他与法条所列举的人员性质相同、等同的主体也可以纳入本条文的适用范围，以不断适应社会生活的发展要求。从条文表述看，特性主体的产生或基于法律规定，如继父与继女；或者基于民事法律行为的约定，如医疗职责。同时，本罪应当遵循刑法谦抑原则，要注重“负有特殊职责”的具体要求，如不应把学校所有员工甚至是后勤人员都纳入“负有特殊职责的人员”范围，仅应当将主体范围限定在负有教育、管理职责的员工群体之内。①

二是本罪不要求违背未成年女性意志，即涵盖了未成年女性同意的情况。如果行为人以暴力、胁迫或者其他手段强奸未成年女性的，则根据本条第（二）项规定，与强奸罪想象竞合、择一重罪处断。同时，行为人必须具备主观故意，如果是未成年少女主动为之，则行为人持放任心理而与其发生性行为的，也构成此罪。

---

① 周峰等：《〈关于依法惩治性侵害未成年人犯罪的意见〉的理解与适用》，载《人民司法（应用）》2014年第1期。

三是对《刑法修正案（十一）》第二十七条“情节恶劣”的理解。情节恶劣是本罪的加重情节，对此理解可参考前文所述，结合奸淫幼女犯罪的规定和本条的特定含义，从行为性质、犯罪对象、危害后果、人身危险性等方面进行把握。

另外，本条还可以结合职业禁止，对医生、教师等有特殊职责的人依照刑法、行政法规的规定予以从业禁止，切实防止犯罪分子再次从事与未成年人有关的工作、活动。

本案在一定程度下也符合《刑法修正案（十一）》第二十七条对身份要件的规定。由案情知，被害人最后一次被性侵系因被告人以亲属关系、监护为由向学校请假，而被带离学校。此时，被害人已从学校的监管转移至被告人的监管之下，此处的监管关系是由被告人所创设形成，在此关系中，被告人已符合特殊职责的人员的身份要件。我们不妨对案情再予假设，以探讨负有照护职责人员性侵罪的实践运用。

假设一：被害人（15 周岁）因读书地域问题，长期处于被告人的照顾之下，由被告人从学校带离后主动邀请被害人第一次发生性关系，那么按照《刑法修正案（十一）》第二十七条的规定，被告人即构成负有照护职责人员性侵罪。此时，第二十七条的运用填补了法律对从属信赖关系型性侵的立法空白，一方面，负有照护职责人员与被害人之间存在从属关系、信赖地位、权力支配等特定连接，其优势地位方必然对未成年人产生潜在的控制和影响，第二十七条缓和并提高了养成型关系中幼女性同意年龄，从原来的 14 周岁变更为已满 14 周岁未满 16 周岁，加大了刑法对未成年女性的保护范围。另一方面，缓解了 14 周岁至 16 周岁女性基于不成熟的性认知作出错误选择后，强奸罪的条款无法评价的尴尬局面。

假设二：被害人（17 周岁）因读书地域问题，离被告人住所很近，被告人偶尔到学校对其探望，被告人以亲戚监护为由将被害人从学校带离后强迫其发生性关系（仅一次）。那么这种情况下，被告人的行为构成了负有照护职责人员性侵罪和强奸罪的想象竞合。如果以负有照护职责人员性侵罪对被告人进行评价，难以达到情节恶劣（3 年至 10 年有期徒刑）的加重量刑档次。相反，如果以强奸罪进行评价，那么基础刑期即 3 年至 10 年有期徒刑，故根据《刑法修正案（十一）》第二十七条应以处罚较重的强奸罪定罪量刑。

编写人：湖南省永州市中级人民法院　罗重海
湖南省永州市零陵区人民法院　李茜

【第 236 条之一　负有照护职责人员性侵罪】

25

强奸案中被告人负有特殊职责的量刑

——李某某强奸案

【基本信息】

1. 裁判书字号

广西壮族自治区柳州市柳北区人民法院（2019）桂 0205 刑初 35 号刑事判决书

2. 罪名：强奸罪

【基本案情】

被害人莫某（女，2003 年 6 月出生）2016 年 9 月到柳州市某中学上学，被告人李某某是该学校的老师，也是其就读班级政治课的任课老师。因李某某平时比较关心莫某，取得了莫某的好感，双方交往加深后于 2016 年 10 月 18 日确定了恋爱关系。2016 年 11 月下旬的一天，李某某将莫某带回其家中，在明知莫某未满 14 周岁的情况下，与莫某发生了第一次性关系。截至 2017 年 10 月，李某某在上述地点多次与莫某发生性关系。

【案件焦点】

被害人与对被害人负有特殊职责的被告人之间的恋爱关系是否影响强奸罪的量刑。

【裁判要旨】

广西壮族自治区柳州市柳北区人民法院认为，被告人李某某身为人民教师，在明知其所教学生被害人莫某未满 14 周岁的情况下，仍与其谈恋爱，进而发生性关系，其行为构成强奸罪，且应从重处罚。公诉机关指控罪名成立。李某某归案后能如实供述自己的罪行，依法可以从轻处罚。

对于被告人李某某及其辩护人认为指控李某某在被害人未满 14 周岁时多次与之发生性关系证据不足的辩解及辩护意见，经查，从本案的证据看，第一，被害人莫某陈述称“我和李某某第一次性行为后，又发生了很多次性行为，大概一个星期这样就发生一次”；第二，李某某供述称“2016 年 11 月一个周末的中午，我带莫某到家中发生了性关系，之后我们又多次发生性关系，但实质性的只有四五次，到了 2017 年 2 月以后，我们就尽量避免发生性关系了”，因莫某出生于 2003 年 6 月，故 2017 年 2 月前仍未满 14 周岁；第三，从李某某写给莫某的情书内容看，也能证实李某某在莫某未满 14 周岁时多次与之发生性关系。由此可见，起诉书指控李某某在莫某未满 14 周岁时多次与之发生性关系的证据不仅有莫某的陈述，还有李某某的供述及亲笔所写的情书佐证，足以认定，李某某的此辩解及辩护人的此辩护意见均与本案事实不符，本院不予采信。

对于辩护人认为李某某与莫某是恋爱关系，双方自愿发生性关系，故李某某的行为社会危害性较小的辩护意见，经查，李某某案发时是柳州市某学校的政治老师，是对未成年人负有特殊职责的人员，理应为人师表，以教书育人为己任，被害人作为刚进入青春期的少女，对异性产生好感是其成长的一个必经过程，作为教授思想品德及法律等德育课程的政治老师李某某应正确引导，帮助被害人度过青春期，但李某某却置师德与法律于不顾，与所教的学生被害人建立恋爱关系，进而多次与之发生性关系，构成犯罪，依法应当从重处罚。根据《最高人民法院、最高人民检察院、公安部、司法部关于依法惩治性侵害未成年人犯罪的意见》的规定对未成年人负有特殊职责的人员，实施强奸犯罪的，要依法从严惩处，故辩护人认为李某某的行为社会危害性较小的辩护意见亦与本案事实不符，本院不予采信。

对于辩护人认为李某某在被公安机关抓获后，尚未采取强制措施时，就主动交代了指控的全部犯罪事实，是自首，请求法院从轻处罚的辩护意见。因“自动投案”和“如实供述”是成立自首的两个必备要件，两者缺一不可，被告人李某某系被公安机关抓获归案的，不属于“自动投案”，故其行为不符合自首构成要件，辩护人以此为由请求法院对李某某从轻处罚的辩护意见不能成立，本院不予采信。

被告人李某某身为人民教师，实施违背职业要求的特定义务的犯罪，根据其犯罪情况及预防再犯罪的需要，可以在刑罚执行完毕之日或者假释之日起五年内禁止其从事未成年人的教育、培训等相关工作。

综合考虑本案的具体情况及被告人李某某的犯罪事实、情节、认罪态度、悔罪表现及社会危害性，本院决定对其从重处罚。依照《中华人民共和国刑法》第二百三十六条第一款、第二款，第三十七条之一第一款，第六十七条第三款之规定，判决如下：

一、被告人李某某犯强奸罪，判处有期徒刑七年；

二、禁止被告人李某某在刑罚执行完毕之日或者假释之日起五年内从事未成年人的教育、培训等相关工作。

【适用解析】

《刑法修正案（十一）》在刑法第二百三十六条后新增一条，作为第二百三十六条之一："对已满十四周岁不满十六周岁的未成年女性负有监护、收养、看护、教育、医疗等特殊职责的人员，与该未成年女性发生性关系的，处三年以下有期徒刑；情节恶劣的，处三年以上十年以下有期徒刑。有前款行为，同时又构成本法第二百三十六条规定之罪的，依照处罚较重的规定定罪处罚。"亦即增加负有照护职责人员性侵罪。

此前，针对负有特殊职责人员与未成年女性发生性关系的规定仅见于《最高人民法院、最高人民检察院、公安部、司法部关于依法惩治性侵害未成年人犯罪的意见》（以下简称《意见》）中，该《意见》规定：对幼女负有特殊职责的人员与幼女发生性关系的，以强奸罪论处；对未成年人负有特殊职责的人员，针对未成年人实施强奸犯罪的，要依法从严惩处。该文件中亦明确"负有特殊职责的人员"系指"对未成年人负有监护、教育、训练、救助、看护、医疗等特殊职责的人员"。

可见，《意见》中对于"负有特殊职责的人员"的规定主要是针对不满 14 周岁的幼女，只要是与其发生性关系的，即以强奸罪论处；而对未成年人实施强奸犯罪的，一律依法从严惩处。而《刑法修正案（十一）》新增的第二百三十六条之一则意味着将未成年女性的性同意年龄附条件地提高到 16 周岁，亦即一般情况下，若被害人未满 14 周岁，无论其是否同意与被告人发生性关系，均对被告人的行为以强奸论，从重处罚；若被害人已满 14 周岁，被告人以暴力、胁迫或其他手段违背其意志，强行与之发生性关系，该被告人的行为构成强奸罪。特殊情况下，被告人为对已满 14 周岁不满 16 周岁的未成年女性负有监护、收养、看护、教育、医疗等特殊职责的人员，与该未成年女性发生性关系的，无论该未成年女性是否自愿，都应追究其刑事责任。

本案证据相互佐证，证实李某某与莫某于 2016 年 11 月至 2017 年 2 月曾多次发生性关系，此时莫某仍未满 14 周岁，根据《中华人民共和国刑法》第二百三十六条第二款之规定，对李某某的行为应以强奸论，从重处罚。

辩护人以李某某和莫某为恋爱关系做罪轻辩护，但其一，李某某身为任教老师，系负有特殊职责的人员，根据《意见》的有关规定，对未成年人负有特殊职责的人员，针对未成年人实施强奸犯罪的，要依法从严惩处；其二，李某某是莫某的老师，为人师者，自当传道授业解惑，教授学生为人处世的道理，引导学生往好的方向发展，莫某正处于情感懵懂期，无论是如何区分爱慕与依赖，还是对过早与异性发生性关系可能导致的后果都知之甚少，李某某作为一名成年男性教师，不仅没有与学生保持适当的距离，还引诱学生多次偷食禁果，突破道德伦理下限，无论从哪一方面讲都有损师德，应从重处罚。法院判决禁止被告人李某某在刑罚执行完毕之日或者假释之日起五年内从事未成年人的教育、培训等相关工作，亦是考量到李某某从事未成年人相关教育工作造成的恶劣影响以及再犯可能性。

近年来，随着女性维权意识的觉醒，以及民众法律意识的提升，越来越多的女性敢于站出来道出童年时期被性侵或猥亵的沉痛经历，也有越来越多相关热点案件见诸报道。根据最高人民检察院给出的数据，2017 年至 2019 年检察机关起诉性侵未成年人犯罪 4.34 万人①，数字如此庞大，令人痛心，童年本应是无忧无虑、阳光灿烂的，被性侵或猥亵的经历却让受害人的童年乃至一生都蒙上了阴霾，尤其当被告人是教师、医生、监护人等负有特殊职责的人员时，他们是最易接触到未成年女性并获取她们的信赖，也是最应该保护未成年女性的人，其给未成年女性所造成的伤害不言而喻。《刑法修正案（十一）》第二百三十六条之一正是在这样的大背景

① 参见中华人民共和国最高人民检察院官网，https：//www. spp. gov. cn/zdgz/202009/t202009/t20200918_ 480406. shtml，2020 年 11 月 21 日访问。

下出台。

此次新增的第二百三十六条之一主要起到两层作用：第一，规制作用。负有特殊职责的人员，即使取得了已满14周岁不满16周岁的未成年女性的同意后才与之发生性关系，亦将被追究刑事责任，规制诸如利用未成年女性懵懂无知的心理状态与之建立恋爱关系并引诱其与之发生性关系等行为。第二，警示作用。一旦负有特殊职责的人员与已满14周岁不满16周岁的未成年女性发生性关系，将面临三年以下有期徒刑，情节恶劣的，还将处三年以上十年以下有期徒刑，利用刑罚的严厉性让有犯罪想法的人不敢犯、不愿犯。

当然，法条仍然有需要进一步解释的地方，比如“等特殊职责”这个“等”字，可以将外延扩展到多大？临时承担看护职责的邻居是否可以认定为“负有特殊职责的人员”？

从字面上看，职责，意为职务上应尽的责任；特殊，意为不同于其他情况。特殊职责，意味着这类人员源于自身职务对已满14周岁未满16周岁的未成年女性所需要承担的责任有不同于其他的地方，出于对未成年女性的保护，职责也可扩大解释为源于身份所需要承担的责任，由此可将父亲、养父等监护人纳入此类人员的外延中，最大限度地保护未成年女性的合法权益。

再来看法条中所列举概括的几种类型。监护，意为监督和保护；收养，意为将他人子女收为自己子女，实际上承担的亦是监护职责；看护，意为护理、照料；教育，意为教书育人；医疗，意为疾病的治疗。五种职责实际上都体现了社会各个方面对未成年女性的一种保护。教师、监护人、医护人员，与未成年女性都是一种十分紧密的保护者与被保护者的关系，基于这种身份、职责，人们可以信赖他们不会加害于该未成年女性，比如家长会教育孩子，在学校里要听老师的话，孩子很容易就会对老师产生依赖，进而发展为孺慕的心理。毕竟对于孩子们来说，除了父母，老师就是陪伴他们时间最长的人，而一旦这些保护者滥用这份信赖，转换身份成为对未成年女性的加害者，造成的后果更为严重，其罪行也更难被发现，也因此更为社会所谴责。

因此，笔者认为，“特殊职责”的外延不应过分扩展，上例临时帮忙照看孩子的邻居不能归入此类。家长把孩子托付给邻居，拜托邻居临时照看的时候，虽然也有拜托其在某种程度上保护孩子的意思，但这并不是源于身份、职业自身延伸出的责任，而是基于监护人的委托。

总而言之，刑法还是应谨守其谦抑性，对于已满 14 周岁的未成年女性来说，采用暴力、胁迫或其他手段违背其意志，强行与之发生性关系的时候才构成强奸罪，如果行为人是对已满 14 周岁、未满 16 周岁的未成年女性负有看护、监护、收养、教育、医疗等特殊职责的人员时，不管该未成年女性是否同意，其与之发生性关系的行为都构成强奸罪。

编写人：广西壮族自治区柳州市柳北区人民法院　梁千里

26

关于负有监护义务的人员强奸情节恶劣的认定

——丛某某强奸、猥亵儿童案

【基本信息】

1. 裁判书字号

山东省威海市环翠区人民法院（2019）鲁 1002 刑初 70 号刑事判决书

2. 罪名：强奸罪、猥亵儿童罪

【基本案情】

被告人丛某某系被害人杨某某（女，2004 年 1 月 14 日出生）的继父，2016 年至 2018 年 10 月 13 日，被告人丛某某利用其妻子外出之机，先后多次通过抚摸杨某某的乳房、生殖器等方式对其进行猥亵，并多次强行与被害人杨某某发生性关系，造成被害人成绩下滑、精神恍惚、多次离家出走，后被害人将经过告知其母亲，其母亲报警后案发。

【案件焦点】

1. 被害人的继父是否属于对被害人负有监护等特殊职责的人员；2. 猥亵儿童罪和强奸罪中的“情节恶劣”如何认定。

【裁判要旨】

本案中被害人为不满14周岁的未成年人，被告人身为被害人的继父，与被害人共同居住生活，且对被害人负有抚养、监护义务，属于法律规定的对未成年人负有特殊职责的、与未成年人有共同家庭生活关系的人员。

被告人多次以威胁等方式猥亵、奸淫被害人，且持续多年，作案时被害人处于身心发育的关键时期，被告人的行为对被害人的心理造成极其严重的影响，造成其成绩下滑、精神恍惚、多次离家出走等严重后果。

被告人的行为虽未对被害人直接造成轻伤以上的伤害，但对被害人的心理健康和精神状况产生了严重的影响，综合作案手段和危害后果等要素进行考虑，其性质恶劣程度并不亚于轻伤以上的伤害，具有严重的社会危害性，应当认定为情节恶劣。

【适用解析】

在司法实践中，“罪刑法定”作为刑法的一项基本原则，贯穿于刑事审判的各个环节，为各种行为的入罪和出罪提供了明晰严格的划分标准，也为法官定罪量刑提供了统一高效的操作规范。这一原则体现了成文法的优越之处：相对于判例法来讲，具有共性的案件在裁判中可以做到最大限度的结果统一。这最大限度上减少了不同法官在进行自由心证时的误差，保证了裁判结果的客观公正。

但是“罪刑法定”原则适用也有其局限性，法官在寻找裁判依据时，如果在法律法规中并未找到相对明确的规定，则需要法官根据对案件性质的认识、对法律条文的解读、对立法目的的理解以及对类似案例的参考等综合考量后进行裁判。而在这种情况下，对于案情类似的案件，不同法官给出的裁判结果可能会出入较大。例如，本案在进行专业法官会议时，几位法官对该案被告的行为是否属于“情节恶劣”产生了不同意见，有法官认为：虽然有司法指导文件规定对未成年人负有特殊责任的人员、与未成年人有共同家庭生活关系的成员对未成年人实施猥亵、强奸要从严惩处，但在强奸罪的五个法定严重情节中，并未直接规定“与未成年人有共同家庭生活关系的人对未成年人实施强奸属于情节恶劣”，因此该情节可以作为一个从重量刑的情节，但作为结果加重的升格情节缺乏依据。主审法官认为：该案被告人以威胁等手段多次对不满14周岁的继女实施猥亵、强奸，性质极其恶劣，虽然此情节并未直接明文规定在强奸罪的五个法定严重情节中，但从立法本意来看，设立结果加重犯的目的是将“情节严重、影响恶劣”的犯罪行为同普通犯罪行为区分开来，因为此类犯罪行为相比普通犯罪行为具有更严重的危害，因此需要更重的处罚来做到罚当其罪，而本案中被告人的行为，其手段之恶劣、对被害人心理健康影响之大，完全不亚于其他升格情节，因此被告人的行为可以完全认定为“情节恶劣”，从而升格处罚。

对于类似的案件，如何看待犯罪的情节严重性，能否认定为“情节恶劣”等升格情节，有的法官习惯于从案件本身的具体情节考虑，有的法官习惯于参考其他类似的案件，不同法官的认定结果不尽相同，这因法官自身素质、案件基本情况、地区经济发展等因素的不同而产生，无法完全避免，但可以通过立法的不断补充和细化来统一裁判尺度。

本次《刑法修正案（十一）》中第二十六条、第二十七条、第二十八条，对奸淫幼女、猥亵儿童案件中的恶劣情节有了更为明确细致的规定，对猥亵儿童的结果加重情节进一步细化，其中“猥亵儿童多次”处五年以上有期徒刑，对于类似文中的案件可直接适用，为此类案件的裁判提供了更明确的指引，减少了自由裁量权产生的误差，同时也更加符合人们朴素的法制观念。对于一些情节严重的猥亵案件和强奸案件，虽然没有造成轻伤等伤情，但对被害人心理和精神造成的创伤更为巨大且难以弥补，针对这种案件，将相应情节规定为结果加重情节也更合乎民众的期待。需要认识到的是，本次《刑法修正案（十一）》中对强奸罪和猥亵罪的规定并未作大刀阔斧的变更，而是在原有法条的基础上进一步细化和明确，相当于增加了一个“二次索引”，即在原来的法条项中，对于部分开放性情节作出更明确的规定，以更好地适应当下司法实践的现状，例如针对近年来强奸猥亵案件中的热点问题“熟人作案”做出及时反应，从法条层面直接将该种类情节作出详细规定，更加具体的规定可以进一步缩小自由裁量的误差，为审判工作提供更有利的司法保障武器。

编写人：山东省威海市环翠区人民法院　刘辉

27

特殊职责人员与已满14周岁的未成年女性发生性关系的定罪量刑

——朱某某强奸案

【基本信息】

1. 裁判书字号

浙江省德清县人民法院（2019）浙0521刑初452号刑事判决书

2. 罪名：强奸罪

【基本案情】

2013年5月至2019年6月，被告人朱某某在其亲生女儿朱某甲（2001年出生）不知反抗的情况下，强行与其发生性关系十余次。经鉴定，被害人朱某甲患轻度精神发育迟滞，案发时无（性）自我防卫能力。公诉机关德清县人民检察院认为被告人朱某某构成强奸罪，依法向德清县人民法院提起公诉，被告人朱某某及其辩护人对起诉书指控的犯罪事实、罪名及当庭质证的证据均无异议。德清县人民法院经审理认为，被告人朱某某先后十余次与精神发育迟滞的被害人朱某甲强行发生性关系，情节恶劣，其行为已构成强奸罪。

【案件焦点】

1. 对与不满14周岁的幼女发生性关系的被告人应如何定罪量刑；2. 对与已满14周岁的未成年女性发生性关系的特殊职责人员应如何定罪量刑。

【裁判要旨】

对于被告人朱某某犯强奸罪不存在异议，但本案的特殊之处在于：第一，被告人朱某某对被害人朱某甲的奸淫行为具有连续性。被告人朱某某自2013年5月与朱某甲发生第一次性关系，在其后长达六年的时间里与朱某甲多次发生性关系，时间跨度从朱某甲 12 周岁持续至 18 周岁。第二，被告人朱某某与被害人朱某甲系亲生父女关系，朱某某系对朱某甲负有监护职责的特殊职责人员。因此，本案的争议焦点在于：第一，对与不满 14 周岁的幼女发生性关系的被告人应如何定罪量刑；第二，对与已满 14 周岁的未成年女性发生性关系的特殊职责人员应如何定罪量刑。

针对焦点问题一，对与不满 14 周岁的幼女发生性关系的，不论该幼女是否同意，均以强奸论。根据“被害人承诺”理论，当被害人允许行为人侵害自己可支配的权益时，将发生阻却行为人违法的效果。其构成要件包括：第一，被害人对承诺受侵害的法益具有处分权限。在被害人处分法益的限度问题上，一般认为，性自主权利可以处分。第二，被害人要具有承诺能力，因此精神病患者、未成年人的承诺是无效的。第三，被害人要基于真实意思表示而承诺。《中华人民共和国刑法》第二百三十六条之所以规定“奸淫不满十四周岁的幼女的，以强奸论”，是出于对幼女不成熟的生理、心理状况的考虑，因此本着保护幼女身心健康发展的目的，对奸淫幼女的行为予以从宽认定。本案中，被害人朱某甲在被告人朱某某对其实施奸淫行为时没有进行过有效反抗，经司法鉴定得知朱某甲对于父亲的性侵行为并不认为是强奸，称其是出轨，不知道与父亲发生性关系关乎伦理，反而害怕自己的报警行为会给父亲的名誉造成损害，鉴定人据此认为朱某甲智力低下，对其自身所受的性侵害及其后果缺乏实质性辨认能力。因此虽然性自主权利可以承诺，但无论是从幼女的角度，还是从精神病患者的角度来看，案发时朱某甲都不具有承诺能力。

针对焦点问题二，对与已满 14 周岁的未成年女性发生性关系的特殊职责人员，无论该未成年女性是否同意，均应以强奸论。本案中，被告人朱某某与被害人朱某甲系父女关系，朱某某系对朱某甲负有特殊监护职责的人员，根据 2013 年《最高人民法院、最高人民检察院、公安部、司法部关于依法惩治性侵害未成年人犯罪的意见》第二十一条规定，朱某某利用其优势地位迫使朱某甲就范，而与其发生性关系，应当以强奸论。

浙江省德清县人民法院认为，被告人朱某某自 2013 年 5 月至 2019 年 6 月先后十余次与精神发育迟滞的被害人朱某甲强行发生性关系，情节恶劣，其行为已构成强奸罪。公诉机关指控的罪名成立。被告人朱某某虽不具有自首情节，但在归案后能如实供述其罪行，予以从轻处罚。辩护人据上述理由请求法院对被告人朱某某从宽处罚的辩护意见，予以采纳。为维护社会治安秩序，保护妇女性的权利不受侵犯，依照《中华人民共和国刑法》第二百三十六条第二款、第三款第（一）项、第六十七条第三款之规定，判决如下：

被告人朱某某犯强奸罪，判处有期徒刑十年六个月。

【适用解析】

本案事实清楚、证据确实充分，对被告人朱某某以强奸罪判处有期徒刑十年六个月，体现了“最高限度保护”“最低限度容忍”的指导思想，依法严惩性侵害犯罪，加大对未成年被害人的性保护力度。

近年来，性侵未成年人犯罪案件时有发生，其中受害人为幼女的案件越来越多。未成年人的身心尚未发育成熟，人生刚刚起航就受到凌辱，对其身心发展的不利影响可以想见，许多受害人就因幼年时期被侵犯而一辈子活在阴影之中，更有甚者选择自杀来换取解脱。据调查，性侵未成年人案件大多是“熟人作案”。而相比陌生人作案，“负有监护、收养、看护、教育、医疗等特殊职责人员”的“熟人作案”更为隐蔽，也给司法机关定罪量刑带来了很大的难度。

为了严厉惩治特殊职责人员性侵未成年人的行为，保护未成年人身心健康发展，《刑法修正案（十一）》在刑法第二百三十六条后增加一条，作为第二百三十六条之一：“对已满十四周岁不满十六周岁的未成年女性负有监护、收养、看护、教育、医疗等特殊职责的人员，与该未成年女性发生性关系的，处三年以下有期徒刑；情节恶劣的，处三年以上十年以下有期徒刑。有前款行为，同时又构成本法第二百三十六条规定之罪的，依照处罚较重的规定定罪处罚。”

另外要特别关注的是《刑法》第二百三十六条之一与《民法典》第三十六条、第三十八条的衔接问题。《民法典》第三十六条规定了撤销监护人资格的三种情形，根据第（一）项规定，监护人实施了严重损害被监护人身心健康的行为时，要撤销其监护人资格，实践中监护人对被监护人实施性侵行为的，应当被认定为严重损害被监护人身心健康，不仅要根据《刑法》第二百三十六条追究其刑事责任，还应当根据《民法典》第三十六条撤销其监护人资格，个人或者组织未及时申请撤销的，民政部门应当向法院申请。《民法典》第三十八条规定了恢复监护人资格的条件，同时规定了监护人对被监护人实施故意犯罪的，监护人资格被撤销后不得恢复，因此，监护人对被监护人实施性侵行为并被追究刑事责任的，刑满释放后其监护人资格不得恢复。本案中，被告人朱某某与被害人朱某甲系父女关系，朱某某系对朱某甲负有特殊监护职责的人员，其在朱某甲智力低下、对其自身所受的性侵害及其后果缺乏实质性辨认能力的情况下，诱骗朱某甲与其发生性关系，应当以强奸罪定罪论处，同时民政部门应当向法院申请撤销朱某某的监护人资格，法院应当裁定撤销朱某某的监护人资格，并不得恢复。

编写人：浙江省德清县人民法院　杨璐婷　陈忆凝

【第 237 条　猥亵儿童罪】

28

多次猥亵儿童的属于“其他恶劣情节”

——黎某友猥亵儿童案

【基本信息】

1. 裁判书字号

四川省成都市金牛区人民法院（2020）川 0106 刑初 734 号刑事判决书

2. 罪名：猥亵儿童罪

【基本案情】

2019 年 6 月初，被告人黎某友在鑫宇网吧内主动结识被害人熊某某（男，12 岁）、吴某某（男，11 岁）。后被告人黎某友以满足性刺激为目的，以赠送游戏账号、游戏装备为诱饵，分别于 2019 年 6 月 7 日诱骗被害人熊某某至某宾馆房间内，采用生殖器插肛门等方式对熊某某实施猥亵；于 2019 年 6 月 9 日诱骗被害人熊某某、吴某某至某宾馆房间内，先后采用口交、生殖器插肛门等方式对被害人吴某某实施猥亵，采用生殖器插肛门等方式对被害人熊某某实施猥亵；于 2019 年 7 月 7 日诱骗被害人熊某某、吴某某至某宾馆房间内，先后采用口交、生殖器插肛门等方式对被害人吴某某实施猥亵，采用生殖器插肛门等方式对被害人熊某某实施猥亵。2020 年 8 月 20 日，被告人黎某友被公安机关抓获。另查明，2016 年 10 月 17 日被告人黎某友因犯猥亵儿童罪被四川省成都市成华区人民法院判处有期徒刑二年，于 2018 年 6 月 26 日刑满释放。

【案件焦点】

黎某友的猥亵儿童行为是否属于《刑法》第二百三十七条第二款规定的“其他恶劣情节”并对应适用“处五年以上有期徒刑”的量刑档次。

【裁判要旨】

公诉机关认为，黎某友以满足性刺激为目的，采用口交、生殖器插肛门等方式，对两名男童多次实施猥亵，其行为属于《中华人民共和国刑法》第二百三十七条第二款规定的“其他恶劣情节”，应对其判处五年以上有期徒刑。

辩护人认为，首先，黎某友的供述与被害人熊某某、吴某某的陈述存在矛盾，无法相互印证，且无其他证据证明黎某友多次实施猥亵行为，故公诉机关指控黎某友多次猥亵儿童的证据不足。其次，《中华人民共和国刑法》第二百三十七条第二款的法律条文并未规定“其他恶劣情节”的具体情形，《最高人民法院、最高人民检察院、公安部、司法部关于依法惩治性侵未成年人犯罪的意见》也仅是规定了对猥亵儿童应当“从重”处罚的情形，但“从重”并不是“加重”，故黎某友的行为不能认定为《中华人民共和国刑法》第二百三十七条第二款规定的“聚众或者在公共场所当众犯前款罪的，或者有其他恶劣情节”，且黎某友的相关从重情节只能被评价并从重处罚一次，应对黎某友在“处五年以下有期徒刑或者拘役”的法定刑幅度内予以量刑。

四川省成都市金牛区人民法院认为，被告人黎某友以满足性刺激为目的，多次猥亵未满 14 周岁的儿童，情节恶劣，其行为已构成猥亵儿童罪。四川省成都市金牛区人民检察院对被告人黎某友构成猥亵儿童罪的指控成立，本院决定予以支持。

关于被告人黎某友的辩护人提出现有证据无法证实黎某友多次实施猥亵的辩护意见，本院认为，性侵害犯罪较其他犯罪而言具有一定的隐蔽性，庭审中被告人黎某友认可其在公安机关所作的关于犯罪的时间、地点、行为的供述均是属实的，结合黎某友的供述、两名被害人的陈述以及宾馆开房记录等证据能够证实黎某友对被害人熊某某实施了 3 次猥亵行为、对吴某某实施了 2 次猥亵行为。故对于辩护人的该项辩护意见，本院决定不予采纳。

关于被告人黎某友的辩护人提出被告人黎某友猥亵行为不构成情节恶劣，应当在有期徒刑五年以下予以量刑的辩护意见，本院认为，被告人黎某友为满足其扭曲的性欲望，多次对未满 14 周岁（包括一名未满 12 周岁）的两名被害人采用口交、生殖器插肛门等方式实施猥亵犯罪，给未成年被害人身心造成的终身影响是难以估量的，综合黎某友实施猥亵行为的次数、具体猥亵方式以及被害人人数等，能够认定为构成《中华人民共和国刑法》第二百三十七条第二款规定的“其他恶劣情节”，故对于辩护人的该项辩护意见，本院决定不予采纳。

被告人黎某友猥亵未满14周岁的儿童，对此情节予以从重处罚。被告人黎某友曾因犯猥亵儿童罪被判处有期徒刑，在刑罚执行完毕后五年内再犯应当判处有期徒刑以上刑罚之罪，系累犯，应当从重处罚。

被告人黎某友归案后如实供述自己的罪行，并自愿认罪认罚，对此情节予以从轻处罚。对辩护人提出的此项辩护意见，本院决定予以采纳。

根据被告人犯罪的事实、性质、情节和对社会的危害程度，并综合公诉机关提出的量刑建议，依照《中华人民共和国刑法》第二百三十七条、第六十七条第三款、第六十五条第一款之规定，判决如下：

被告人黎某友犯猥亵儿童罪，判处有期徒刑八年。

【适用解析】

根据《刑法》第二百三十七条的规定，猥亵儿童罪有两档法定刑幅度，一是以暴力、胁迫或者其他方法猥亵儿童的处五年以下有期徒刑或者拘役；二是聚众或者在公共场所当众猥亵儿童的，或者有其他恶劣情节的，处五年以上有期徒刑。其中，“其他恶劣情节”系《刑法修正案（九）》对猥亵儿童罪新增加的量刑情节，在此之前，《最高人民法院、最高人民检察院、公安部、司法部关于依法惩治性侵害未成年人犯罪的意见》第二十五条规定了包括“猥亵多名未成年人，或者多次实施强奸、猥亵犯罪”在内的七种“更要依法从严惩处”的情形。因此，在现行法律规定下，对猥亵儿童罪中“其他恶劣情节”的司法认定，一是要坚持依法从严惩治性侵害未成年人犯罪的刑事政策，对猥亵儿童犯罪行为要从严把握、从重惩处。二是要坚持罪行相适应原则，结合猥亵儿童犯罪行为的手段、次数、对象、后果等因素予以综合认定，对与“聚众或者在公共场所当众”具有相当社会危害性的猥亵儿童行为应当认定为“其他恶劣情节”适用“处五年以上有期徒刑”的量刑档次。

《刑法修正案（十一）》将《刑法》第二百三十七第三款修改为：“猥亵儿童的，处五年以下有期徒刑；有下列情形之一的，处五年以上有期徒刑：（一）猥亵儿童多人或者多次的；（二）聚众猥亵儿童的，或者在公共场所当众猥亵儿童，情节恶劣的；（三）造成儿童伤害或者其他严重后果的；（四）猥亵手段恶劣或者有其他恶劣情节的。”对比原有猥亵儿童罪的较为简单的法条规定，《刑法修正案（十一）》实际上是将原有猥亵儿童罪的“其他恶劣情节”进行了细化，即采用“列举＋兜底”的描述方式，从猥亵行为发生的地点、实施行为的方式手段、行为次数、被害人人数、给被害人造成的伤害后果等方面，将“处五年以上有期徒刑”量刑幅度的四类猥亵儿童犯罪行为予以明确规定，更有利于司法实践猥亵儿童罪定罪量刑的统一。本案在《刑法修正案（十一）》出台以前，根据黎某友实施的具体犯罪行为认定黎某友多次猥亵儿童，同时考虑黎某友采用口交、生殖器插肛门的恶劣猥亵手段、2 名被害人人数等情节，综合认定黎某友构成《刑法》第二百三十七条第二款规定的“其他恶劣情节”并对其判处有期徒刑八年。本案在定罪量刑上符合《刑法修正案（十一）》对猥亵儿童罪的修改方向和立法精神，刑罚的轻重与犯罪分子所犯罪行和承担的刑事责任相适应。

编写人：四川省成都市金牛区人民法院　陈晴　蔡艳

29

如何认定猥亵儿童罪“其他恶劣情节”

——褚某某猥亵儿童案

【基本信息】

1. 裁判书字号

广西壮族自治区钦州市中级人民法院（2020）桂 07 刑终 211 号刑事裁定书

2. 罪名：猥亵儿童罪

【基本案情】

2019 年 9 月起，被告人褚某某调至钦州市钦南区某小学担任四年级数学老师，并执教体育课程。在上课期间，被告人褚某某多次对班级里的女学生实施摸手部、肩膀及隐私部位的行为。其中被告人褚某某摸学生谭某某（女，2009 年 8 月 28 日出生）胸部 3 次、摸学生钟某某（女，2009 年 4 月 7 日出生）胸部 1 次、摸学生黄某（女，2009 年 11 月 4 日出生）屁股 1 次。另被告人褚某某在其位于沙埠镇泥桥村家中将学生张某某（女，2009 年 8 月 6 日出生）抱在腿上并亲吻额头 1 次。

【案件焦点】

1. 如何认定猥亵儿童罪“其他恶劣情节”；2. 猥亵儿童多人或多次是否属于“其他恶劣情节”加重处罚的情形。

【裁判要旨】

广西壮族自治区钦州市钦南区人民法院经审理认为，被告人褚某某利用其教师身份在上课期间猥亵多名不满 11 周岁的儿童，属在公众场合当众猥亵儿童，构成猥亵儿童罪，依法应当从重处罚。对于被告人褚某某及其辩护人提出褚某某不构成猥亵儿童罪的辩解、辩护意见，经查，被告人褚某某猥亵儿童的犯罪事实有被害人谭某某、钟某某、黄某、张某某的陈述予以证实，并得到了李某淋、钟某证等多名证人证言的印证，但褚某某猥亵余某某的证据不足，在案证据形成证据链互相印证被告人褚某某为寻求刺激，满足自己的私欲，利用其教师身份猥亵谭某某 3 次和猥亵钟某某、黄某、张某某各 1 次，故对其辩解辩护意见不予采纳。

被告人褚某某的行为严重损害幼女身心健康，社会影响较坏，为维护社会秩序，保护儿童不可侵犯的权利，严厉打击刑事犯罪分子，广西壮族自治区钦州市钦南区人民法院依照《中华人民共和国刑法》第二百三十七条第三款、第三十七条之一、第六十一条、第六十二条、第四十七条和《最高人民法院、最高人民检察院、公安部、司法部关于依法惩治性侵害未成年人犯罪的意见》第二条和第二十五条第（一）项的规定，以被告人褚某某犯猥亵儿童罪，判处有期徒刑八年；禁止被告人褚某某自刑罚执行完毕之日或者假释之日起五年内从事教育、培训、看护等与未成年人有关职业。

褚某某持原审辩解提起上诉。广西壮族自治区钦州市人民检察院认为一审判决正确，建议驳回上诉，维持原判。

广西壮族自治区钦州市中级人民法院经审理认为，上诉人褚某某利用教师身份，在上课期间及其家里多次猥亵多名不满 11 周岁女学生，其行为已构成猥亵儿童罪，且属于公众场合当众猥亵儿童的情形，应从重处罚。一审判决认定事实清楚，证据确实充分，定性准确，量刑适当，审判程序合法。依照《中华人民共和国刑事诉讼法》第二百三十六条第一款第（一）项之规定，裁定：

驳回上诉，维持原判。

【适用解析】

本案焦点在于如何确定猥亵儿童罪中“其他恶劣情节”，以下就该问题的《刑法修正案（十一）》适用进行解析。《中华人民共和国刑法》第二百三十七条规定了两个罪名，分别是强制猥亵、侮辱妇女罪和猥亵儿童罪。其中，对于以暴力、胁迫或者其他方法强制猥亵他人或者侮辱妇女的，处五年以下有期徒刑或者拘役。聚众或者在公共场所当众犯前款罪的，或者有其他恶劣情节的，处五年以上有期徒刑。猥亵儿童的，依照前两款的规定从重处罚。从该条款可以看出，目前我国刑法并未对猥亵儿童犯罪单独列罪，猥亵儿童罪似乎随附或依从于强制猥亵、侮辱妇女罪的规定，忽视了猥亵儿童罪自身的特点，且加重情节较为单一，具体的恶劣情节也未进行说明。这就使得在司法适用中对于“强制猥亵、侮辱罪”和“猥亵儿童罪”中分别面临如何理解“其他恶劣情节”的问题，由此导致猥亵儿童罪定罪处罚出现一些问题。这也就导致了法官在作出判决时难以保持较为统一的量刑标准，从而出现“同案不同判”、罪责刑不相适应的情况。

我国刑法中规定的情节要素包括定罪情节和量刑情节。猥亵儿童罪中“其他恶劣情节”属于量刑情节。由于未成年人身心发育尚不成熟，易受犯罪侵害，特别是遭受性侵害现象突出。在这一背景下，2013 年 10 月 23 日《最高人民法院、最高人民检察院、公安部、司法部关于依法惩治性侵害未成年人犯罪的意见》（以下简称《意见》）对办理性侵害未成年人犯罪案件的司法实践经验进行了全面总结，对一些法律适用和政策把握疑难问题予以明确。但是，当时的刑法只规定了聚众或公共场所当众猥亵儿童的，处五年以上有期徒刑，而以具有相当性甚至更为严重的方式猥亵儿童的，如多次实施、猥亵多人等，只能判处五年以下有期徒刑，罪刑之间并不均衡，《意见》受限于法律规定，也并未解决这一问题。《意见》第二条规定，对于性侵害未成年人犯罪，应当依法从严惩治。该条规定应该理解为对性侵害未成年人犯罪的刑事司法政策。其中“应当依法从严惩治”的政策价值导向中包括了定罪和量刑两个方面。《意见》第二十五条规定，针对未成年人实施强奸、猥亵犯罪的，应当从重处罚，具有下列情形之一的，更要依法从严惩处：(1) 对未成年人负有特殊职责的人员、与未成年人有共同家庭生活关系的人员、国家工作人员或者冒充国家工作人员，实施强奸、猥亵犯罪的；(2) 进入未成年人住所、学生集体宿舍实施强奸、猥亵犯罪的；(3) 采取暴力、胁迫、麻醉等强制手段实施奸淫幼女、猥亵儿童犯罪的；(4) 对不满 12 周岁的儿童、农村留守儿童、严重残疾或者精神智力发育迟滞的未成年人，实施强奸、猥亵犯罪的；(5) 猥亵多名未成年人，或者多次实施强奸、猥亵犯罪的；(6) 造成未成年被害人轻伤、怀孕、感染性病等后果的；(7) 有强奸、猥亵犯罪前科劣迹的。该条也仅是规定教师猥亵多人或多次为从重情节，而非加重情节。

2015 年 8 月 29 日《刑法修正案（九）》公布后，这一情况得到了改变。此次修正案对《刑法》第二百三十七条强制猥亵、侮辱罪与猥亵儿童罪做出了重大修改，并在第二款中增设了“其他恶劣情节”要素作为法定刑升格条件，即“处五年以上有期徒刑”，使得罪行与刑罚的关系更为合理。但对于如何认定“其他恶劣情节”，我国刑法包括司法解释并没有给出一个具体的界定，法官只能根据自己对于社会一般观念的理解，对于案件事实是否属于“恶劣情节”作出认定。由于法条本身的行文和格式以及司法解释的非唯一性和确定性，法官在判决过程中，若没有聚众和公共场所以及其他恶劣情节，即使被告人猥亵多次或多人，量刑往往停留在第一款规定的正常量刑范围内（五年以下）。

本案中，被告人褚某某在公共场所猥亵儿童，其法定刑达到五年以上，因其利用教师特殊身份，多次猥亵多名学生，法院对其从重处罚，故对被告人褚某某判处八年有期徒刑。若被告人褚某某没有在公共场所当众猥亵儿童这一情形，依照现行刑法，无法确定猥亵多次或多人是否属于“其他恶劣情节”中的加重情节，将导致被告人褚某某猥亵多次或多人法定刑是五年以下有期徒刑。根据最高人民法院资料显示，2012 年至 2014 年，全国法院审结猥亵儿童犯罪案件共计 7145 件，其中 2012 年 2017 件，2013 年 2300 件，2014 年 2828 件，呈逐年上升趋势。因聚众或者在公共场所当众实施猥亵的情形极少出现，因此尽管有些案件中，猥亵儿童人数众多，持续时间长，猥亵次数多，但因不符合刑法第二档法定刑规定的三类情节，根据现行法律规定至多顶格判处五年有期徒刑，所以判决时很难做到罪刑相适应。

2020年12月26日通过的《刑法修正案（十一）》将《刑法》第二百三十七条第三款修改为，猥亵儿童的，处五年以下有期徒刑；有下列情形之一的，处五年以上有期徒刑：（一）猥亵儿童多人或者多次的；（二）聚众猥亵儿童的，或者在公共场所当众猥亵儿童，情节恶劣的；（三）造成儿童伤害或者其他严重后果的；（四）猥亵手段恶劣或者有其他恶劣情节的。与现行《刑法》第二百三十七条相比，该条规定进一步明确了猥亵儿童犯罪的恶劣情节，将猥亵多人或多次作为量刑加重情节，避免了司法实践中的争议，便于法律适用，在立法层面上也体现了国家对猥亵儿童高发犯罪现象愈加重视。

如果将《刑法修正案（十一）》修改后的《刑法》第二百三十七条规定应用于本案，具有三点效果：首先，有利于罪责相适应。当前，猥亵多名或多次的恶性案件，不仅严重侵害被害人的人身权利，并且造成了十分恶劣的社会影响，理应严惩。按照现行法律规定，不管猥亵多人或多次，法定最高刑只有五年有期徒刑，显然未能做到罪责相适应。若按照《刑法修正案（十一）》修改后的《刑法》第二百三十七条规定适用本案，即使被告人褚某某没有公共场所当众猥亵这一情节，因其猥亵多人或多次，其法定刑也将会在五年以上有期徒刑进行量刑。同时，按照《刑法修正案（十一）》修改后的《刑法》第二百三十七条规定，现被告人褚某某不仅具有猥亵多次或多名学生加重情节，且具有在公共场所当众猥亵加重情节，其加重情节又新增一个，其量刑将会比八年有期徒刑更重，以达到罪责相适应的效果。其次，有利于对未成年人的特殊保护。猥亵犯罪的性质和手段决定了其对未成年被害人的身体和心理造成更为严重的伤害。《刑法修正案（十一）》修改后的《刑法》第二百三十七条对实际中出现的猥亵多人或多次犯罪的情形，进一步加重处罚力度，体现了对未成年人的特殊保护。最后，有利于统一裁判尺度，便于司法操作，避免司法实践中因各地法院标准不一而导致罪刑失衡现象的发生，以确保刑法规范得到统一的适用。

《刑法修正案（十一）》对猥亵儿童罪的加重情节规定更明确、更具有针对性，有利于更好地打击惩戒恶性猥亵儿童犯罪，进而保障司法机关综合考虑价值判断的合理性和社会的可接受性，在法律框架内作出公正合理的判决。

编写人：广西壮族自治区钦州市中级人民法院　郑雪霞

30

强制猥亵中“有其他恶劣情节”的认定

——徐某某猥亵儿童案

【基本信息】

1. 裁判书字号

浙江省龙游县人民法院（2018）浙0825刑初186号刑事判决书

2. 罪名：猥亵儿童罪

【基本案情】

被告人徐某某系陈某某（2009年2月3日出生）邻居。2016年下半年至2018年4月，徐某某为寻求精神抚慰，在明知陈某某未满14周岁的情况下，在自己家中或陈某某家中，五次以用手伸进陈某某内裤抚摸其外阴的方式对陈某某进行猥亵。案发后，被告人徐某某被传唤归案，归案后基本如实供述自己的上述罪行。

【案件焦点】

被告人在两年内五次猥亵未满14周岁幼女，能否认定为“有其他恶劣情节”并从重处罚。

【裁判要旨】

《〈刑法修正案（九）〉条文及配套司法解释理解与适用》中提到，司法实践中对“恶劣情节”可以从以下三个方面予以把握：（1）猥亵多人的；（2）多次猥亵他人的，对于三次以上猥亵他人的，可以认定为“有其他恶劣情节”；（3）造成社会恶劣影响的。① 上述内容虽只是对该条文的解读，但其帮助法官更好地了解立法

① 沈德咏主编：《〈刑法修正案（九）〉条文及配套司法解释理解与适用》，人民法院出版社2015年版，第154页。

精神，同时也引导着司法实践。从刑法修正过程看，“有其他恶劣情节”是《刑法修正案（九）》增加的兜底规定，必定也是考虑到实践中情况复杂，如有的犯罪分子强制猥亵多人，有的长期、多次猥亵他人，有的手段恶劣具有人身危险性，有的给被害人造成严重精神或生理伤害，有的造成恶劣社会影响等，而根据修改前的刑法，均只能判处五年以下有期徒刑，既不符合民众对刑法严惩犯罪的期待，也纵容了一部分犯罪分子。

《中华人民共和国刑法》第二百三十七条第二款规定：“聚众或者在公共场所当众犯前款罪的，或者有其他恶劣情节的，处五年以上有期徒刑。”虽然该条中未明确规定其他恶劣情节的具体内容，目前也无相关司法解释的明确规定，但实践中法官应综合考虑被告人实施强制猥亵行为的次数、对象人数、频繁程度、方法手段、社会影响等诸方面的事实，对犯罪行为是否属于“有其他恶劣情节”进行判断。本案中，被告人徐某某为被害人陈某某的邻居，系熟人作案，且被害人陈某某年龄较小，2016 年陈某某被猥亵时仅 7 周岁，案发时也不过 9 周岁。徐某某不仅多次实施猥亵，其手段、行为及持续的时间亦不同于偷袭式的猥亵，同时又具有进入被害人家中实施猥亵的情形，因此，根据《中华人民共和国刑法》第二百三十七条的规定以及立法精神，徐某某的行为应当被评价为“有其他恶劣情节”。法院在审理相似案件时，应该结合犯罪情节、后果以及社会影响等多方面因素进行认定。

浙江省龙游县人民法院认为，被告人徐某某多次猥亵不满 14 周岁的幼女，情节恶劣，其行为已构成猥亵儿童罪。公诉机关指控的罪名成立。徐某某归案后基本如实供述自己的罪行，可以从轻处罚。依照《中华人民共和国刑法》第二百三十七条、第六十七条第三款之规定，判决如下：

被告人徐某某犯猥亵儿童罪，判处有期徒刑六年。

【适用解析】

一、适用的基础

猥亵儿童罪原是由“流氓罪”中分解出来在 1997 年刑法中设立的，彼时强制猥亵罪的对象只限于妇女，聚众或者在公共场所犯猥亵的系升档处罚情节，猥亵儿童比照前两款规定从重处罚。经过长期的司法实践，有关方面认为猥亵儿童罪的量刑幅度不明确，无法从重打击猥亵儿童情节恶劣的案件，后《刑法修正案（九）》

对猥亵犯罪进行修订，除扩大了猥亵犯罪的对象，还完善了升档处罚情节，增设了“有其他恶劣情节”的升档量刑情形，但未有具体内容的规定。即便《〈刑法修正案（九）〉条文及配套司法解释理解与适用》中对“有其他恶劣情节”的情形有所提及，但因其不具有法律效力，不能直接被裁判文书援引，故《刑法修正案（九）》施行之后，关于猥亵犯罪中的“其他恶劣情节”的认定各地区并不统一，甚至有人认为该部分条款已经处于“休眠状态”。通过搜索“猥亵儿童罪”的相关判决书可发现对于认定“有其他恶劣情节”的判决，一般是从猥亵多次、多人等方面考虑，若被告人同时系对被害人负有特殊职责的人员，则裁判者更易认定其有恶劣情节。相较而言，因猥亵儿童的行为造成儿童受伤而认定情节恶劣的判决鲜见，由此，《刑法修正案（九）》虽然设置了猥亵犯罪的加重量刑条款，但其内容不够具体明确，可能导致裁判者无所适从，已无法更好地应对司法实践，而随着司法实践不断丰富发展，猥亵犯罪中的“其他恶劣情节”的情形得到进一步明确，那么被广泛认可的实践亦可以通过归纳、提炼上升为法律规定。

在《刑法修正案（十一）》出台前，比照强奸罪中“强奸妇女、奸淫幼女多人”“致使被害人重伤、死亡或者造成其他严重后果”的升档量刑情节，亦可对猥亵犯罪中的“其他恶劣情节”作出类推，即“猥亵多人”“致使被害人重伤、死亡”应当认定为情节恶劣。此外，《最高人民法院、最高人民检察院、公安部、司法部关于依法惩治性侵害未成年人犯罪的意见》第二十五条对性侵未成年人犯罪从重、从严惩处的情形作出了较为明确具体的规定。其中，“对未成年人负有特殊职责的人员、与未成年人有共同家庭生活关系的人员……实施强奸、猥亵犯罪”“猥亵多名未成年人，或者多次实施强奸、猥亵犯罪”“造成未成年被害人轻伤、怀孕、感染性病等后果”等多种情形都已经全部或者部分被《刑法修正案（十）》所吸收。就猥亵儿童罪而言，《刑法修正案（十一）》首次在法律上明确了《刑法》第二百三十七条“其他恶劣情节”的具体内容，将“猥亵儿童多人或者多次”等情形定为量刑升档条件，加大了对性侵害未成年人犯罪的打击力度，为裁判者提供了明确指引，同时也标志着法律对未成年人的保护越来越严密。

二、适用规则与难点

本案的争议在于徐某某五次猥亵幼女的行为能否评价为原《刑法》第二百三十七条第二款中的“有其他恶劣情节”，如置于《刑法修正案（十一）》背景下，焦点即为徐某某的行为能否认定为“猥亵多次”，从而适用升档量刑。此处需要考虑三个问题，第一是何为“多次”，第二是何为“一次”，第三是“猥亵多次”中的“猥亵”是指猥亵行为还是猥亵犯罪。

首先，从法条整体看，刑法中的“多次”除在需要累计犯罪数额、数量的数额犯中指二次以上外，一般条文中指三次以上，如在侵犯财产罪、扰乱公共秩序罪的相关司法解释中对于“多次”均解释为三次以上。从字面意思看，一为单，二为双，三次以上即多次也符合民众的基本认知，并不会产生歧义或者误解。

其次，关于“一次”的认定，《最高人民法院关于审理抢劫、抢夺刑事案件适用法律若干问题的意见》中有详细的规定，即行为人基于一个犯意实施犯罪，或者基于同一犯意在同一地点实施连续犯罪的，一般认定为一次犯罪。此外，盗窃罪中“多次”的认定是限定在2年内。在性侵儿童案件中，较多的场所可能会出现类似情节，如教职人员在学校中的某一固定地点、在课间的一段时间内连续对多名学生实施猥亵，但此类情况若完全遵循上述规则去认定次数恐有不妥且无必要。一是出于保护未成年人、严厉打击性侵类犯罪的立法精神考虑；二是侵犯人身权利类案件的行为人在选取被害人作案时的心态并非像侵财案件中选取作案对象具有较大随机性；三是所举的上述情况即使不认定行为人猥亵多次，也达到了猥亵多人。故对猥亵次数的认定，还是要综合考虑行为人选择犯罪对象时的心态是随机还是特定，犯罪行为实施的时间长短等因素。除行为人在较短时间内对一名被害人反复实施猥亵宜认定为一次比较合适外，其余的情形不应轻易认定为一次。

最后，对于每次行为是否构成犯罪的问题，亦可以参照抢劫罪、寻衅滋事罪、聚众斗殴罪等同样以犯罪次数作为量刑升档要件的罪名。根据上述的《最高人民法院关于审理抢劫、抢夺刑事案件适用法律若干问题的意见》以及《最高人民法院关于办理寻衅滋事刑事案件适用法律若干问题的解释》的规定，抢劫罪、寻衅滋事罪中的“多次”要求每一次的行为均构成犯罪。故对猥亵儿童罪中“猥亵多次”的解释也应与之保持一致，即猥亵次数为三次以上，且每次猥亵行为均单独构成犯罪。因此，在认定“猥亵多次”时要注意根据行为人猥亵手段、针对的身体部位、持续时间长短、对被害人造成的影响等方面区分猥亵行为的情节轻重。情节显著轻微的猥亵行为，可以作为违法行为对其进行治安处罚，而不属于刑法中“猥亵多次”中的一次。综上，本案中徐某某在两年内五次以用手伸进陈某某内裤抚摸其外阴的方式实施猥亵，且猥亵时陈某某均不满 14 周岁，徐某某的行为应当认定为“猥亵儿童多次”。

此外，《刑法修正案（十一）》中增加的“造成儿童伤害或者其他严重后果”“猥亵手段恶劣”等情形比较宽泛，仍需通过司法解释或者发布指导案例进一步明确其内涵，应该对“造成儿童伤害”中伤害的程度、判断标准作出详细回应。

编写人：浙江省龙游县人民法院　闫晓晓

第五章　侵犯财产罪

【第271条　职务侵占罪】

31

职务侵占罪修改法定刑的考量

——梁某职务侵占案

【基本信息】

1. 裁判书字号

江苏省常州市金坛区人民法院（2020）苏0413刑初408号刑事判决书

2. 罪名：职务侵占罪

【基本案情】

2017年至2018年，被告人梁某利用其担任被害单位悦智公司副总经理、总经理的职务之便，先后14次将其在该公司负责研发、生产的胶原蛋白肽等产品，私自以自己实际控制的悦蔻公司的名义销售给辛普公司、广润公司，后将货款共计641800元占为己有。

另查明，悦蔻公司原系涉案胶原蛋白肽等产品的包括“重组人胶原蛋白精制工艺”在内的相关生产工艺的知识产权人，被告人梁某系实际掌握相关生产工艺的技术人员，悦蔻公司享有“悦蔻霖智”等注册商标权。后悦蔻公司与悦智公司签订技术秘密转让合同，约定将上述生产工艺转让给悦智公司，由悦智公司独占该工艺在中华人民共和国境内实施的生产与销售，保密内容还涉及客户信息、成交价格、促销方案等；签订产品委托开发合同，由悦蔻公司受托依照上述工艺指导悦智公司研发人员研发生产胶原蛋白肽等产品，且由悦智公司享有包括后续改进产生的新技术在内的全部研究成果；签订商标转让合同，将包括“悦蔻智霖”在内的一系列商标转让给悦智公司。此外，被告人梁某还与被害单位悦智公司签订了股权转让协议，约定被告人梁某以专利作价入股。

案发后，被告人梁某向悦智公司支付赔偿款人民币65万元，并自动履行与被害单位在技术秘密转让等合同中约定的竞业禁止条款，被害单位因此表示谅解，梁某在审查起诉环节自愿签署认罪认罚具结书。

【案件焦点】

1. 职务侵占罪作为数额型犯罪在平衡犯罪数额与量刑时有何难点；2. 在《刑法修正案（十一）》降低职务侵占罪第一档法定刑上限的同时司法实践中能否考虑提高缓刑适用率。

【裁判要旨】

江苏省常州市金坛区人民法院经审理认为，尽管被告人梁某在审理前辩解称其生产的胶原蛋白肽等产品使用的工艺与已转让给悦智公司的工艺不同，但经审查后确认被告人梁某使用的工艺系在研发过程中停止使用的不成熟工艺，包含于悦智公司现享有的以此为基础的进化工艺，因此对其辩解不予支持。被告人梁某案发后能积极赔偿被害方的直接财产损失，并通过与被害单位约定的竞业禁止条款已事实上就给被害单位造成的间接经济损失受到了惩处，因此取得被害单位的谅解，且被告人梁某在审查起诉阶段自愿认罪认罚，系初犯、一贯表现良好，可以在三年以下量刑并且适用缓刑。为保护公司财产所有权不受侵犯，惩罚犯罪，本院依照《中华人民共和国刑法》第二百七十一条第一款，第六十七条第三款，第七十二条第一款，第七十三条第二款、第三款，《最高人民法院、最高人民检察院关于办理贪污贿赂刑事案件适用法律若干问题的解释》第十一条第一款，《中华人民共和国刑事诉讼法》第十五条之规定，判决如下：

被告人梁某犯职务侵占罪，判处有期徒刑一年六个月，缓刑二年。

【适用解析】

一、《刑法修正案（十一）》修改职务侵占罪中犯罪数额与法定刑的对应有利于个案平衡

职务侵占罪的立法脱胎于贪污罪，两罪在犯罪构成要件及法定刑设置上均有所照应。在1979年刑法中，贪污罪不同于受贿罪，规定于分则第五章“侵犯财产罪”中，后由于理论上认为贪污罪的犯罪客体不仅包括公共财产，还包括公权力的廉洁性，因此重新将该罪规定于第八章渎职类犯罪，对照职务侵占罪与贪污罪的法定刑设置，一方面，将国家财产占为己有的社会危害性往往要高于将私人财产占为己有的行为，且贪污罪的行为人同时构成对公权力廉洁性的侵害；另一方面，职务侵占罪的第一档量刑为五年以下有期徒刑，而相对应的贪污罪的第一档量刑是三年以下有期徒刑，实践中容易出现“轻重倒挂”问题。因此《最高人民法院、最高人民检察院关于办理贪污贿赂刑事案件适用法律若干问题的解释》中就职务侵占罪中的“数额较大”进行规定时，比照贪污罪的“数额较大”标准（3万元以上不满20万元）以五倍计算，一定程度上解决了量刑平衡与体系解释的问题。但在司法实践中，第一，“五年以下有期徒刑或拘役”的量刑弹性过大，与当前的精准量刑的需求相悖；第二，量刑时需要同时考虑退赃数额、自首坦白等酌定情节，例如，贪污19万元但行为人拒绝退赃的行为，对比利用职务侵占100万元但行为人及时足额退赃的行为，综合两案犯罪情节及被告人的认罪态度与悔罪表现，往往会得出前者行为的社会危害性比后者行为严重的判断，但后者的量刑却可能与前者持平或更重。因此，《刑法修正案（十一）》将“职务侵占罪”第一档法定刑的上限降至三年以下有期徒刑，既有利于实现罪刑均衡，又有利于减轻法官个案平衡的压力。

但是，《刑法修正案（十一）》单纯将“犯罪数额”作为法定刑考量仍有所欠缺。

以本案为例进行衍生，在本案中被告人梁某系将利用属于公司的秘密技术生产出的相关产品私自贩卖并足额占有贩卖款，但在实践中可能出现以下几种情形：第一，被告人将已生产出的相关产品以高于本公司的定价贩卖并占有溢价款或以回扣等方式收取买方公司财物；第二，被告人将半成品进行贩卖且公司对于该半成品系进行回收处理，或被告人贩卖的是需要销毁的半成品且该半成品无法核价；第三，被告人的职务侵占行为可能同时造成被害方的其他财产损失，例如被害方的产品系需要通过特殊方式保管的高精技术产品，被告人在获取其中部分产品时破坏了其他产品的包装导致该批产品全部不符合成品出厂条件，或者尽管公安机关追回部分产品实物并发还被害单位，但经被害单位自行鉴定该追回物品已失去实际效用。

以上几种情形若发生在本案前提下均会出现“犯罪数额”与被害单位实际受损不相符的困境，且由于被告人侵占的产品上包含商标及技术秘密等间接价值，在第一种情形下，实践中一般认定犯罪数额系产品的溢价数额或回扣数额，但在被告人与被害单位已在技术秘密转让合同中约定了产品成交价格及客户信息的前提下，被告人擅自将公司财物以自定价格出卖给他人的行为可能导致公司违约、商誉毁损等间接损失；在第二种情形下，实践中一般认定犯罪数额系半成品的贩卖价格或考虑是否构成非法经营罪，但被告人与被害单位签订的产品委托开发合同中业已约定产品的出厂条件及产品的耗损率，因此对于被侵占的半成品不论被害单位是作毁损或回收处理都有对产品上附加的技术价值的考量，因而该半成品的价值也值得考量；在第三种情形下，或可认定犯罪数额，但在认定被告人的退赔数额时存在困难，需要考虑能否在刑事诉讼程序中按照被害单位提交的损失清单或是通过司法鉴定认定被害单位的实际损失，抑或需要被害单位就自身的经济损失另行提起民事诉讼，在司法实践中由于被告人往往会对被害单位的实际损失提出异议而鉴定要求又相对较高，因此一般需要被害单位就经济损失另行提起民事诉讼，即使被告人在实物发还的情形下又另行退赔也只能暂扣退赔款，大大增加了被害单位的受偿成本。

以上困境均是由于将职务侵占罪仅作为数额型犯罪导致的，在新经济环境下仅以“犯罪数额”难以衡量个案中被告人的犯罪情节及悔罪表现。从刑法分则体系来看，职务侵占罪的犯罪客体仅包括“单位财物”，因此目前司法实践中对被侵占财物的价值认定决定了职务侵占罪的量刑。但有学者认为，“单一客体论”既抹杀了职务侵占罪与侵占罪的区别，也模糊了职务侵占罪与贪污罪之间的立法协调关系①。前者在于职务侵占罪中的“侵占行为”也包括“盗窃”“诈骗”等手段，而“利用职务之便”又仅要求行为人具有单位的职工身份；后者在于忽视了职务侵占罪侵犯公共权力的客观事实。由贪污罪演化出来的职务侵占罪既侵犯了财产权利，

---

① 莫开勤、罗庆东：《刑事案例诉辩审评——职务侵占罪 挪用资金罪》，中国检察出版社 2014 年版，第 7 页。

也侵犯了公共权力，在民营企业运作成熟化与规范化的新经济时代应将“利用职务上的便利”与公共权力联系起来理解，提倡“双重客体论”。因此在设置职务侵占罪的量刑情节时不妨考虑比照贪污罪添加“情节严重”这一条款，一方面可以将对于不方便在刑事诉讼程序中鉴定的间接经济损失包含在内，另一方面也可以敦促被告人对被害单位先行退赔以减少中小企业的求偿压力。

二、《刑法修正案（十一）》修改职务侵占罪的法定刑体现了对民营企业的保护

首先，将职务侵占罪与贪污罪的第一档法定刑相统一，进一步防止出现同案不同判的可能，减少了法院在量刑时的司法资源的投入，提高司法效率的同时也加快弥补受害企业的损失。同时将原本的两档法定刑改为三档法定刑，一方面，细化了量刑，便于法官考虑更多其他法定与酌定情节，在量较高刑罚以发挥警示作用和量较低刑罚以敦促被告人主动退赔中进行取舍，自由裁量以适用更利于保护民营企业的刑罚；另一方面，增加“数额特别巨大”对应的第三档法定刑，考虑到了在近些年来逐渐增多的涉新兴企业的职务侵占犯罪中，由于被侵占财物单体价值高但体积小，行为人的职务侵占行为更具有隐秘性，往往持续较长时间后被害单位才有所察觉，导致职务侵占罪的平均涉案数额有不断变大的趋势，因此有必要重视此类职务侵占行为对于企业的危害性，调整相应法律以更加适应新经济条件下中小民营企业的发展水平。

其次，降低职务侵占罪第一档法定刑的上限，可以进一步扩大该罪的缓刑适用率。一方面，相对于以实刑对罪犯进行惩处，被害单位更希望及时获得经济上的赔偿，且在大部分职务侵占罪中，被害单位的财产损失均是可以直接通过金钱进行弥补的。因此针对个案提高缓刑适用率，有利于敦促被告人主动履行退赔义务，避免拖延进入执行程序，及时弥补公司的损失。另一方面，职务侵占罪的被告人可能是本企业或其他民营企业的股东、高管或是具有专业知识、技术的人，例如在本案中被告人梁某就同时是被害单位的股东，如果适用实刑很可能导致该公司内部股权的变动。因此，扩大非监禁刑的适用既有利于社会危害性较小的偶犯、初犯的矫正，也有利于间接稳定民营企业及促进新兴产业的发展。

最后，职务侵占行为之发生多与公司管理制度存在漏洞、监管人员有渎职等行为相挂钩，例如本案中由于被害单位没有设置产品出厂检查程序，亦未发挥监事的监管职责，致使被告人梁某实施职务侵占行为长达一年才被发现；本院在上一年度审理的魏某军等人职务侵占案中，被害单位业已发现产品原料的耗损率各车间有所差别，但仅通过检查机器设备等方式就认定了该耗损与人为无关，且忽视了职工上下班的安检工作，职工之间、生产小组之间没有互相监督机制，因而直到车间小组组长调换后经人举报才查实魏某军等人长期职务侵占的行为；在吴某职务侵占案中，被害单位对于待报废产品的临时仓管制度混乱，既未安排专职职工负责，也未定期清点库存、及时处置废旧机器，并且在已发现行为人有职务侵占行为之后仍予以放纵，直到再次发现其职务侵占行为之后才作报案处理。因此降低职务侵占罪第一档法定刑的上限亦是为了督促民营企业在日常管理中重视内部管理与刑事合规，发挥监管职责，规范职工行为，坚决杜绝放纵员工侵害公司利益的行为，从源头上减轻民营企业的脆弱性，确保其能在受到侵害时及时采取措施挽回损失，从反面促进民营企业优胜劣汰。

后续刑法修正案及相关司法解释仍可从以下两个方面进一步发挥职务侵占罪对于民营企业的保护作用。

第一，考虑对职务侵占行为人适用《刑法》第三十七条之一的禁业规定。在最高法单独或联合其他部门出台的多个保护民营企业的文件中，均将严厉打击侵犯企业知识产权的内容作为重点之一。在本案中，被告人梁某负责研发、生产的胶原蛋白肽等产品的合成途径已取得国家专利，其实际控制的悦蔻公司已将相关商标转让给被害单位，其也以上述专利入股被害单位，被告人梁某的职务侵占行为一方面极大程度上依赖于其是具备相关产品的生产知识的技术人员，另一方面相对于直接的财产损失，给被害单位造成的更多的是技术秘密泄露、商业信誉受损、公司权力机构动荡的危害，故而被害单位在出具谅解书的同时要求被告人梁某履行技术秘密转让合同中的竞业禁止义务。今后相关立法对于职务侵占罪进行修改时也不妨考虑在职务侵占行为依赖特定职务、特殊职业技能、职务侵占行为造成的经济损失系与特殊产业相挂钩的情形下，对职务侵占行为人进行从业禁止，以达到比监禁刑更好的预防及惩罚犯罪的效果。

第二，考虑向管理有漏洞的被害单位发送司法建议。在本院审理的魏某军等人职务侵占案中，本院以司法建议的形式，建议被害单位明确车间监管人员，实行各车间定期轮岗、进行交叉监督，并通过组织被害单位员工代表观摩庭审的方式进行加强企业内部的法律宣传教育工作，在当地民营企业中取得了较为良好的反馈。

编写人：江苏省常州市金坛区人民法院　刘丽疆　顾三味

32

职务侵占罪的量刑分析

——夏某职务侵占案

【基本信息】

1. 裁判书字号

甘肃省天水市麦积区人民法院（2020）甘 0503 刑初 190 号刑事判决书

2. 罪名：职务侵占罪

【基本案情】

2019 年 1 月，被告人夏某入职天水某科技有限公司并担任该公司销售副总。同月，该公司承接广东中山某科技有限公司一笔生产变压器的订单。同年 1 月 21 日，被告人夏某向该公司总经理蒲某某谎称需要向广东中山某科技有限公司的材料供应商深圳市某电子科技有限公司（夏某实际管理）支付 4.2 万元材料保证金，后将该公司支付的 4.2 万元材料保证金据为己有。

2019 年 5 月初，被告人夏某因需给孩子支付高额医疗费，向其公司总经理蒲某某谎称承接了一笔生产 12 万个 EE55 变压器的订单，合同标的 198 万元，但需购进价值 51.6 万元的原材料，并提出购进原材料需由自己完成。公司总经理蒲某某同意由其负责，后被告人夏某通过广东中山某科技有限公司技术副总黄某某、深圳某科技有限公司法定代表人刘某某，伪造虚假的采购合同，将其公司 51.6 万元据为己有，并将钱款用于其子治病支出。

2020 年 7 月 11 日，夏某被四川省仁寿县公安局城北派出所民警抓获，2020 年 7 月 24 日、9 月 29 日夏某向天水某科技有限公司退还 10 万元赃款，并取得该公司的谅解。

【案件焦点】

本案中夏某案发后退还了部分赃款，取得了被害人的谅解，如实供述自己的罪行，愿意接受处罚，法官裁判时是否可以对其从轻处罚。

【裁判要旨】

甘肃省天水市麦积区人民法院经审理认为，被告人夏某身为非国有企业工作人员，利用职务上的便利，将本单位财物非法占为己有，数额较大，已构成职务侵占罪，应依法惩处。

被告人案发后能积极退还部分赃款，取得被害人的谅解，到案后能如实供述自己的罪行，愿意接受处罚，对其可以从轻处罚。

依照《中华人民共和国刑法》第二百七十一条第一款，第六十四条，第七十二条第一款，第七十三条第二款、第三款之规定，判决如下：

一、被告人夏某犯职务侵占罪，判处有期徒刑二年，缓刑三年；

二、责令被告人夏某向天水某科技有限公司退还赃款458000元。

【适用解析】

一、《刑法修正案（十一）》对职务侵占罪的规则变化

自1997年10月1日起施行的《刑法》第二百七十一条第一款规定，公司、企业或者其他单位的人员，利用职务上的便利，将本单位财物非法占为己有，数额较大的，处五年以下有期徒刑或者拘役；数额巨大的，处五年以上有期徒刑，可以并处没收财产。《刑法修正案（十一）》第二十九条将《刑法》第二百七十一条第一款修改为："公司、企业或者其他单位的工作人员，利用职务上的便利，将本单位财物非法占为己有，数额较大的，处三年以下有期徒刑或者拘役，并处罚金；数额巨大的，处三年以上十年以下有期徒刑，并处罚金；数额特别巨大的，处十年以上有期徒刑或者无期徒刑，并处罚金。"

可以看到该修正案对于本罪的规则变化主要是对量刑幅度进行了调整，将量刑起点由五年降为三年，同时增加了"数额特别巨大"的规定，并将法定刑提高至无期徒刑。除此之外，还增加了罚金规定，增强了打击力度。

二、新规则的基本法理及价值功能

关于职务侵占罪犯罪主体的认定，本罪的犯罪主体是公司、企业或者其他单位的不具有国家工作人员身份的人员，包括公司、企业的董事、监事、职工等。新规则将本罪的表述由“人员”改为“工作人员”，这种表述更加规范，司法实践中对于本罪主体的认定，不仅要从形式上进行审查，更要从实质角度进行判断，只要是在该公司、企业或者其他单位内部实际承担了一定的工作职责，就可以成为本罪的犯罪主体。实践中主要包括三类：一是股份有限公司、有限责任公司的董事、监事，这些董事、监事必须不具有国家工作人员身份，他们是公司的实际领导者，具有一定的职权，当然可以成为本罪的主体。二是上述公司的人员，是指除公司董事、监事外的经理、部门负责人和其他一般职员和工人。这些经理、部门负责人以及职员也必须不具有国家工作人员身份，他们或有特定的职权，或因从事一定的工作，可以利用职权或工作之便侵占公司的财物而成为本罪的主体。三是上述公司以外企业或者其他单位的人员，是指集体性质企业、私营企业、外商独资企业的职工，国有企业、公司，中外合资、中外合作企业等中不具有国家工作人员身份的所有职工。

关于本罪“本单位财物”的认定，笔者同意实务界的观点，应扩大解释为已处于本单位实际控制之下（包括占有、管理、保管、运输、使用等）和本单位尚未取得但确定可以获得的财物和财产性利益。

关于“利用职务上的便利”的认定，实质上是指行为人基于在单位的一定职务所形成的职权范围或与职权有关的便利条件。构成职务侵占罪，要求行为人在非法占有单位财产时，以其本人职务范围内的权限、职责为基础，利用其对单位财产具有一定的主管、管理或者经手的职责，在实际支配、控制、处置单位财物时实施非法占有行为。具体包括：利用自己主管、分管、经手、决定或处理以及经办一定事项等的权限；依靠、凭借自己的权力去指挥、影响下属或利用其他人员与职务、岗位有关的权限；依靠、凭借权限、地位控制、左右其他人员，或者利用对己有所求人员的权限。

需要注意的是，应合理区分利用职务上的便利与利用工作便利。如果行为人系在短时间内“握有”单位财物，或者仅仅是财物的中间传递人，对财物并无占有、处分权力，而只是利用对工作环境、人际关系的熟悉和信任或者财物保管人员的疏忽，借助秘密窃取等手段实现侵占单位财物，则应认定行为人是在利用工作便利而非职务上的便利。

对于将本罪量刑起点由五年降为三年，同时增加了“数额特别巨大”的规定，并将法定刑提高至无期徒刑，充分体现了贯彻宽严相济刑事政策的总体要求，是根据当前社会经济的发展现状以及惩治犯罪的实际需要，在对犯罪性质的准确把握下作出的调整，能够实现法律效果和社会效果的有机统一。第一，通过增加“数额特别巨大”的规定并将法定刑最高增加至无期徒刑，能够使行为人在实施犯罪过程中，受制于更高法定刑的威慑，从立法环节起到刑罚应有的预防功能。第二，通过增加罚金刑，丰富了刑罚打击方式。我国刑法中的罚金主要适用于经济犯罪、财产犯罪、其他故意犯罪等，职务侵占罪属于侵财型犯罪，设置罚金刑能够提高犯罪成本，从而增加对犯罪的威慑力。

可见，《刑法修正案（十一）》对职务侵占罪构成要件的规定仅有行为主体方面从“人员”到“工作人员”的变动，而对其法定刑幅度却做出了较大调整。本案中，夏某是一名非国家工作人员，其利用职务便利，将本单位的财物非法占为己有，数额较大的行为，不论依据《刑法修正案（十一）》施行之前还是之后的规定，其行为都已构成职务侵占罪，此时更需要考量的是按照《刑法修正案（十一）》的规定对夏某如何量刑的问题。夏某案发后积极退还部分赃款，取得被害人谅解，到案后能如实供述自己的罪行，愿意接受处罚，对其可以从轻处罚。按照《刑法修正案（十一）》施行之前的规定，法院在“五年以下有期徒刑或者拘役”的量刑幅度中，将夏某从轻判处为“有期徒刑二年，缓刑三年”，从轻量刑的幅度较大；依据《刑法修正案（十一）》的规定，则应在“三年以下有期徒刑或者拘役，并处罚金”的量刑幅度中从轻判决，同时判处罚金刑，这一法定刑档次和宣告刑无疑更符合罪责刑相适应原则和宽严相济刑事政策的要求。由此，不论是依据《刑法修正案（十一）》施行之前还是之后的规定，法院对夏某的主刑裁量都具有适当性，仅是适用法定刑档次不同。这也反映出《刑法修正案（十一）》的立法技术更为高超，对职务侵占罪的法定刑设置更为合理，更具有可操作性。

编写人：甘肃省天水市麦积区人民法院　张晓刚　王雪宁

第六章　妨害社会管理秩序罪

第一节　扰乱公共秩序罪

【第277条第5款　袭警罪】

33

暴力袭警行为的定罪量刑

——林某妨害公务案

【基本信息】

1. 裁判书字号

江西省分宜县人民法院（2020）赣0521刑初61号刑事判决书

2. 罪名：妨害公务罪

【基本案情】

2019年10月31日21时30分许，被告人林某酒后至分宜县某酒店开房住宿，因正值“江西国际麻纺博览会”召开期间，酒店前台工作人员告知被告人第二天要接待客商，所以12点之前一定要退房，被告人误以为酒店不给他开房，于是和酒店工作人员发生争吵，引起秩序混乱，酒店大堂经理夏某龙见无法处理随即打电话给酒店执勤民警，执勤民警况某了解情况后劝导被告人到其他酒店入住，被告人因醉酒拒不配合并推搡民警况某，随即将其抱摔至地上，并试图继续攻击，在酒店工作人员和保安的阻拦下才将被告人和民警况某分开。民警况某请求110增援后要求被告人配合执法，被告人仍拒不配合并抢走警棍试图攻击，多次警告无效后，民警况某在酒店工作人员及保安的协助下制服了被告人，并同增援巡警将其带至分宜县公安局城西派出所。经分宜县公安局司法鉴定中心鉴定，民警况某的身体损伤程度为轻微伤。

2019年11月14日，被告人家属支付了被害人况某的医疗费用并道歉，获得了被害人况某的谅解。

【案件焦点】

依据暴力袭警从重处罚的规定，本案是否可以适用缓刑。

【裁判要旨】

江西省分宜县人民法院经审理认为，被告人林某因醉酒拒不配合并推搡民警，随即又将民警抱摔至地上，且造成民警轻微伤，其行为属于暴力袭击正在执行职务的人民警察，依法应从重处罚，不宜适用缓刑。被告人林某暴力袭击正在执行职务的人民警察，其行为已触犯刑律，构成妨害公务罪。公诉机关指控罪名成立，本院予以支持。被告人到案后如实供述犯罪事实，属于坦白，依法可以从轻处罚。被告人林某已取得被害人的谅解，酌情从轻处罚。被告人林某认罪认罚，依法可以从宽处理。根据被告人林某犯罪的事实、犯罪的性质、情节和对于社会的危害程度，依照《中华人民共和国刑法》第二百七十七条第一款、第五款，第六十七条第三款，《中华人民共和国刑事诉讼法》第十五条之规定，判决如下：

被告人林某犯妨害公务罪，判处拘役五个月。

【适用解析】

人民警察代表国家行使执法权，肩负着打击违法犯罪、维护社会稳定、维持司法秩序等重要职责。近年来，一线公安民警在执法执勤中遭受阻挠执法、暴力抗法、造谣诽谤事件时有发生，多起性质恶劣的袭警案件引发广泛关注和强烈反响，社会各界纷纷呼吁严惩此类犯罪。多名全国人大代表、政协委员呼吁，在刑法中增设袭警罪，以更好地维护正常执法秩序，更好地保护一线执法执勤民警的人身安全，从法律层面进一步为维护民警执法权威构筑坚固防线。2018 年 12 月 19 日公安部正式发布《公安机关维护民警执法权威工作规定》，并于 2019 年 2 月 1 日正式施行。2019 年 12 月 27 日，最高人民法院、最高人民检察院、公安部联合印发《关于依法惩治袭警违法犯罪行为的指导意见》，进一步明确了惩治袭警违法犯罪行为的法律适用，突出了实际可操作性，体现了司法机关对袭警违法犯罪行为依法严厉惩治、绝不姑息的决心和态度。

为切实维护国家法律尊严，维护民警执法权威，保障民警人身安全，依法惩治袭警违法犯罪行为，2020 年 12 月 26 日第十三届全国人民代表大会常务委员会第二十四次会议通过《刑法修正案（十一）》，将刑法第二百七十七条第五款修改为："暴力袭击正在依法执行职务的人民警察的，处三年以下有期徒刑、拘役或者管制；使用枪支、管制刀具，或者以驾驶机动车撞击等手段，严重危及其人身安全的，处三年以上七年以下有期徒刑。"这是首次对袭警单独设置法定刑。

袭警行为从最初的以妨害公务罪定罪处罚，到《刑法修正案（九）》中在妨害公务罪中明确列举出来，从重处罚，再到《刑法修正案（十一）》中增设袭警罪，足见我国对袭警行为予以惩处的重视程度。在《刑法修正案（九）》中的暴力袭警条款的立法初衷是注意规定而非法律拟制的立法目的，并没有改变犯罪构成的意图，因为《刑法》中属于从重处罚规定的法律拟制如《刑法》第二百三十六条、第二百三十七条、第三百零一条，这类法律拟制或是用了"以某罪论"的表述，或是设立了独立罪名，而《刑法修正案（九）》中暴力袭警条款既未表述为"以妨害公务罪论"，也并未设立独立罪名"袭警罪"，可见暴力袭警条款应是注意规定。而《刑法修正案（十一）》的修正条文改变了以往"暴力袭警一律从重处罚"的"一刀切式"的处理方式，明确了具体的"妨害行为"的参考标准，区别对待不同情况的袭警行为，对"使用枪支、管制刀具和驾驶机动车撞击"等特定手段暴力袭警的行为人升格定刑档，进一步加强了对警察执法的特殊保护。

在具体应用上，司法机关应该注意区别对待，对照新旧条文不难发现，对于妨害公务罪和袭警罪，法律对于行为人的客观行为表述是不同的，妨害公务是"以暴力、威胁方法阻碍"，而袭警罪是"暴力袭击"，"暴力袭击"排除了利用威胁方法和一般暴力形式阻碍人民警察执行公务的行为，只有同时符合暴力和袭击概念的行为才能以袭警罪惩处。而针对利用威胁方法和一般暴力形式阻碍人民警察执行公务的行为，仍应以妨害公务罪定罪处罚。另外，依据修改后的条文，犯罪之间的竞合关系怎么处理变得特别复杂，所以需要仔细梳理袭警罪与故意杀人罪、故意伤害罪的犯罪竞合关系，在袭击警察过程中实施杀害或者伤害行为，依照从一重罪的原则，就要定故意伤害罪或故意杀人罪。因此，对暴力袭警行为，司法机关要准确认识袭警行为对于国家法律秩序的严重危害，不能将袭警行为等同于一般的故意伤害行为，不能仅以造成民警身体伤害作为构成犯罪的标准，要综合考虑袭警行为的手段、方式以及对执行职务的影响程度等因素，准确认定犯罪性质，从严追究刑事责任。对袭警违法犯罪行为，依法不适用刑事和解和治安调解。对于构成犯罪，但具有初犯、偶犯、给予民事赔偿并取得被害人谅解等情节的，在酌情从宽时，应当从严把握从宽幅度。对犯罪性质和危害后果特别严重、犯罪手段特别残忍、社会影响特别恶劣的犯罪分子，虽具有上述酌定从宽情节但不足以从轻处罚的，依法不予从宽处罚。

本案中，被告人认罪认罚，并且签署了认罪认罚具结书，公诉机关提出拘役五个月、缓刑一年的量刑建议，承办法官在充分考量被告人暴力袭警行为的社会危害性及相关法律法规后，认为公诉机关提出的适用缓刑的量刑建议，不符合我国对暴力袭警行为惩处的立法精神，故建议公诉机关改变量刑建议。公诉机关接受了法院的建议，重新作出量刑建议为拘役五个月，被告人也认识到了自己行为的危害性，认可该量刑建议，并重新签署认罪认罚具结书。对于新的量刑建议，法院予以采纳，并作出上述判决。

编写人：江西省分宜县人民法院　肖力

34

暴力袭警罪的司法认定

——罗某妨害公务案

【基本信息】

1. 裁判书字号

江西省吉安县人民法院（2020）赣0821刑初265号刑事判决书

2. 罪名：妨害公务罪

【基本案情】

2020年9月3日9时许，在泸水河吉安县，江南村村民十余人以河道属于村民集体所有为由，不顾吉安县河道砂石资源管理工作领导小组下达的《关于恢复第六期泸水（洲湖水）澧田江南采区河砂开采的通知》要求，阻碍澧田水利局工作人员对河道采砂面积进行测量，阻碍澧田砂石公司进行采挖。民警张某、李某，辅警曾某、戴某接到报警后在现场与吉安县澧田镇政府干部劝阻村民拔掉水利局工作人员插在河道内的测量工具，遭到村民阻挠。其间，被告人罗某从身后拉扯民警的警服，后民警对罗某进行控制，罗某用手抓扯、用嘴撕咬民警手臂，导致民警张某、李某和辅警曾某受伤，辅警戴某的裤子被扯烂。经鉴定，被害人张某、李某、曾某的伤情均为轻微伤。

【案件焦点】

暴力袭击正在依法执行职务的包括合同制警察在内的人民警察，是否构成妨害公务罪，是否应较一般妨害公务行为从重处罚。

【裁判要旨】

江西省吉安县人民法院经审理认为，被告人罗某明知人民警察正在依法执行职务，仍以暴力方法进行阻碍，其行为已构成妨害公务罪。公诉机关对被告人罗某的指控罪名成立。鉴于被告人罗某归案后能如实供述自己的罪行并当庭认罪，承认指控的犯罪事实愿意接受处罚，依法可从轻处罚并从宽处理。据此，依照《中华人民共和国刑法》第二百七十七条第一款、第五款，第六十七条第三款，《中华人民共和国刑事诉讼法》第十五条之规定，判决：

被告人罗某犯妨害公务罪，判处拘役五个月。

【适用解析】

一、《刑法修正案（十一）》首次针对袭警行为单独设置法定刑

《刑法修正案（十一）》单独设置袭警罪，将《刑法》第二百七十七条第五款修改为："暴力袭击正在依法执行职务的人民警察的，处三年以下有期徒刑、拘役或者管制；使用枪支、管制刀具，或者以驾驶机动车撞击等手段，严重危及其人身安全的，处三年以上七年以下有期徒刑。"较之前第五款"暴力袭击正在依法执行职务的人民警察的，依照第一款的规定从重处罚"的规定，属首次针对袭警单独设置法定刑。此次《刑法修正案（十一）》首次针对袭警行为单独设置了法定刑属对暴力袭警犯罪行为规制的突破。

在《刑法修正案（十一）》通过之前，司法实践中对袭警行为一直是按照《刑法》第二百七十七条妨害公务罪的规定处理。针对当前社会矛盾多发，暴力袭警案件时有发生的实际情况，将袭警行为明确列举出来，可以更好地起到威慑和预防犯罪的作用。

二、暴力袭警的法律特点

（一）暴力袭警行为的法律性质是具有侵害人民警察身体健康法益的危险性

《刑法修正案（十一）》对《刑法》第二百七十七条第五款进行修改，删除了原本第一款中的罚金刑，将暴力袭警行为构成袭警罪的法定起刑点提高为管制，体现了暴力袭警与一般妨害公务罪犯罪行为的区别。首先，暴力袭警行为的法律性质是具有侵害人民警察身体健康法益的危险性。暴力，应是指侵犯人民警察自由权、健康权甚至生命权的施加于人民警察本人的人身或其物品的强力打击或者强制行为，从其外延看，则应包括损毁人民警察的财物，捆绑、拘禁、殴打、伤害乃至杀害等一系列程度不同的侵犯人身的行为。[①] 暴力应该理解为具有一定强度的力量，不是任何力量都能称为暴力，比如在民警执法过程中时常发生的肢体上的冲突不应该都简单理解为暴力，必须有强度上的把握，同时暴力的使用也一定程度反映了行为人的主观恶性，因此暴力程度应以暴力行为反映的主观恶性程度、客观表现形式两个方面结合客观后果进行考量，应以通常情况下能够造成人身、财产上的伤害，能够对公务行为造成一定的妨碍为限。

其次，是对袭击概念的理解，根据《新华词典》的解释，袭击指突然打击。暴力袭击应理解为用暴力手段进行突然打击。暴力袭警条款中的暴力袭击的内涵要比一般妨害公务罪中暴力内涵要小，需要在实践中严格把握。界定暴力袭击行为除把握暴力程度外还应注意两点：一是具有明确目标；二是具有主动攻击性，即暴力袭击是具有一定暴力程度对确定目标进行主动性攻击的行为，具有一定的伤害故意追求或放任伤害后果，在暴力袭警条款中则是以人民警察为目标。因此即使阻碍依法执行公务的对象是人民警察的职务行为，如果不采取主动攻击人民警察的暴力方式也不能适用暴力袭警条款所规定的法定刑。结合本案而言，被告人罗某对人民警察所使用的暴力在强度上足以侵害到人民警察的身体健康，客观上也确实造成了人民警察受伤的后果，被告人罗某的暴力袭击行为具有一定主观恶性，目标明确，主动攻击正在依法执行职务活动的人民警察，符合妨害公务罪中规定的暴力袭击内涵。

（二）人民警察所执行的职务活动，必须是带有公法属性、具有“服从关系”的管理活动

人民警察所执行的职务，既包括带有公法属性、具有“服从关系”的管理活动，也包括带有私法属性、具有“平等关系”的民事活动。对于人民警察所实施的具有“服从关系”的管理活动，固然属于妨害公务罪中的“职务”；但是，对于人民警察所实施的具有“平等关系”的民事活动，却不能视为妨害公务罪中的“职务”。例如，在人民警察代表所属公安局进行机器设备采购时，其实施的民事活动虽然是为了所属公安局利益而做，但是，该活动属于民法上平等主体之间的民事活动，不值得刑法给予特殊保护，否则将会导致公权力机关在从事民事活动时处于绝对优势地位的不合理现象出现。故本罪所指称的公务员所执行的职务，在解释上必

① 赵秉志：《扰乱公共秩序罪》，中国人民公安大学出版社2003年版，第42页。

须是公务员处于公法上的地位，行使其职权，始于本罪的“依法执行职务”相当；人民警察若系于私法上的关系，行使其权利，则无本罪的适用。本案中，被暴力袭击的三位人民警察所执行的职务活动，带有公法属性，被告人罗某袭击的正是处于公法地位上的人民警察。

（三）执行职务活动的人民警察应当包括合同制警察在内

人民警察包括公安机关、国家安全机关、监狱、劳动教养管理机关的人民警察和人民法院、人民检察院的司法人民警察。本案中，被暴力袭击的对象中，有一名辅警，即合同制警察，合同制警察是否属于《刑法》第二百七十七条第五款中规定的人民警察呢？笔者认为，本案中辅警属于人民警察，被告人罗某暴力袭击该辅警属于暴力袭击人民警察。

首先，从文义解释而言，合同制警察属于人民警察。在日常生活中，人民警察泛指履行公共管理职能的警察，将合同制警察解释为人民警察并不会使民众对此感到意外，也不会损害民众对人民警察范围的预测可能性。其次，从法律规范而言，合同制警察属于人民警察。2000 年 10 月 9 日《最高人民检察院关于合同制民警能否成为玩忽职守罪主体问题的批复》指出，合同制民警在依法执行公务期间，属其他依照法律从事公务的人员，应以国家机关工作人员论。既然认为合同制警察应当承担与国家机关工作人员地位相同的刑事责任，就应当给予合同制警察与国家机关工作人员地位相同的刑法保护，否则，将会导致合同制警察在刑法面前受到不公正待遇。① 暴力袭警的对象不仅包括正在执行职务的人民警察和辅警，而且还包括对物实施暴力，进而间接对警察人身造成伤害的情形。② 对于承担着重要社会管理工作以及辅助管理工作的合同制警察而言，其与具有编制的人民警察履行着相应的职责，也应受到相应的刑法保护。最后，主张合同制警察属于人民警察，有助于保障公务的顺利执行以及合同制警察的身体安全。“在执行公务时，应听从人民警察指挥，和正在依法执行职务的人民警察成为一体”③，行为人在暴力袭击合同制警察

---

① 李永升、安军宇：《暴力袭警行为法律性质与内涵的教义解读》，载《海南大学学报》2019 年 1 月。

② 杨金彪：《暴力袭警行为的体系地位、规范含义及司法适用》，载《北方法学》2018 年 2 月。

③ 黎宏：《刑法学各论》，法律出版社 2016 年版，第 352 页。

时，会导致公务受到阻碍，并对合同制警察的身体安全造成危险。因此，主张合同制警察属于人民警察，既有助于保障公务的顺利执行，也有助于保护合同制人民警察的身体健康。

三、本案袭警量刑的实证分析

合理的量刑不但是罪刑相适应原则的基本要求，也是体现司法公正的重要表现。通过审判机关的严格司法，才能确保法律权威的最后一道防线，同时在袭警罪未实施的现实条件下，确保警权维护社会治安的关口作用，用刑事审判权保护好警权，用警权维护人民群众的生命权、财产安全权，最终实现社会安定、人民安全，这也是法律的最终目的。公诉机关的公诉意见与审判机关的审判原则对于以暴力袭击正在执行公务的人民警察的犯罪行为的惩罚性与对社会的警示性具有鲜明的社会指导意义，因此公诉机关与审判机关应当立足国家立法机关的立法精神，切实呼应社会形势的需要，以应对暴力妨害正当执法多发的社会现实，切实维护社会正义，进一步促进警权维护社会稳定、保护人民安全的重要的基石作用，也为其他执法机关行使正当权利提供相应的保护措施。①

不规范的刑罚判决不足以限制犯罪人的再犯行为，且无法达到威慑犯罪人的目的。要么会造成犯罪人产生对立与不服的情绪，导致难以实现刑法改造教育的目的，要么使得社会大众认为刑罚判决不公正、不合理，不足以安抚被害人，从而使得预防其他人实施犯罪的目的难以实现。②《最高人民法院关于常见犯罪的量刑指导意见》确定的量刑方法是依据量刑情节与犯罪事实。本案依据此两种标准结合《刑法修正案（十一）》作出实证分析。

（一）本案被告人具有从轻或减轻处罚情节

《刑法修正案（十一）》将《刑法》第二百七十七条第五款的暴力袭警行为设立为两档法定刑。第一档法定刑与第二百七十七条第一款即妨害公务罪第一款的法定刑几乎等同，仅有罚金刑有无的区别。第二档法定刑属于加重法定刑规定，在《刑法修正案（十一）》颁布之前，对暴力袭警行为规定“从重处罚”。但判断对某一行为是从轻、减轻还是从重处罚，还应从行为人是否有自首、坦白、当庭自愿认

---

① 李文、穹美娜：《暴力袭警妨害公务罪量刑实证研究》，载《江西警察学院学报》2018年11月。

② 张明楷：《刑法学》，法律出版社2011年版，第491页。

罪、积极赔偿被害人经济损失并取得谅解、刑事和解、是否为累犯多个方面进行考察。

本案中，被告人罗某具有归案后如实供述罪行、承认指控的犯罪事实、愿意接受处罚、当庭自愿认罪的从轻、减轻处罚情节。在对被告人罗某犯罪行为进行量刑时，在刑种选择上，判处《刑法》第二百七十七条第一款规定中第三档刑种，即拘役。在确定具体的刑期时，综合考虑被告人罗某在案件中具体的从轻、减轻情节，在拘役最低刑期六个月的基础上，减轻处罚，判决被告人罗某拘役五个月。

（二）犯罪事实

犯罪事实包括犯罪行为与危害方面。根据本罪特点，犯罪行为指冲突形式及内容，危害方面指暴力冲突结果。本案中，在生效判决书中出现的拉扯、抓扯、撕咬行为可描述定义为肢体冲突，本案中言语冲突不明显、器具冲突未出现。司法实践中，肢体冲突与言语冲突时常相伴出现，故冲突类型常常表现为多种冲突并存的形式。肢体冲突是本案最主要的表现形式，被告人罗某具有暴力袭击正在依法执行职务的人民警察的犯罪行为。在危害方面，被告人罗某的犯罪行为侵害了人民警察身体健康法益，侵害了社会管理秩序，具备一定社会危害性，满足暴力袭警类妨害公务罪的犯罪构成。

伤害结果与刑罚严重程度之间存在一个正向的相关关系。本案中被告人罗某对正在依法执行职务的人民警察的暴力袭击行为并未造成特别严重伤害结果，生效判决判处被告人罗某拘役五个月符合我国法律对于打击暴力袭警行为立法目的。

编写人：江西省吉安市中级人民法院　王婷

35

暴力袭警法定刑升格情形的认定标准

——周某某妨害公务案

【基本信息】

1. 裁判书字号

上海市第一中级人民法院（2020）沪01刑终1604号刑事裁定书

2. 罪名：妨害公务罪

【基本案情】

2020年7月9日23时50分许，被告人周某某酒后驾驶白色轿车至闵行区顾戴路外环高速上匝道外圈上口时，遇闵行公安分局民警刘某某带领辅警李某某、张某某设卡检查。被告人周某某拒不配合检查，明知辅警张某某站在车头前仍继续向前行驶，将辅警张某某顶在其驾驶的轿车引擎盖上并驶入S20外环高速公路的快速行车道。被告人周某某驾车高速行驶约1.8千米至外环高速莘庄立交处停车，待辅警张某某从引擎盖上下车后驾车逃离。辅警李某某在制止被告人周某某驾车逃离时左手腕挫伤；辅警张某某在上述过程中双膝表皮挫伤。2020年7月10日，被告人周某某被公安机关抓获，到案后，其如实供述了上述犯罪事实。

公诉机关认为，被告人周某某的行为构成妨害公务罪，被告人周某某认罪认罚，可以从宽处理；被告人系累犯，应当从重处罚；被告人到案后能如实供述自己的罪行，可以从轻处罚。综上，建议对其判处有期徒刑一年。被告人周某某在审查起诉期间自愿认罪认罚并签字具结，在开庭审理过程中亦无异议。

【案件焦点】

《刑法修正案（十一）》第三十一条对《刑法》第二百七十七条第五款规定的“暴力袭击正在依法执行职务的人民警察”的行为单独规定了法定刑，并增设了三年以上七年以下有期徒刑的量刑档次。应如何理解法定刑升格的“使用枪支、管制刀具，或者以驾驶机动车撞击等手段，严重危及其人身安全的”规定。

【裁判要旨】

上海市闵行区人民法院认为，被告人周某某以暴力方法阻碍人民警察及辅警依法执行职务，其行为已构成妨害公务罪。被告人周某某曾因故意犯罪被判处有期徒刑，在刑罚执行完毕后五年内再犯应当判处有期徒刑以上刑罚之罪，系累犯，依法应当从重处罚。辅警在协助人民警察执行公务时，面临与人民警察同样的危险，应予以同等保护。被告人周某某暴力袭击正在执行公务的辅警，对其酌情从重处罚。被告人周某某明知辅警张某某被顶在其驾驶的轿车引擎盖上，仍然驶入高速公路的快速行车道并高速行驶约1.8千米，将辅警张某某的生命置于极其危险的境地，可见其主观恶性大，依法应予以严惩。被告人周某某虽有坦白情节并且自愿认罪认罚，但综合考量其犯罪性质、情节、社会危害程度、人身危险程度、前科劣迹等因素，对其从宽处理的幅度应予以严格限制。公诉机关提出的对被告人周某某判处有期徒刑一年的量刑建议明显偏低。据此，上海市闵行区人民法院判决：被告人周某某犯妨害公务罪，判处有期徒刑二年八个月。

宣判后，被告人周某某不服一审判决，上诉至上海市第一中级人民法院，后撤诉。上海市第一中级人民法院准予撤诉，判决现已生效。

【适用解析】

《刑法修正案（十一）》的修订对于打击暴力袭警犯罪具有重要意义，本文从法条修改的必要性出发，以周某某妨害公务案为例，力图对法定刑升格情形的具体认定提出参考标准。

一、修改暴力袭警行为法定刑的必要性

《刑法修正案（九）》在《刑法》第二百七十七条妨害公务罪增设了第五款：“暴力袭击正在依法执行职务的人民警察的，依照第一款的规定从重处罚。”为进一步打击犯罪，《刑法修正案（十一）》对该条文作出修订，将暴力袭警行为规定了两档法定刑：第一档为三年以下有期徒刑、拘役或者管制，区别于《刑法》第二百七十七条第一款对一般妨害公务行为的规定，取消了单处罚金刑。第二档增设“使用枪支、管制刀具，或者以驾驶机动车撞击等手段，严重危及其人身安全的”作为法定刑升格情形，判处三年以上七年以下有期徒刑。《刑法修正案（十一）》作出修订的必要性可以从以下几个方面考量。

（一）基于执法环境的高危性

近年来，暴力袭警案件频发，司法实践中，一般占全部妨害公务案件的90%以上，妨害公务罪已成为危害社会公共秩序犯罪中的常见罪名。同时，恶性袭警案件如驾车撞击、拖拽执勤交警、聚众持械对警察进行打击报复的行为时有发生。人民警察是国家重要的执法司法力量，代表国家行使执法权。特殊的职业特点决定了人民警察需要随时冲到执法一线，时刻准备面对面遭遇不法分子的抗击，因而更容易遭到侵害，所造成的人身损害后果也更为严重，其所面对的职业风险远远超过普通国家机关工作人员。

（二）基于侵害法益的多重性

从法益保护的角度来看，暴力袭警行为侵害的法益具有多重性，在侵害人民警察人身安全的同时更危害社会管理秩序，对法益侵害程度更重。普通妨害公务行为妨害的是国家机关工作人员的一般执法活动，而人民警察所执行的公务必然与社会公共安全密切相关，甚至直接关系到国家法治尊严。因此，将正在执法的人民警察权益进行特殊保护，是对人民警察执法权威的捍卫，更是对国家治理安全的保障。

（三）基于刑法条文的协调性

《刑法修正案（九）》增设对暴力袭警行为从重处罚的规定，在一定程度上有利于保护警察权益，打击袭警犯罪。然而，由于仅有一档法定刑，在未造成被害人轻伤以上危害后果的情况下，对于妨害执法是因为对警察执法行为的不理解而产生应激性的轻微肢体冲突的，与采用具有高度危险性如驾车撞击、事先准备枪支打击报复等恶劣手段抗拒执法的，其手段恶劣程度与可能造成的危险程度完全不同，如在同一档法定刑档次内进行量刑，显然难以实现量刑平衡。

例如本案中，周某某妨害公务的行为与普通妨害公务的行为存在本质区别，社会危害性极大。周某某酒后驾驶机动车，在遇到交警设卡盘查时，为逃避检查，明知辅警张某某站在车前阻拦，仍然加大油门继续行驶，在将张某某顶至引擎盖上后未及时停车，反而驶入高速路快速行车道，再继续高速行驶1.8千米才停车将辅警放下。周某某为逃避检查不顾被害人安危，对可能对被害人人身造成的严重后果存在放任心态。从本案审理过程来看，检察机关建议对被告人周某某判处一年有期徒刑的量刑建议明显失当，违背了罪刑罚相适应原则。由于行为人的行为直接作用于被害人，未对社会不特定人造成危害或风险，不能认定为危害公共安全；因未造成被害人重伤或死亡等严重后果，认定故意伤害罪，再以未遂情节降档量刑也无法实现对被告人的从严惩处。因此，以妨害公务罪认定更能全面评价被告人的行为。然而因裁判当时《刑法修正案（十一）》尚未生效，仅能在妨害公务罪的法定刑三年以下有期徒刑幅度内从重判决，最终判处被告人周某某有期徒刑二年八个月。

二、法定刑升格的手段要件

《刑法修正案（十一）》规定，“使用枪支、管制刀具，或者以驾驶机动车撞击等手段”是判处三年以上七年以下有期徒刑的手段要件。对手段要件可以从以下几方面着手判断。

（一）“使用枪支、管制刀具”的认定

“枪支”“管制刀具”的含义与刑法分则涉枪支、管制刀具等罪名的含义相同，应当作严格解释，根据相关法律法规规定的名录及对查获的枪支、管制刀具的实际鉴定情况予以认定。一般认为，“枪支”是指以火药或者压缩气体等为动力，利用管状器具发射金属弹丸或者其他物质，足以致人伤亡或者丧失知觉的各种枪支[①]。“管制刀具”是指国家依法进行管制，只能由特定人员持有、使用，禁止私自生产、买卖、持有的刀具，如匕首、三棱刮刀、弹簧刀以及类似的单刃刀、双刃刀和三棱尖刀等[②]。

“使用枪支、管制刀具”要求对枪支、管制刀具实际使用，即将枪支、管制刀具作为实施侵害行为的直接工具，实施如捅刺、刀砍、开枪射击等行为。在认定时应当遵循主客观相统一的原则，将持有枪支和管制刀具的主观意图和客观行为综合考虑。如仅携带枪支、管制刀具而未使用，只是一种准备工具的预备行为，或将枪支、管制刀具以外露方式持有，甚至以此为威胁，但在实施暴力袭击的过程中并未实际使用，虽然在该种情形下行为人人身危险性较高，也不应认定为“使用”枪支、管制工具。

① 何帆编著：《刑法注释书》，中国民主法制出版社 2019 年版，第 221 页。
② 何帆编著：《刑法注释书》，中国民主法制出版社 2019 年版，第 238 页。

（二）“驾驶机动车撞击”的认定

“驾驶机动车撞击”常见于交通警察执法过程中，是驾驶人为抗拒检查径自行驶，危及交警人身安全的情况。已经发动的机动车车速快，行驶后形成的冲力大，破坏性较强，一旦直接对人身进行撞击，可能造成非常严重的危害后果，因此应当对此种行为从严惩处。具体来看，“严重危及人身安全”是犯罪行为可能造成的结果，也是作为判断手段要素的依据，应当以是否危及警察人身安全判断行为危险程度。认定行为是否属于“撞击”，不宜对机动车行驶速度过高限定，不限于行为人加速后直接撞击的情形。如行为人明知有警察在前方阻拦、指挥，仍不顾警察安危，保持原正常车速向前行驶的，应当认定为撞击。对于车速过缓，但剐蹭到警察后未及时停止驾驶，导致警察被拖拽、碾轧的，如从事发地点、拖拽、碾轧时间等因素综合判断，已经严重危及人身安全的，虽不宜认定为“驾驶机动车撞击”，但可以作为其他手段对行为人进行加重量刑。

从撞击的对象来看，撞击行为一般直接作用于警察本身，是否包括警用车辆还需根据案件情况综合判定：第一，对于无人员驾驶的警车进行撞击一般不属于该款规定的情形；第二，对于正在执行职务的警车，直接冲撞后会产生现实的物理影响，尽管暴力直接作用于警车，但间接作用于警察本身，对于严重危及人身安全的，也属“驾驶机动车撞击”；第三，虽未采用直接冲撞，但挤别警车的，应当充分考虑车辆驾驶速度、驾驶地点、车流密集程度、挤别次数等因素，如严重危及人身安全，也应予以认定；第四，撞击警车应当是主动撞击，如在追捕过程中，行为人突然停车，警车因车速过快无法刹车后与行为人的车辆发生碰撞，不能认定为“驾驶机动车撞击”。

（三）其他手段的认定

《刑法修正案（十一）》在列举“使用枪支、管制刀具”和“驾驶机动车撞击”两种手段后，用“等手段”作出兜底规定。显然，现实生活中，对于严重危及警察人身安全的暴力袭警手段不能穷尽，认定法条中未载明的其他手段应当注意以下两个方面。

一方面，加害手段应当具有相当性。从体系解释出发，其他手段应当与“使用枪支、管制刀具”和“驾驶机动车撞击”的手段在危害性上具有相当性。例如，使用爆炸物、危险化学品等严重危险物质暴力袭警的，在工具选择上可以认为具有相当性。另一方面，加害手段应当具有暴力性。暴力袭击应当是一种有形的暴力，可以与刑法条文中的抢劫罪等罪状中的“暴力”做同一解释。例如，使用殴打、捆绑、推搡及其他与之性质相同的手段。如仅是对警察实施威胁，则可以适用《刑法》第二百七十七条第一款的规定，认定为“以暴力、威胁方法阻碍国家机关工作人员依法执行职务”的情况。

本案中，被告人周某某在驾驶车辆排队等待盘查过程中，辅警张某某在车前阻拦，所处位置在被告人的视线范围之内，应当认定被告人系明知。此时，被告人周某某未减速行驶也未予避让，直接继续驾驶车辆向前行驶，可以认定其行为属于“驾驶机动车撞击”，符合法定刑升格的手段要件。

三、法定刑升格的结果要件

除《刑法》第二百七十七条第四款规定的故意阻碍国家安全机关、公安机关依法执行国家安全工作任务的情形外，一般的妨害公务行为是行为犯，不以造成实际危害后果或具体危险为构成要件。对暴力袭警的行为人加重量刑，要求加害行为严重危及警察的人身安全。从法条规定来看，该种情形属于具体危险犯，即在司法上以行为当时的具体情况为根据，认定行为具有发生侵害结果的紧迫（高度）危险[①]。

从刑法条文的体系性和协调性出发，暴力袭警行为造成的危险应当是至少造成被害人重伤以上的危险。判断行为是否可能严重危及人身安全可以从犯罪起因、犯罪地点、行为手段、犯罪工具、加害部位、行为人与被害人的力量对比等方面综合判断。这种判断应当是一种实质判断，以主客观相一致为原则，不能简单从行为人的外观行为判断。例如，从使用工具判断，对于行为人只是为了摆脱警察追捕防御式地使用管制刀具，与事先准备管制刀具后实施积极的攻击行为的，在判断行为危害性上应当加以区别。

综上，暴力袭警行为的定罪量刑应当遵循如下规则。对于仅实施暴力袭击行为，未采取使用枪支、管制刀具等恶劣手段的：（1）未造成严重后果，直接以三年以下有期徒刑量刑；（2）造成被害人轻伤的，同时构成故意伤害罪，法定刑基本相同，此时以妨害公务罪定罪处罚，更能体现国家维护公共秩序的意图；（3）造成被

① 张明楷：《刑法学》，法律出版社2016年版，第167页。

害人重伤、死亡的，显然此时故意伤害罪、故意杀人罪的处罚结果更重，以故意伤害罪、故意杀人罪处罚。另外，最高人民法院、最高人民检察院、公安部颁布的《关于依法惩治袭警违法犯罪行为的指导意见》第三条第二款规定，暴力袭警，致使民警重伤、死亡，符合《刑法》第二百三十四条、第二百三十二条规定的，应当以故意伤害罪、故意杀人罪定罪，酌情从重处罚。

本案中，被告人周某某驾驶车辆撞击辅警张某某后，将张某某顶至引擎盖上后加速行驶，在高速公路高速行驶1.8千米后才停车。尽管对被害人仅造成了轻微伤的后果，但是综合行为实施的全过程及所处情境来看，行为人的行为极有可能造成更为严重的事故，被告人驾驶机动车速度较快，且行驶在外环高架上，车流量大、车速快，被害人一旦从引擎盖上被甩出，将直接导致重伤甚至死亡的严重后果，此时，被告人仍驾驶1.8千米，其行为显然对被害人的人身安全带来极大危险性，可以认定“严重危及其人身安全”。

编写人：上海市闵行区人民法院　卢进　陈帅

36

妨害公务罪在《刑法修正案（十一）》实施前后的对比

——吴某浩妨害公务案

【基本信息】

1. 裁判书字号

广西壮族自治区鹿寨县人民法院（2020）桂0223刑初366号刑事判决书

2. 罪名：妨害公务罪

【基本案情】

被告人吴某浩与陆某（女，15岁）原系男女朋友关系，2020年10月4日10

时许，吴某浩酒后来到鹿寨县鹿寨镇鹿州市场三区 71 号陆某的租住房休息，陆某责怪吴某浩醉酒还来其租住房，吴某浩恼怒遂用拳脚对陆某进行殴打，陆某被打后拨打 110 报警，并拨打 120 叫救护车。鹿寨县公安局城南派出所民警覃甲、辅警覃乙与 120 医务人员赶到现场把伤者陆某抬上救护车。随后，民警覃甲、辅警覃乙与吴某浩的父亲吴某福在 4 楼与 3 楼的楼梯转台处找到睡在地上的吴某浩，吴某浩的父亲把其喊醒后，民警覃甲、辅警覃乙要将吴某浩传唤到派出所调查时，吴某浩突然用脚踢打民警覃甲，民警覃甲险些从楼梯坠落，造成民警覃甲肺部受到损伤；随后吴某浩被公安民警当场制服，并被传唤至派出所接受调查。

【案件焦点】

妨害公务罪在《刑法修正案（十一）》实施前后的对比。

【裁判要旨】

广西壮族自治区鹿寨县人民法院经审理认为，被告人吴某浩以暴力方法妨碍国家机关工作人员依法执行职务，其行为侵犯了国家正常管理活动以及国家机关工作人员的人身权利，其行为已触犯我国刑律，构成妨害公务罪，应依法惩处。公诉机关指控被告人吴某浩犯妨害公务罪的事实清楚，证据确实、充分，指控的罪名成立。被告人吴某浩暴力袭击正在依法执行职务的人民警察，酌情从重处罚；被告人吴某浩归案后如实供述自己的犯罪事实，认罪态度较好，可以从轻处罚；被告人吴某浩自愿签署认罪认罚具结书，愿意接受处罚，可以依法从宽处理。综上，广西壮族自治区鹿寨县人民法院依照《中华人民共和国刑法》第二百七十七条第一款、第五款，第六十七条第三款之规定，判决：

被告人吴某浩犯妨害公务罪，判处有期徒刑十个月。

【适用解析】

人民警察是国家重要的执法司法力量，代表国家行使执法权，肩负着捍卫国家政治安全、维护社会安定、保障人民安宁的职责使命。因为特殊的工作性质，民警在依法履职过程中时常遭受违法犯罪分子的暴力侵害，甚至打击报复。袭警违法犯罪行为不仅侵害了民警的人身权益，更是对社会正常管理秩序的破坏，从根本上损害的是国家法律尊严和政权权威。我国对于袭警的罪名规定和指导意见为《刑法》第二百七十七条第五款以及2020年1月10日发布的《最高人民法院、最高人民检察院、公安部关于依法惩治袭警违法犯罪行为的指导意见》（以下简称《指导意见》）。

在《刑法修正案（十一）》出台之前我国《刑法》第二百七十七条第一款和第五款规定："以暴力、威胁方法阻碍国家机关工作人员依法执行职务的，处三年以下有期徒刑、拘役、管制或者罚金。""暴力袭击正在依法执行职务的人民警察的，依照第一款的规定从重处罚。"《刑法修正案（十一）》出台后，与原《刑法》相比，《刑法修正案（十一）》将刑法第二百七十七条第五款修改为："暴力袭击正在依法执行职务的人民警察的，处三年以下有期徒刑、拘役或者管制；使用枪支、管制刀具，或者以驾驶机动车撞击等手段，严重危及其人身安全的，处三年以上七年以下有期徒刑。"

与原法条相比，第二百七十七条第五款不必再参照第一款来实施且从重处罚，而是直接明文规定了暴力袭击正在依法执行职务的人民警察的刑罚类型以及严重情节下暴力袭击正在依法执行职务的人民警察的刑罚。有了具体的明文规定，在司法实践中有了参照条款，对于维护人民警察执行公务的权威有了较大的保护，也对犯罪分子有了威慑作用。

从犯罪的构成要件上看，不管是《刑法修正案（十一）》修改后的《刑法》第二百七十七条第五款还是原未修改的法条，都属于妨害公务罪的条款，该罪名从主观上，要求具有故意，从侵犯的客体上是国家的正常管理活动，侵犯的对象是正在依法执行职务的人民警察。从手段上看，是采取暴力袭击的方式。公安机关人民警察从身份上看属于国家公务员，人民警察所从事的一切工作都是在履行国家和法律所赋予的职责，即都是执行公务。但暴力袭击正在执行职务的人民警察与一般的妨害公务行为又有着区别，其具有特殊性，主要原因一是公安机关是具有武装性质的治安行政力量和刑事司法力量，其职责就是保卫国家安全和维护社会治安秩序，防范和打击各种违法犯罪行为，惩治各种违法犯罪分子。二是公安机关人民警察长期处于与违法犯罪做斗争的第一线，受暴力袭击的概率远远大于其他各种从事公务活动的公职人员。所以为了更加有效地保护人民警察的人身安全，就需要对暴力袭警的违法犯罪行为严厉打击，真正发挥刑法遏制和震慑的作用。

《刑法修正案（十一）》将暴力袭击警察的犯罪行为单独成文且有了加重处罚的情形，正是因为上述所提到的人民警察的特殊性，同时正在执行公务的人民警察会遭受暴力袭击，究其原因是对袭警违法犯罪处罚力度小，犯罪成本低，少数群众的法律意识淡薄，在《刑法修正案（十一）》实施以前，使用枪支、管制刀具，或者以驾驶机动车撞击等手段，暴力袭击正在依法执行职务的人民警察，严重危及人民警察人身安全的情形，未构成其他犯罪的，也只能适用《刑法》第二百七十七条第五款或参照第一款，刑罚也只是三年以下有期徒刑、拘役、管制或者罚金。

《刑法修正案（十一）》修改后的《刑法》第二百七十七条第五款，在法律上加重了袭击警察违法犯罪的成本，从对袭警的违法犯罪从三年以下有期徒刑、拘役、管制或者罚金上升到有三年以上七年以下有期徒刑的情形，提升了对袭警的违法犯罪的刑罚起点，取消了最低处罚方式即罚金，保障了人民警察的执法权威和人身安全。法条的修改正是顺应法治前进发展的潮流，也是维护法律权威及国家公权力有效行使的迫切需要，体现了刑法预防犯罪的初衷，保障了社会公共秩序和警察的合法权益。

在《刑法修正案（十一）》出台之前，与刑法所配套适用的关于袭警的指导意见为以“两高一部”名义联合印发的《指导意见》，该意见明确了对民警人身直接实施撕咬、踢打、抱摔等直接攻击以及对民警正在使用的警用车辆、警械等警用装备进行打砸等破坏，间接对民警人身进行攻击的行为均属于暴力袭警，应当适用刑法关于袭警从重处罚的规定。对使用凶器、危险品、驾驶机动车袭警等手段恶劣；造成民警轻微伤、警用装备严重毁损、造成他人伤亡、公私财产损失、犯罪嫌疑人脱逃、毁灭证据等严重后果；多人袭警或袭击民警二人以上；具有同类前科等 7 类情形，酌情再作进一步从重处罚，且一般不得适用缓刑。规定对于驾车冲撞、拖拽民警以及抢夺、抢劫民警枪支，危害公共安全或民警人身安全的，依法适用以危险方法危害公共安全罪、抢劫枪支罪、抢夺枪支罪、故意杀人罪等重罪。

《指导意见》是新旧刑法修正案中关于袭警违法犯罪的衔接，《刑法修正案（十一）》中对于该罪名的加重情节在该意见中也有所表述，该意见第二条、第三条规定，“实施暴力袭警行为，具有下列情形之一的，在第一条规定的基础上酌情从重处罚：1. 使用凶器或者危险物品袭警、驾驶机动车袭警的；2. 造成民警轻微伤或者警用装备严重毁损的；3. 妨害民警依法执行职务，造成他人伤亡、公私财产损失或者造成犯罪嫌疑人脱逃、毁灭证据等严重后果的；4. 造成多人围观、交通堵塞等恶劣社会影响的；5. 纠集多人袭警或者袭击民警二人以上的；6. 曾因袭警受过处罚，再次袭警的；7. 实施其他严重袭警行为的。实施上述行为，构成犯罪的，一般不得适用缓刑”“驾车冲撞、碾轧、拖拽、剐蹭民警，或者挤别、碰撞正在执行职务的警用车辆，危害公共安全或者民警生命、健康安全，符合刑法第一百一十四条、第一百一十五条、第二百三十二条、第二百三十四条规定的，应当以以危险方法危害公共安全罪、故意杀人罪或者故意伤害罪定罪，酌情从重处罚”。

在本案中，民警和辅警要将被告人吴某浩传唤到派出所调查时，吴某浩突然用脚踢打民警导致其险些从楼梯坠落，造成民警肺部受到损伤。因本案是在2020年发生，《刑法修正案（十一）》尚未实施，故在判决中所用法条为刑法第二百七十七条第一款、第五款。同样地，若是该案适用的是《刑法修正案（十一）》修改后的《刑法》第二百七十七条第五款，因被告人未使用枪支、管制刀具，或者以驾驶机动车撞击等手段，只是醉酒后对民警拳脚相向，暴力阻碍正在依法执行公务的民警，其也是构成一般情节的犯罪，在量刑上根据被告人犯罪的事实、性质、情节以及对社会的危害程度，在三年以下有期徒刑、拘役或者管制幅度内确定量刑。

编写人：广西壮族自治区鹿寨县人法院　韦士军

37

新设“袭警罪”的必要性及其理解与适用

——韦某某等妨害公务案

【基本信息】

1. 裁判书字号

贵州省贵阳市乌当区人民法院（2020）黔0112刑初36号刑事判决书

2. 罪名：妨害公务罪

【基本案情】

2020年2月12日21时37分许，贵阳市公安局乌当分局百宜派出所值班民警肖某某接到该辖区村民电话报警，于是带领警务助理刘某、郭某、张某驾车前往百宜镇罗广村出警，当民警在罗广村寻找报警人时，发现有人违反新冠肺炎疫情防控期间的相关规定，聚集在村民林某某家中打麻将，便到林某某家中制止，民警肖某某亮明身份并当即告诫新冠肺炎疫情防控期间禁止人员聚集。在此过程中，被告人韦某带着村民到林某某家中围堵执勤民警，打砸麻将及麻将机，并对民警及警务助理进行辱骂，被告人韦某某则拉扯辅警张某并进行威胁，随后又将辅警郭某推出门外，被告人陈某某扯掉辅警郭某的口罩及执法记录仪。而后民警肖某某等人发现警务车辆被村民车辆堵截，准备走路前往处理报警之事，但被告人韦某、陈某某、韦某某等人不准民警离开，提出要与民警一同找报警人核实是不是专门来抓他们打麻将的，当民警与被告人韦某、陈某某、韦某某到达报警人黄某某家中时，白家院组组长也到场劝说后村民才将围堵警务车的车辆挪开，民警肖某某及 3 名警务助理才得以离开。被告人韦某某、韦某、陈某某等人使用暴力威胁、辱骂、围堵民警肖某某等 4 人及警务车辆长达 1 小时左右。

【案件焦点】

新设“袭警罪”的理解与适用。

【裁判要旨】

贵州省贵阳市乌当区人民法院经审理认为，被告人韦某、陈某某、韦某某在全国防控新冠肺炎疫情工作期间，不配合执法人员的防疫措施，而以暴力推搡、威胁、辱骂的方法阻碍国家机关工作人员依法履行为防治突发传染病疫情而采取的防疫措施，三被告人的行为均已触犯《中华人民共和国刑法》第二百七十七条第一款“以暴力、威胁方法阻碍国家机关工作人员依法执行职务的，处三年以下有期徒刑、拘役、管制或者罚金”，第五款“暴力袭击正在依法执行职务的人民警察的，依照第一款的规定从重处罚”的规定，构成妨害公务罪，应依法追究其刑事责任，予以严惩。公诉机关指控被告人韦某、陈某某、韦某某犯罪的事实清楚，证据确实、充分，罪名成立，本院予以确认。据此，依照《中华人民共和国刑法》第二百七十七条第一款、第五款，第六十七条第一款，第二十五条第一款之规定，判决如下：

一、被告人韦某犯妨害公务罪，判处有期徒刑六个月；

二、被告人陈某某犯妨害公务罪，判处有期徒刑六个月；

三、被告人韦某某犯妨害公务罪，判处拘役四个月。

【适用解析】

一、从“妨害公务罪”分立出“袭警罪”的必要性

近年来，一线公安民警在执法执勤中遭受阻挠执法、暴力抗法等事件时有发生，多起性质恶劣的袭警案件引发广泛关注和强烈反响，社会各界纷纷呼吁严惩此类犯罪。暴力袭警严重冲击法律底线，损害党和政府权威，严重影响民众安全感，也严重伤害广大民警的职业荣誉感。多名全国人大代表、政协委员呼吁，在刑法中增设袭警罪，以更好地维护正常执法秩序，更好地保护一线执法执勤民警的人身安全，从法律层面为进一步维护民警执法权威构筑坚固防线。

尽管《刑法修正案（九）》在《刑法》第二百七十七条对“妨害公务罪”的规定中增加了第五款，即对袭警行为规定从重处罚，但其明确性不高，主要是因为“妨害公务罪”已经是一种既定的性质，它必然遵循于“罪责刑相适应”的基本原则，也就是说，若不单独设立“袭警罪”，就不可能改变这样的定性，也不能突破“罪责刑相适应”的先前设定，暴力袭警行为只要以“妨害公务罪”为中心，在司法实践中就难以明确定性，也难以产生较好的社会效果和法律效果。因此，袭警罪需要从妨害公务罪中分立出来，使它成为一个与其他罪名平行的专项罪名，从概念上独立于妨害公务罪，并在司法实践中以它为中心定性，从“罪责刑相适应”上确立法律依据，以更好地维护国家法律的尊严和民警执法的权威。

二、“袭警罪”的确立

2020 年 12 月 26 日，第十三届全国人民代表大会常务委员会第二十四次会议表决通过《刑法修正案（十一）》，将《刑法》第二百七十七条第五款修改为：“暴力袭击正在依法执行职务的人民警察的，处三年以下有期徒刑、拘役或者管制；使用枪支、管制刀具，或者以驾驶机动车撞击等手段，严重危及其人身安全的，处三年以上七年以下有期徒刑。”由此，“袭警罪”正式确立。

三、如何认定袭警罪中的“暴力”

暴力是刑法分则条文使用最多的概念之一。实践中，暴力袭击人民警察执行公务的行为类型多种多样，有的是针对人民警察的身体进行打击，有的是针对人民警察执法所使用的车辆、器具等进行破坏，但不论哪种行为都有可能对公务活动的顺利执行造成妨碍。《刑法》第二百七十七条第五款规定的暴力袭警应当是指不法分子对人民警察行使有形力或物理力，但不要求直接对人民警察的身体行使，即使是

对物行使有形力，但因此对人民警察的身体产生强烈的物理影响时，也构成暴力，若未对警察的身体产生强烈的物理影响，而仅仅是妨害到警察执行职务，则宜认定为妨害公务罪。袭警罪的暴力不要求达到导致警察受伤的程度，只要妨害了警察执行职务，就足以认定为袭警罪的暴力，若只是对警察进行语言上和心理上的威胁、挑衅等，未对警察实行暴力，妨害警察执行职务的，应认定为妨害公务罪。

四、如何界定警察“正在依法执行职务”

首先是对“依法”的理解。认定成立袭警罪以执行职务的合法性为前提，审查执行职务行为是否合法的依据是法律法规。人民警察在执行职务过程中，其执法范围、执法依据、执法程序等均应符合法律规定。实践中经常存在的问题是，执行职务行为有瑕疵或者轻微违法，能否阻却袭警罪的成立？例如，有时由于执法民警经验不足，办案方式过于简单，使本可以避免的袭警行为因不当冲突而发生，或是明知是警察执法只是未能及时出示证件等情况。法律规定不可能事无巨细，一些处置措施只要依职务行使正当合理即可。在执行职务过程中实际情况纷繁复杂，应具体结合实际情况正确把握，执法瑕疵和具体处置措施以不明显危害国家机关形象和侵犯相对人合法权益为限，以保证职务行为的正常进行，避免有些人吹毛求疵试图逃避应有的法律处罚。

其次是对“正在执行职务”的理解。所谓职务，是从工作内容、性质上讲，既包括一项具体的执法性工作，比如警察现场执法，也包括日常事务性工作，比如以阻碍正常履职为目的暴力袭击正在工作期间从事日常事务性工作的民警，也可以构成袭警罪。而对“正在”应进行狭义理解，“正在”并非一个时间点的概念，而应是一个时间段的概念，所谓“正在”是指执行职务的整个过程，既包括职务的实际执行过程，也包括执行职务的准备过程，直至职务执行完毕。比如，执行任务过程中临时休息吃饭的人民警察也应属于正在执行职务的警察，只要行为人存在阻碍执行公务的故意，且此时的暴力袭击能影响到职务的正常执行，就符合袭警罪的规定，应以袭警罪定罪处罚。对于民警在非执行职务期间，因其职务行为对其实施暴力袭击、拦截、恐吓等行为，符合刑法相关规定的，应当以故意伤害罪、故意杀人罪、寻衅滋事罪等定罪，并根据袭警的具体情形酌情从重处罚。

编写人：贵州省贵阳市乌当区人民法院　冉莉

【第 291 条之二　高空抛物罪】

38

高空抛物犯罪新规的价值功能与适用实践

——应某以危险方法危害公共安全案

【基本信息】

1. 裁判书字号

北京市海淀区人民法院（2020）京 0108 刑初 1114 号刑事判决书

2. 罪名：以危险方法危害公共安全罪

【基本案情】

2020 年 2 月 26 日 22 时许，被告人应某为发泄个人情绪，在其位于北京市海淀区德胜门西大街某号院七楼的家中，将不锈钢保温杯、玻璃杯、瓷质佛像、玻璃罐子、玻璃瓶、印章等多个物品抛出窗外，掉落在小区公共道路及小区花园内，将停放在公共道路上的一辆机动车砸损。被告人应某抛掷的物品掉落范围为楼下 10 米到 15 米，在此范围内有小花园，花园中间有供行人通行的道路，花园外侧是停车位。被告人应某抛掷物品时，其所抛掷物品掉落范围内有一居民正在喂养流浪猫。被告人应某于 2020 年 2 月 27 日经公安机关电话传唤到案，后如实供述了犯罪事实。

【案件焦点】

1. 高空抛物犯罪新规颁布前司法实践面临的定罪与量刑之难；2. 高空抛物犯罪新规的变化与价值功能的体现。

【裁判要旨】

北京市海淀区人民法院经审理认为，被告人应某以其他危险方法危害公共安全，尚未造成严重后果，其行为已构成以危险方法危害公共安全罪，应予惩处。检察院指控被告人应某犯以危险方法危害公共安全罪的事实清楚，证据确实、充分，指控罪名成立。对于本案被告人的量刑情节，法院认为，鉴于被告人应某主动投案，到案后如实供述犯罪事实，系自首；且已赔偿他人损失，可依法对其减轻处罚，并宣告缓刑。据此，本院依照《中华人民共和国刑法》第一百一十四条，第七十二条第一款，第七十三条第二款、第三款，第六十七条第一款之规定，判决如下：

被告人应某犯以危险方法危害公共安全罪，判处有期徒刑一年，缓刑二年。

【适用解析】

近年来，高空抛物案件频发，但对于高空抛物行为却缺乏有效的法律规制。如何维护人民群众“头顶上的安全”，成为一个亟须解决的问题。2019 年 10 月 21 日，最高人民法院颁布《关于依法妥善审理高空抛物、坠物案件的意见》（以下简称《意见》），其第五条第二款明确规定：“故意从高空抛弃物品，尚未造成严重后果，但足以危害公共安全的，依照刑法第一百一十四条规定的以危险方法危害公共安全罪定罪处罚；致人重伤、死亡或者使公私财产遭受重大损失的，依照刑法第一百一十五条第一款的规定处罚……”通过司法解释的方式明确将尚未造成严重后果，但“足以危害公共安全”的高空抛物行为纳入刑法规制的范围。《刑法修正案（十一）》则将高空抛物单独成罪，将其从以危险方法危害公共安全罪中独立出来，无论是在犯罪构成要件上还是在刑罚内容上，关于高空抛物犯罪的新规则都发生了很大的变化。本案审理时，正值《刑法修正案（十一）（草案）》征求意见。因此，在案件审理过程中，承办人在遵照现有规则的基础上，参照了《刑法修正案（十一）（草案）》新修订内容的基本法理、规则。而在《刑法修正案（十一）》正式颁布后，笔者尝试结合本案案情，对有关高空抛物新旧规则间的变化、新规则的价值功能、规则适用等问题进行分析。

一、新规实施前追究高空抛物行为刑责之难

长期以来，关于高空抛物的法律规制一直限定在民事范围，缺少相应的刑法规制，难以有效地震慑与遏制高空抛物行为。通过查找相关判例，发现大部分判例都是在高空抛物行为造成了人员伤亡或重大财产损失的情况下才进行刑事处罚，而认定的罪名往往是以危险方法危害公共安全罪。《意见》的颁布实施，明确宣告高空抛物行为即使没有造成严重后果，但“足以危害公共安全的”，也要以以危险方法危害公共安全罪追究行为人的刑事责任。《意见》颁布后，出现了一批适用该意见惩治高空抛物行为的案例，为维护人民群众“头顶上的安全”提供了刑法保障。本案在办理过程中，所依照的主要依据也是《意见》，但在办理过程中也遇到了一些难题，包括定罪与量刑两方面。

（一）定罪之难

在定罪方面，高空抛物的入罪标准是“足以危害公共安全”，那么对于“足以危害公共安全”应作何理解？《意见》第五条第一款规定：“……对于高空抛物行为，应当根据行为人的动机、抛物场所、抛掷物的情况以及造成的后果等因素，全面考量行为的社会危害程度，准确判断行为性质，正确适用罪名，准确裁量刑罚。”在本案中，被告人应某因发泄情绪，在其位于七楼的家中，将玻璃杯、不锈钢保温杯、玻璃瓶、瓷质佛像等多件物品扔出，抛掷物品掉到了小区公共道路和小区花园内，砸中了停放在小区公共道路内的一辆机动车。就行为动机而言，应某抛掷物品的动机是为了发泄情绪，其在扔东西的时候，内心知道楼下是小区公共道路和花园，可能会有人经过，但其因为被负面情绪困扰，没有顾忌自己的行为是否会对他人造成伤害，其主观上对可能造成的人身伤害和财产损失持有的是放任的态度；就抛物场所而言，应某抛掷物品掉落的地点是小区花园及公共道路停车场，虽然抛物时间是22时，但该道路上仍然有人活动，事发时抛掷物掉落范围内就有一名居民正在喂养流浪猫，同时这条道路也可能会有其他居民行走经过或是停放车辆的居民路过；就抛掷物的情况而言，应某抛掷的物品包括不锈钢水杯、玻璃杯、玻璃瓶、瓷质佛像等物品，这些物品都具备一定的重量和硬度，加之抛物的地点位于七楼，楼层位置较高，这些抛掷物品在掉落时具备相当大的杀伤力；就造成的后果而言，应某所抛掷的物品使停在公共道路上的一辆车被砸损，造成了实际的危害结果；此外，应某从家中抛掷出了多件物品，可见其实施的高空抛物行为并不是瞬间完成的单次行为，而是经过了一段时间的持续性行为，其行为造成危害的可能性也随着抛物时间、抛物次数的增加而增大。由此，经过综合考虑，被告人应某的高空抛物行为足以危害不特定多数人的人身安全及财产安全，且实际造成一辆车被砸损的危害结果，已经达到“足以危害公共安全”的标准。故依照《意见》的规定，其行为已构成以危险方法危害公共安全罪。

（二）量刑之难

在量刑方面，在追究高空抛物行为的刑事责任时，可能会对其科处偏重的刑罚，出现轻罪重判的情况。以危险方法危害公共安全罪是重罪，如果行为人的高空抛物行为被评价为“以其他方法危害公共安全”，其将面临最低三年以上有期徒刑的刑罚。在本案中，应某所实施的高空抛物行为虽然足以危害公共安全，但其犯罪情节较轻，如果直接判处三年以上有期徒刑，容易违背罪责刑相适应的刑法基本原则。但如果因为量刑区间过重而不对其加以刑事追究，则有纵容犯罪之虞。在本案的审理过程中，《刑法修正案（十一）（草案）》已经公布征求意见，在《刑法修正案（十一）（草案）》中，高空抛物犯罪被列为《刑法》第一百一十四条的第二款、第三款，其刑期也被设定为“处拘役或者管制，并处或者单处罚金”。从该草案关于高空抛物犯罪的规定，我们看到了刑法修正案有将高空抛物从“其他危险方法”中独立出来单列成罪的想法。同时修正案也考虑到了高空抛物相较于“放火”“决水”“爆炸”“投放危险物质”等危险行为，其危害性和扩张可能性更小，若对高空抛物犯罪科处与这些危险方法相当的刑罚，有可能会违反罪责刑相适应原则。故对高空抛物犯罪刑罚区间的设定采取了更加审慎的态度，将其调整为更轻的刑罚区间。因此在本案的办理过程中，在依据《意见》的基础上，参照了《刑法修正案（十一）（草案）》传递出的立法精神，结合本案犯罪情节，对本案被告人应某适用了更为轻缓的刑罚。最终，考虑到应某具有自首的情节，并已赔偿了他人损失，获得了谅解，法院对其减轻处罚，并宣告缓刑。

二、高空抛物犯罪新规的变化及价值功能

（一）新规相较于旧规的变化

最初的《刑法修正案（十一）（草案）》将高空抛物犯罪列为《刑法》第一百一十四条的第二款、第三款。有学者对此提出了反对意见，其认为虽然高空抛物有别于放火、决水、爆炸、投放危险物质等危险行为，但高空抛物属于“其他危险方法”，是包含在以危险方法危害公共安全罪的“危险方法”范围之内的。草案拟设第二款规定的“从高空抛掷物品”实际上是被包含在《刑法》第一百一十四条规

定的“其他危险方法”之中，不符合现行刑法的立法惯例。[①] 而在《刑法修正案（十一）（草案）（二次审议稿）》以及最终通过的《刑法修正案（十一）》中，有关高空抛物犯罪的条款则从“以危险方法危害公共安全罪”中剥离出来，被设定在了刑法分则第六章第一节“扰乱公共秩序罪”之中。具体为在《刑法》第二百九十一条之一后增加一条，作为第二百九十一条之二，并将相关内容变更为：“从建筑物或者其他高空抛掷物品，情节严重的，处一年以下有期徒刑、拘役或者管制，并处或者单处罚金。有前款行为，同时构成其他犯罪的，依照处罚较重的规定定罪处罚。”相较于《意见》，《刑法修正案（十一）》将高空抛物单独成罪，且将入罪条件由“足以危害公共安全”变更为“情节严重的”，条款所在刑法分则章节位置的变化也代表其所保护的法益有所变化。

（二）新规的价值功能

1. 更契合刑法基本原则的要求

《刑法修正案（十一）》关于高空抛物的新规更加契合刑法基本原则的要求，包括罪刑法定原则与罪责刑相适应原则。

其一，新规有助于维护罪刑法定原则。先前，针对高空抛物行为，刑法并没有专门条款对其进行规制。在高空抛物事件频发却缺乏有效法律规制的背景下，面对广大群众的强烈呼吁以及高空抛物行为屡禁不止的现实危害，司法实践只能通过司法解释或个案处理将高空抛物行为纳入现有刑法的规制范围，适用以危险方法危害公共安全罪对其定罪处罚。但在这一过程中的司法实践，却加剧了以危险方法危害公共安全罪的“口袋化”特征。[②] 在司法实践中，出现了部分案例中被告人实施的高空抛物行为虽具有一定的危害性，但尚未达到“危害公共安全”，最终却也被认定为“以其他危险方法危害公共安全”，判定其构成以危险方法危害公共安全罪，这显然违背了罪刑法定原则。《刑法修正案（十一）》的新规则将高空抛物单列成罪，并将其编列到刑法分则第六章第一节中，使之与以危险方法危害公共安全罪区分开，避免以危险方法危害公共安全罪成为“口袋罪名”。同时也给司法实践提供

---

① 夏勇：《高空抛物的刑法定位——关于〈刑法修正案（十一）（草案）〉第一条的理解和改进》，载《法治研究》2020 年第 5 期。

② 曹波：《高空抛物“入刑”的正当根据及其体系性诠释》，载《河北法学》第 39 卷第 2 期。

了更为明确的法律规范，契合罪刑法定的刑法基本原则。

其二，新规有助于贯彻罪责刑相适应原则。在先前的司法实践中，时常会出现此类情况，司法机关在处理高空抛物案件时，虽然认定被告人的高空抛物行为构成了以危险方法危害公共安全罪，但会“想方设法”地给被告人做一定的减轻处理。原因在于以危险方法危害公共安全罪是重罪，一旦构罪，被告人将面临三年以上有期徒刑的刑罚。而在司法实践中，不少高空抛物行为虽然在根据行为人的动机、抛物场所、抛掷物的情况以及造成的后果等因素综合评价后被认定为“足以危害公共安全”，但其整体危害性并没有特别大，在被评价为“以其他危险方法危害公共安全”后，对其只能在较高的刑罚区间内量刑，很容易导致罪责刑不相适应。[①]《刑法修正案（十一）》将高空抛物单列成罪，并为其设定更轻的刑罚区间，充分考虑到了高空抛物行为危害性大小、情节轻重的差异，重罪重罚、轻罪轻罚，契合罪责刑相适应原则。

2. 更利于发挥刑法的预防功能

《意见》虽然将“足以危害公共安全”的高空抛物行为纳入了刑法的规制范围，但其适用的罪名是以危险方法危害公共安全罪。对社会大众而言，其对以危险方法危害公共安全罪的敏感性不高，很难准确地在高空抛物行为与以危险方法危害公共安全罪之间建立联系。由此，《意见》虽将高空抛物行为入刑，但在刑法预防功能的发挥上存在不足。而《刑法修正案（十一）》将高空抛物单列成罪，相较于以危险方法危害公共安全罪，将高空抛物犯罪列为单独的罪名更为通俗、直接、易懂。《刑法修正案（十一）》一经颁布，有关“高空抛物入刑”的宣传报道便层出不穷，引发了社会普遍关注，在社会上产生了极大的影响。“高空抛物正式入刑”向社会广泛传达了“高空抛物可能会面临刑事处罚”的信息，对高空抛物行为产生了极大的震慑，充分发挥了刑法的预防功能。

3. 更能够保证刑法条文体系的协调性

最初的《刑法修正案（十一）（草案）》将高空抛物犯罪列为《刑法》第一百一十四条的第二款、第三款，规定：“从高空抛掷物品，危及公共安全的，处拘役

---

① 赵香如：《论高空抛物犯罪的罪刑规范构造——以〈刑法修正案（十一）（草案）〉为背景》，载《法治研究》2020 年第 6 期。

或者管制，并处或者单处罚金。有前款行为，致人伤亡或者造成其他严重后果，同时构成其他犯罪的，依照处罚较重的规定定罪处罚。”可见，最初的草案是将高空抛物犯罪归纳在危害公共安全犯罪之中的，认为其所侵犯的法益是公共安全，并在入罪条件上加以限定，必须要“危及公共安全”才能构成此罪。然而，在实践中存在大量的高空抛物行为虽然达不到“危及公共安全”的程度，但仍然具有相当的危害性，需要通过刑法对其进行规制。如果将高空抛物犯罪加上“危及公共安全”的限定条件，那么这部分高空抛物行为将无法进入刑法的规制范围内。同时在司法实践中，则可能出现另一种情况，即司法机关在办理案件时屡屡将没有危及公共安全的高空抛物行为认定为高空抛物犯罪，违背罪刑法定原则。[①] 同时，如果将高空抛物犯罪列为《刑法》第一百一十四条的第二款、第三款，还会出现一个问题，由于高空抛物是“其他危险方法”的一种类型，若将其单独成罪，则必然导致条款内容及罪名之间的冲突，不符合我国刑法分则的立法逻辑。[②]《刑法修正案（十一）》的新规最终将高空抛物犯罪规定在刑法分则第六章第一节，与以危险方法危害公共安全罪加以区分，避免了法条内容及罪名之间的冲突，保证了刑法条文体系的协调性。

三、高空抛物犯罪新规的适用

《刑法修正案（十一）》关于高空抛物犯罪的新规颁布实施后，形成了《刑法》与《意见》共同规制高空抛物犯罪的格局，那么《刑法》的新规定与《意见》的旧规定之间如何衔接？同时，有关高空抛物犯罪新规的适用规则是什么？这些问题成为新规颁布后面临的新问题。

（一）新规与旧规之间的衔接

经过分析，有关高空抛物犯罪的新规与旧规之间的衔接问题，实际上也是新规则适用的焦点与难点问题，即高空抛物单独成罪后，是否还能认定高空抛物行为构成以危险方法危害公共安全罪？笔者认为，答案是否定的。原因在于，《意见》关于“高空抛物入刑”的规定是在特定背景下制定的“应急之策”，是在高空抛物现

---

① 张明楷：《增设新罪的原则——对〈刑法修正案十一（草案）〉的修改意见》，载《政法论坛》2020 年第 6 期。

② 夏勇：《高空抛物的刑法定位——关于〈刑法修正案（十一）（草案）〉第一条的理解和改进》，载《法治研究》2020 年第 5 期。

实危害性日益突出时对社会大众要求严惩高空抛物行为的“及时回应”。最初的《刑法修正案（十一）（草案）》将高空抛物犯罪列在刑法分则的第二章“危害公共安全罪”中，而最终通过的《刑法修正案（十一）》则将高空抛物犯罪调整到了刑法分则第六章第一节。这一变化显示出立法者有意将高空抛物犯罪与以危险方法危害公共安全罪加以区分，因此不可再将二者混为一谈。此外，如果继续将高空抛物行为作为以危险方法危害公共安全罪中的“其他危险方法”加以评价，则可能造成司法机关在选择适用罪名时进行不当扩张，进而出现同案不同判、类案量刑差异过大的情况。同时，《刑法修正案（十一）》颁布实施后，现行刑法分则体系也具备足够的能力保证对高空抛物的各类情形进行合理评价。

（二）新规适用的规则

在适用有关高空抛物犯罪的新规时，需要在坚持罪刑法定原则和罪责刑相适应原则的基础上建立体系性适用规则，即根据侵害法益种类及程度的差异，在刑法分则体系中选取不同的罪名对其行为进行评价。① 具体而言，若行为人实施了高空抛物行为，达到了“情节严重”的标准，但未造成人员伤亡或财产损失，则依照《刑法》第二百九十一条之二对其定罪处罚；若行为人故意高空抛物，且高空抛物行为致人死亡或有致人死亡的具体危险的，应当以故意杀人罪对其定罪量刑。是否具有致人死亡的具体危险需要从两个方面进行分析，一是行为人在实施高空抛物行为时在高空下具有具体的人；二是其所抛掷的物品能够产生致人死亡的危险，如重物、尖锐物等。若行为人过失高空抛物，致人死亡或重伤的，则构成过失致人死亡罪或过失致人重伤罪；若行为人过失高空抛物，未致人死亡或重伤，则不能以犯罪论处；若行为人故意高空抛物致人受伤，伤情达到轻伤或以上的，则构成故意伤害罪；若行为人故意高空抛物，其行为没有致人死亡或受伤的危险，但造成了财物的损毁，达到入罪标准后，其行为构成故意毁坏财物罪；若行为人在生产、作业中违反有关安全管理规定，高空坠物，发生重大伤亡事故或者造成其他严重后果的，则构成重大责任事故罪；若行为人强令工人违章高空抛物因而发生重大伤亡事故或者造成其他严重后果的，则构成强令违章冒险作业罪。② 总之，新规则的适用必须恪

---

① 曹波：《高空抛物“入刑”的正当根据及其体系性诠释》，载《河北法学》第 39 卷第 2 期。

② 张明楷：《高空抛物案的刑法学分析》，载《法学评论》2020 年第 3 期。

守罪刑法定原则与罪责刑相适应原则，将整个刑法分则条文构成一个完整的体系，在整个刑法分则体系中对有关高空抛物的犯罪进行定罪量刑，使其罚当其罪。

《刑法修正案（十一）》在刑法条文中对高空抛物犯罪进行了明确规定，通过刑法规制的方式对社会大众要求严惩高空抛物恶行的呼吁进行了郑重回应，为维护人民群众“头顶上的安全”提供了强有力的刑法保障。《刑法修正案（十一）》将高空抛物单列成罪，同时相较于以危险方法危害公共安全罪，刑法为高空抛物犯罪设定了更为轻缓的量刑区间，有助于司法机关在办理高空抛物案件时能更好地恪守罪刑法定和罪责刑相适应的刑法基本原则。

编写人：北京市海淀区人民法院　刘浪

39

从高空向公共道路抛物致人死亡的司法认定

——丁某某以危险方法危害公共安全案

【基本信息】

1. 裁判书字号

江苏省连云港市中级人民法院（2014）连刑初字第00017号刑事附带民事判决书

2. 罪名：以危险方法危害公共安全罪

【基本案情】

自2013年9月20日起，被告人丁某某即在江苏省连云港市连云区某小区从事室内涂料施工工作，案发前其在该小区3号楼701室内暂住。该3号楼位于小区东南角，地上一层为临街门面房，东侧门面房前是长宁路，南侧门面房前是中山西路，均为市区公共道路，周边居民区密集，来往行人及车辆较多。

2013年11月1日16时许，被告人丁某某乘坐电梯到江苏省连云港市连云区某小区3号楼（共16层）楼顶平台收取自己晾晒的衣服，因感到平时生活压力大而产生不良情绪，见楼顶有一摞建筑用红砖，遂用右手拿起两块红砖朝东侧方向扔下，随即从安全楼梯逃离现场并返回暂住处。丁某某扔下的红砖击中正在长宁路行走的被害人范某某（男，殁年52岁）头部，致其重伤倒地，后经抢救无效死亡。经法医鉴定，被害人系被钝性物体作用头部致开放性颅脑损伤死亡。丁某某在公安机关对其进行询问时，主动交代了上述犯罪事实。

在审理期间，被告人委托其亲属与被害人的近亲属就民事赔偿达成调解协议，并已按协议履行完毕。

连云港市人民检察院指控被告人故意伤害他人身体，致一人死亡，其行为触犯了《中华人民共和国刑法》第二百三十四条的规定，应当以故意伤害罪追究其刑事责任。

辩护人提出被告人构成过失致人死亡罪，且有自首情节的辩护意见。

【案件焦点】

1. 被告人行为主观上是故意还是过失；2. 对被告人的行为如何定性并追究刑事责任。

【裁判要旨】

江苏省连云港市中级人民法院认为，被告人故意实施具有高度危险性的危害公共安全的行为，并致一人死亡，其行为已构成以危险方法危害公共安全罪。主要理由在于：

第一，从犯罪所侵犯的客体分析，被告人将砖头从高楼楼顶掷向城市交通要道及公共场所，就其犯罪现场的特定性和犯罪行为的危险性而言，具有与放火、决水、爆炸、投放危险物质等犯罪行为相当的高度危险性，足以认定丁某某的行为危害了不特定多数人的生命、健康以及公私财产的安全，侵害了刑法所保护的社会公共安全法益。

第二，从被告人的主观方面分析，被告人明知现场楼下为公共场所和交通要道，为发泄情绪，不计后果地将砖头从16层高楼楼顶扔下，造成被害人死亡的严重危害后果。在这一过程中，被告人明知其实施的危险方法会危害公共安全，即危害不特定的多数人的生命、健康或者公私财产安全，虽无证据证明其积极追求或希望该危害结果的发生，但其并未采取任何的补救措施，反而放任危害后果的发生，主观方面应认定为故意，并非疏忽大意或者过于自信的过失犯罪。因此被告人提出其并非故意扔砖头的辩解及辩护人关于丁某某的行为构成过失致人死亡罪的辩护意见不能成立，不予采纳。

第三，从犯罪行为的客观方面分析，被告人的行为并非针对特定的人或财物所实施的侵害行为，其行为虽造成了本案被害人的伤亡结果，但其行为的危险性后果既包括但不限于此结果，客观上存在造成更加严重损害后果的可能性。因此，其行为并不符合故意伤害罪的犯罪构成要件。

综上，被告人的行为构成以危险方法危害公共安全罪，江苏省连云港市人民检察院关于被告人故意犯罪的指控，事实清楚，证据确实、充分，但指控的罪名不当，依法应予纠正。

另查明，公安机关尚未确定本案犯罪嫌疑人，在排查走访期间，被告人经公安机关民警询问，主动交代犯罪事实，应视为自动投案，且其如实供述了全部犯罪事实，是自首，可依法从轻处罚。被告人积极赔偿被害人家属经济损失，且有悔罪表现，酌情对其从轻处罚。

据此，江苏省连云港市中级人民法院判决：被告人丁某某犯以危险方法危害公共安全罪，判处有期徒刑十二年。

判决后，被告人未上诉，检察机关未抗诉，判决已经发生法律效力。

【适用解析】

针对高空抛物行为，《刑法修正案（十一）》在《刑法》第二百九十一条之一后增加一条，作为第二百九十一条之二："从建筑物或者其他高空抛掷物品，情节严重的，处一年以下有期徒刑、拘役或者管制，并处或者单处罚金。有前款行为，同时构成其他犯罪的，依照处罚较重的规定定罪处罚。"该条款设立了一个全新的罪名，将城市化进程中屡屡出现的高空抛物这一城市治理的顽疾纳入刑法进行管理，对维护城市正常生活秩序，保护人民生命财产安全具有重要意义。从该条文的文义来理解，该新罪名应属于故意犯罪，过失应不构成本罪，但在实践中如何区分是故意还是过失，如何把握入罪所需的"情节严重"，以及在产生法条竞合时，如何定罪处罚，在实践中还存在一些难点。

1. 如何认定高空抛物的主观上是故意还是过失。如何判断行为的主观动机是此类案件审理的难点，本案中，辩护人提出了被告人是过失犯罪的辩护意见。合议庭针对查明的案件事实，结合被告人的供述认定了其系故意犯罪，主要是从以下几个方面考虑：一是审查抛下的物品是什么，是否属于建筑物的一部分。本案中被抛下的是未使用的建筑用红砖，不属于此建筑物的一部分。二是审查抛落物搁置的位置，是否属于易掉落的情形。经审查，该红砖的所有人证实该批红砖是堆放在楼顶的角落里，且周围有约 1 米高的围墙，非人为原因不可能掉落。三是审查掉落地点距离的远近。本案中红砖掉落的地点与该楼地基具有一定的距离，其在掉落时必然有一定的水平初速度，否则红砖应垂直下落，不应该掉落在现在的位置。楼顶没有任何机械装置，故其应是被人为抛下。结合被告人归案后供述：其系发泄心中郁闷，向楼外扔砖头，可以确认该红砖系被告人故意抛下，不存在过失的可能。同时还查明被告人长期在该小区务工，对周围环境较为熟悉，其对楼下属于城市交通要道系明知，没有认识错误的可能。综合以上查明的事实，可以认定：

首先，被告人扔砖头是为了发泄内心的负面情绪，针对扔砖头这一行为，丁某某是故意的，其主观上根本没有考虑是否可以避免本案伤亡结果的发生。

其次，被告人对案发地点环境熟悉，作为成年人其有能力判断其行为可能造成的危害后果。案发时间是 16 时左右，正是人流较多的时间。案发地虽非主要交通要道，但属于居民的正常出入道路，楼下有门面房、幼儿园等人员较为密集的场所。作为一名正常的成年人，被告人应清楚地知道从 16 楼楼顶向一个公共交通道路扔砖头可能造成的危害后果。

最后，被告人不具有避免危害结果的客观根据，也没有为避免危害结果的发生采取一定的措施。虽然其辩解不希望发生致人死亡的危害后果，但其在事前没有查看公共交通道路的情况，没有采取任何可以阻止危害后果发生的措施，而是听之任之。正如陈兴良教授指出的过于自信的行为人“往往对避免危害结果采取积极的态度，其或者具有避免危害结果的客观根据，或者直接为避免危害结果的发生采取一定的措施（所采取措施未能奏效）。而间接故意的行为人由于对于结果的发生采取听之任之的放任心态，所以不会采取避免危害结果的措施”。①

综上，被告人为了发泄心中的负面情绪，实施了从 16 楼楼顶扔砖头的行为，

① 陈兴良主编：《刑法总论精释》，人民法院出版社 2010 年版，第 355 页。

其不具有避免危害结果的客观根据，也没有为避免危害结果的发生采取一定的措施，主观上没有考虑是否可以避免危害结果的发生，而是放任这种情况的发生，因此，其主观应是间接故意，而非过失。

2. 如何认定情节严重。《刑法修正案（十一）》并未对高空抛物这一行为的情节严重有明确的规定，实践中应结合高空抛物的时间、地点、被告人的动机、目的，抛下物品的属性，高空抛物的次数，是否造成人员的伤害或财产损失等情形综合予以认定。比如，明知楼下是闹市或人员聚集地，仍然从楼上扔下足以致人伤亡的物品，造成人员伤害或财产损失等后果，尚不能构成其他犯罪的，应认定属于高空抛物情节严重，应追究刑事责任。

3. 高空抛物行为的法条竞合问题。实践中，高空抛物行为因为其隐蔽性，很难被发现并追究责任，往往是造成了严重的危害后果才启动追责程序，但因为可能发生的危害后果的多样性，使得高空抛物这一犯罪行为触犯了多个罪名，依照《刑法修正案（十一）》的规定，应适用《刑法》第二百九十一条之二"有前款行为，同时构成其他犯罪的，依照处罚较重的规定定罪处罚"的规定，择一重罪处罚。具体到本案中，因行为的发生和审理均发生在《刑法修正案（十一）》施行之前，故当时存在两种主要观点的争论：

第一种观点认为被告人构成故意杀人罪。主张认定故意杀人罪的理由是：被告人属于间接故意犯罪，其扔砖头的行为可能造成的后果包括致人死亡、伤残或财产损失，这些都应属于其放任发生的范围，因此，在这种情况下，应以造成的危害结果来对其行为定罪，本案中被害人当晚不治身亡，因此应认定被告人构成故意杀人罪。

第二种观点认为被告人构成以危险方法危害公共安全罪。关于以危险方法危害公共安全罪的犯罪构成的具体含义，在学理上存在一定争论。一是如何理解行为人采取的"危险方法"应和"放火、爆炸、决水、投放危险物质"相当？二是如何理解公共安全的含义以及"不特定多数人"的含义？我国刑法理论通说认为以危险方法危害公共安全罪是指使用放火、决水、爆炸、投放危险物质以外的其他方法，造成不特定多数人的伤亡或者公私财产重大损失，危害公共安全的行为。

（1）如何理解行为人采取的"危险方法"应和"放火、爆炸、决水、投放危险物质"相当。通说认为，其他危险方法首先是放火、决水、爆炸、投放危险物质以外的其他方法，其次是与“放火、决水、爆炸、投放危险物质”的危险性相当的、足以危害公共安全的方法。[①] 笔者认为，通说的观点突出了对该种行为危险性的认识，即其一经实施就可能造成与放火、决水、爆炸、投放危险物质的危险性相当的行为，所谓危险性，即这种行为可能造成人身伤亡、重大财产损失等后果。“危险性”一词准确界定了其他危险方法与放火、决水、爆炸、投放危险物质等行为的关系。

（2）如何理解公共安全的含义？不同的观点集中反映于对“不特定”一词的理解上。我国刑法理论的通说观点认为“使用这些危险方法，同放火、决水、爆炸、投放危险物质一样，一经实施就可能危及不特定多数人的生命、健康或重大公私财产安全”。[②] 在危害公共安全犯罪中，首先，应强调的是该罪名侵犯的客体是公共安全。公共安全首先是普通人民群众的人身和财产的安全，不能仅局限于该行为侵害的人数的多寡上，关键看这种行为是否给普通人民群众的心理造成了公共场所的不安全感？如果是，则认定侵害了公共安全；反之，则不能认定侵害了公共安全。其次，所谓的“不特定”，应指在公共场所可能被侵害的人的不确定性，而不应该局限于该不特定的人是多数人，或者可能向多数发展的可能性这一范围，否则，将陷入教条主义中，造成罪责刑的不相适应。最后，危害公共安全的犯罪应是一种危险犯，只要其实施了危害公共安全的行为，就可能构成该种犯罪，是否发生危害结果，危害了几个人，则是量刑时需要考量的情节，而不是罪名是否成立的关键。

综上，第一种观点不妥之处在于，本案中，被告人显然是没有杀人动机的，另外，如果认定被告人构成故意杀人罪，其量刑较重，与其主观恶性、行为的社会危害性不相适应，无法做到罪责刑相统一。故本案采纳了第二种观点，认为被告人实施了足以危害公共安全的行为，侵害了普通人民群众对公共场所的安全感，造成了一人死亡的严重后果，应以以危险方法危害公共安全罪对其定罪处罚。

《刑法修正案（十一）》施行之后的司法实践中，对于高空抛物行为，需要厘清其在民事上和刑事上的内在联系，从而区分此类行为属于民事侵权还是刑事犯罪，这也是认定行为人所应承担的法律责任的前提所在。对于高空抛物行为如何定

---

① 周道鸾、张军主编：《刑法罪名精释（上）》，人民法院出版社2013年版，第82页。

② 周道鸾、张军主编：《刑法罪名精释（上）》，人民法院出版社2013年版，第82页。

性的问题，不仅有民刑责任之分，还有罪名之分。高空抛物是指故意从高空抛掷物品的行为，主观恶性较大，所涉罪名包括以危险方法危害公共安全罪、故意伤害罪、故意杀人罪等。高空坠物是指过失导致物品从高空坠落的行为，主观心态为过失，所涉罪名包括过失致人死亡罪、过失致人重伤罪、重大责任事故罪。虽然《刑法修正案（十一）》对高空抛物行为性质予以了回应，但为防止高空抛物罪的泛化，我们需要对高空抛物行为综合判断。应当综合考量行为人的行为动机、抛掷物性质、抛物场所的现实情况以及行为造成的后果，结合社会危害程度，精确判断行为性质，从而正确适用罪名，裁量刑罚。具体来讲，行为人主观上认识到道路上会有人员流动，仍将物品抛下，彼时，行为人对于行为可能砸伤行人（或车辆等物品）的危害后果是能预见到的，只是对于具体的危害结果不确定，当然如果什么都没有砸到那是最好的。这就是一种典型的放任心理，对此行为进行评价时，我们可以从行为后果入手，然后根据主客观相统一的原则判断行为人应该承担故意杀人罪、故意伤害罪还是故意毁坏财物罪等，而且如果存在多种危险结果，则又可能构成想象竞合犯。当然，如果抛物行为发生在施工场所，由此产生的重大伤亡后果，很有可能会被评价为重大责任事故罪。虽然高空抛物入刑的确回应了社会的关切，在维护公共秩序上起到了一定的作用，但是在具体到个案之中，还是得根据具体情形区分危险程度，选择合适的罪责予以适用。

编写人：江苏省连云港市中级人民法院　马卫东

40

高空抛物罪与以危险方法危害公共安全罪的界限

——杨某以危险方法危害公共安全罪

【基本信息】

1. 裁判书字号

广西壮族自治区柳州市柳南区人民法院（2020）桂 0204 刑初 79 号刑事判决书

2. 罪名：以危险方法危害公共安全罪

【基本案情】

2019年11月17日8时许，被告人杨某为发泄情绪，在其居住的柳州市柳南区航北路某市场7栋7楼天台上，多次朝各方向向楼外扔玻璃酒瓶、瓷花盆、砖头、金属锁等物品，砸坏被害人孟某秀停放在楼下通道的车牌号为桂BA××××汽车和被害人韦某平停放在航北路马路边的车牌号为桂B7××××汽车。

2019年11月17日8时12分、8时13分、8时13分、8时23分分别有四人拨打110报警，声称航北路民鑫小区，有人从楼上丢啤酒瓶下来，后五里卡派出所出警，民警在柳州市柳南区航北路某市场7栋7楼将被告人杨某抓获归案，被告人杨某归案后如实供述了自己的犯罪事实。案件审理过程中，被告人杨某的家属已代为赔偿被害人孟某秀、韦某平全部损失，并取得谅解。

【案件焦点】

1. 被告人高空抛物是否与放火、决水、爆炸、投放危险物质等危险方法具有相当性；2. 判定相当性的具体标准为何。

【裁判要旨】

广西壮族自治区柳州市柳南区人民法院认为，被告人杨某以高空抛物的危险方法危害公共安全，尚未造成严重后果，其行为触犯《中华人民共和国刑法》第一百一十四条的规定，构成以危险方法危害公共安全罪。

从具体案情来看，被告人杨某高空抛物的行为严重威胁不特定多数人的生命财产安全，属于以危险方法危害公共安全罪中的“其他方法”。关于辩护人提出，杨某精神状况存在异常的辩护意见，经查，未有相关的医学鉴定证实其患有精神病，仅有侦查卷中杨某母亲对其评价为“脾气比较暴躁，想法比较偏激”，脾气暴躁和想法偏激，不影响其辨认控制能力，不能成为责任阻却事由，故辩护人该辩护意见本院不予采纳。被告人杨某具有危害公共安全的间接故意，其较长时间居住在民鑫小区，清楚早上小区人流量巨大，虽然其不是直接扔硬物砸向楼下的人群或财物，但不加规避随意高空抛物，放纵危险，属于间接故意，主观恶性较大。杨某归案后如实供述自己的罪行，自愿认罪认罚，依法可以从轻处罚，杨某的家属已代为赔偿被害人的全部经济损失并取得谅解，可以对其酌情从轻处罚，辩护人要求对被告人从轻处罚的辩护意见予以采纳。综上，决定对被告人杨某从轻处罚。依照《中华人民共和国刑法》第一百一十四条、第六十一条、第六十二条、第六十七条第三款之规定，判决如下：

被告人杨某犯以危险方法危害公共安全罪，判处有期徒刑三年。

【适用解析】

《刑法修正案（十一）》在《刑法》第二百九十一条之一后增设了“高空抛物罪”，其第一款规定：“从建筑物或者其他高空抛掷物品，情节严重的，处一年以下有期徒刑、拘役或者管制，并处或者单处罚金。”本案中被告人杨某的行为，与高空抛物罪的构成要件高度契合，构成该罪。危害公共安全类的高空抛物行为，是高空抛物通常行为[①]的升级，安全是社会稳定的前提，是生产生活有序的基础，严重危害公共安全意味着对社会秩序的严重侵犯，高空抛物类的以危险方法危害公共安全罪与高空抛物罪是竞合关系。其第二款规定：“有前款行为，同时构成其他犯罪的，依照处罚较重的规定定罪处罚。”本案即使发生在《刑法修正案（十一）》生效后，也应定以危险方法危害公共安全罪，具体论述见下文。然而，在什么情形下定高空抛物罪呢？以危险方法危害公共安全罪与高空抛物罪如何界定呢？

一、对高空抛物罪中“情节严重”的理解

对高空抛物的通常行为最终定高空抛物罪是无疑问的，换言之，刚好满足《刑法》第二百九十一条之二中“情节严重”的最低要求时可定此罪。被告人杨某的行为是否刚好满足“情节严重”的最低要求是其最终定高空抛物罪还是其他罪名首先要考虑的问题。

法益是刑法的存在根本，[②] 法益是构成要件解释的指引，对“情节严重”的认定具有指导和制约作用。[③] 高空抛物罪增设在“妨害社会管理秩序罪”一章，法益

---

① 通常行为，是指具体罪名之下最普遍、最常见的违法行为。立法时，具体罪名的构成要件从通常行为中概括而来，每个犯罪都有自己的通常行为。

② 付凡胜：《客观法益衡量作为违法阻却一般根据之否定》，载《广西政法管理干部学院学报》2018 年第 2 期，第 45 页。

③ 陈洪兵：《“情节严重”司法解释的纰缪及规范性重构》，载《东方法学》2020 年第 4 期，第 100 页。

为社会秩序，因此情节严重的表象应当为对社会秩序的破坏；其法定刑为“一年以下有期徒刑、拘役或者管制，并处或者单处罚金”，刑罚较轻，该罪的通常行为对社会秩序的侵害自然也不会很大。《刑法》第二百九十一条之一用“严重扰乱社会秩序”来表明法益侵害的程度，从而限定处罚的范围，针对编造、故意传播虚假信息罪的司法解释①用非封闭式列举法列举了六种严重扰乱社会秩序的情形。六种情形大致可以分为两大类：一是致使人口密集场所的生产生活中断、中止，或被迫采取紧急措施；二是致使人员特别密集场所秩序严重混乱。编造、故意传播虚假信息罪的基础法定刑为“三年以下有期徒刑、拘役或者管制”，比高空抛物罪的刑罚重，而二罪隶属同一法条之下，通常行为模式、性质应然具有相似性，举重以明轻，高空抛物罪的通常行为应当比编造、故意传播虚假信息罪的社会危害性小。因此，高空抛物罪的通常行为既不会导致人口密集场所的生产生活中断、中止，或被迫采取紧急措施，也不会使人员特别密集场所秩序严重混乱。

情节严重对应客观不法，与行为人主观无关，对其理解应立足于不法行为与不法结果。归纳社会表象，结合罪状表述，考量临近罪名的通常行为和刑罚设置，保持行为和后果公平对应，可以认为符合下列情形之一的，属于高空抛物罪中的“情节严重”：（一）在人流量较大的地方高空抛掷性质稳定的物品的，如金属、塑料、水泥块、砖块等；（二）在人流量较小的地方高空抛掷性质不稳定的物品的，如玻璃制品、陶瓷等；（三）多次高空抛物的；（四）高空抛物致他人轻微伤或者财物遭受损失的；（五）高空抛物致使他人或少数人生产生活受较大影响的；（六）具有其他较严重扰乱社会秩序的情节的。参考 2019 年《最高人民法院关于依法妥善审理高空抛物、坠物案件的意见》② 的规定，可以认为有以下情形之一的应当从重处罚，且一般不适用缓刑：1. 同时具备以上第（一）种、第（二）种之外两种情形及以上的；2. 经劝阻仍继续高空抛物的；3. 曾因高空抛物受过刑事处罚或者行政处罚后又实施该行为的。

---

① 2013 年 9 月 18 日《最高人民法院关于审理编造、故意传播虚假恐怖信息刑事案件适用法律若干问题的解释》第二条。

② 该意见第六条规定，依法从重惩治高空抛物犯罪。具有下列情形之一的，应当从重处罚，一般不得适用缓刑：(1) 多次实施的；(2) 经劝阻仍继续实施的；(3) 受过刑事处罚或者行政处罚后又实施的；(4) 在人员密集场所实施的；(5) 其他情节严重的情形。

高空抛物行为的社会危害性一旦升级，偏离通常性，比上述列举的六种情形更加严重，也构成此罪，但同时构成其他犯罪的，按重罪定罪处罚。本案中，被告人杨某的行为满足并明显超过了“情节严重”的最低要求，比上述列举的六种情形更加严重，因此要进一步考虑其是否构成其他重罪，不能直接定高空抛物罪。

二、高空抛物罪与高空抛物类以危险方法危害公共安全罪的界限

如被告人杨某这样高空抛物行为升级时，该如何判定其是否构成以危险方法危害公共安全罪？笔者认为，认定的核心标准为高空抛物是否具有与放火、决水、爆炸、投放危险物质等危险方法相当的危险（以下简称相当的危险）。

首先，相当的危险是指对在同一时间或较短时间段内对不特定多数人的人身、财产安全的严重威胁。如果行为人每隔1个小时从高楼上扔下一块砖头，连续扔了20多次，每一次都威胁一个和几个行人的人身安全、财产安全，显然也严重威胁了不特定多数人的人身安全、财产安全，但是否具备相当的危险？显然不具备。因为行为人的行为不具备如放火、决水那样瞬间使他人人身财产遭受重大损失的可能性，不会导致人群紧张无序，不能说会造成社会秩序的严重混乱，更不能说公共安全遭受严重威胁。在没有实害结果时，该行为最终只能定高空抛物罪或故意伤害罪（未遂）等罪名。司法实践中，相当的危险的判断资料只能是事后查明的事实，具体有时间、场合、抛物高度、抛掷物品的性质等具体要素。时间与场合决定不特定多数人和财物是否存在，抛物高度和抛掷物品的性质决定侵害的潜在空间范围大小。本案中，时间、场合、抛物高度、抛掷物品的性质一起作用，使其行为在较短时间内严重威胁不特定多数人的人身安全、财产安全，具备相当的危险。被告人杨某的高空抛物行为发生在早上8时，正是普通民众出门上班的高峰期，小区内行人和车辆较多；民鑫小区为柳州市柳南区一所开放式的小区，毗邻万达广场，与繁荣的某市场一体化，小区内早上买菜和吃早饭的路人较多；瞬间高空抛下的物品多为玻璃酒瓶、瓷花盆，这些物品在落地时，会使大量锐利的碎片四处飞散，杀伤面比较广。潜在受侵害的人多、危害行为攻击面广，大范围的不特定公民的人身、财产遭受安全威胁。

其次，相当的危险是具体的危险。危险必须已经有实际发生的趋向，如果任由其发展将会损害法益，[1] 易言之，行为导致不特定多数人人身、财产遭受现实损害的概率非常高。概率高低的判断既是一种事实判断，也是一种价值判断。通常情况下，行为会导致结果发生，则表明事实上该危险现实化的概率特别高；如梅茨格尔所言，当行为人的行为给外部以开始可罚的行为印象时，即给予侵害法秩序的印象时，就存在危险[2]，如果一般人对行为导致的危险特别恐惧不安，则表明价值上该危险现实化的概率也特别高。高空抛物是否符合相当的危险，既要重新推演案件计算概率，也要考虑一般人尤其是潜在受害人的感受。本案中，被告人杨某抛掷的物品皆是密度较高的易碎物品，且楼层高，无论是直接砸中他人头部，还是落地化作锐利的碎片四处飞散，划到、插入他人身体，很大概率会产生致死、致重伤的结果；砸到、划到通行的车辆，也会造成很大的财产损失。早上匆匆出行上班、赶集的行人焦躁、警惕性差，大大增加了实害结果发生的概率。此外，被告人的高空抛物行为给大量人群带来强烈的不安感。短短的十分钟左右，就有多人报案，大量人群感觉自己的法益正遭受严重侵害的威胁，不安感强烈，这种不安感与放火不安感差别不大，都是多数人、易扩散的不安感，一般人认为这种行为值得被刑法谴责。

最后，相当的危险，危险和结果都难以控制，结果不特定。行为一旦危害公共安全，就会瞬间扩大危险或实现危害结果，短时间内难以控制。高空抛物的通常行为，例如往高楼下扔砖头，往往只会有个别人或个别财物遭受损失，不会瞬间扩大危险或结果。本案中，高空抛掷的物品为璃酒瓶、瓷花盆等易碎、易产生大量锋利碎片的物品，且楼层高，地面为水泥地，人流多，当物品抛出窗外时，危险和结果都难以控制和确定。

综上，被告人杨某的高空抛物行为明显超过了高空抛物罪中“情节严重”的最低要求，且其与放火、决水等危险方法相当，足以危害公共安全，被告人有危害公共安全的间接故意，最终应定以危险方法危害公共安全罪重罪。

三、增设高空抛物罪的意义

刑法具有保障社会安全的功能，这是个人自由得到更好实现和保障的必要条

---

① 高艳东：《谨慎判定“以危险方法危害公共安全罪”的危险相当性——兼析具体危险犯的可罚标准》，载《中国刑事法杂志》2006 年第 5 期。

② 陈晨：《以危险方法危害公共安全罪中危险方法的“二元制”判断》，载《国家检察官学院学报》2014 年第 4 期。

件。《刑法修正案（十一）》增设高空抛物罪，有利于填补法网漏洞，有利于降低司法操作难度和防止恣意评价，有利于社会安全保障体系的完善，有利于国家安全、社会安定、人民安宁。

高空抛物罪的设置，使一部分不足以危害公共安全且没有实害结果的行为纳入刑法非难的范围。高空抛物罪法定最高刑为一年有期徒刑，故意毁坏财物基本形态的法定最高刑为三年、升级形态的法定最高刑为七年，故意伤害罪、故意杀人罪的法定最高刑为死刑，以危险方法危害公共安全罪的基本法定最高刑为十年、有严重实害结果的法定最高刑为死刑，这些罪名的刑罚依次升高，可以对各种高空抛物行为“梯度”评价，使罪刑均衡，刑罚的轻重与罪行相适应。

高空抛物罪的新设，使应对高空抛物行为严格遵守成文法，不再陷入形式主义脱离现实基础的尴尬困境，回应了社会的变迁，制止了以危险方法危害公共安全罪逐渐沦为高空抛物“口袋罪”的趋势。

编写人：广西壮族自治区柳州市柳南区人民法院　付凡胜

【第 293 条之一　催收非法债务罪】

41

“限制他人人身自由”催收非法债务行为的罪名适用

——邹某康等非法拘禁罪

【基本信息】

1. 裁判书字号

浙江省安吉县人民法院（2018）浙 0523 刑初 537 号刑事判决书

2. 罪名：非法拘禁罪

【基本案情】

2016 年～2018 年，被告人邹某康以未经依法登记设立的“正兴投资公司”名义，利用被告人倪某等人提供的资金，纠集被告人吴某、李某强等人作为所谓的“业务员”，开展非法高利借贷、债务追索等业务。被告人邹某康与被告人倪某等人约定以所提供资金的借贷利息分成，作为“业务员”的被告人李某强、吴某、马某园等人按月从被告人邹某康处领取报酬。

其间，被告人邹某康、吴某等人限制多名被害人人身自由 2 小时至 3 天时间不等，并采取殴打、威胁等手段向被害人索要债务，分别为：

2017 年 4 月某晚，被告人吴某将未按期归还本息的王某通知至“正兴投资公司”办公室后，由被告人邹某康等将王某看管在该办公室内进行追索。其间，被告人吴某等采取殴打、威胁的手段逼迫王某归还本息。王某被迫联系其母胡某圆前来另行出具借条后才得以离开。

2017 年 3 月初，黄某临向“正兴投资公司”借款人民币 1 万元，实际到手约人民币8500元，并约定利息为每10日人民币1000元。2017年6月11日23时许，被告人邹某康等人以未能按期付息为由，将黄某临强行带离后，逼迫黄某临至安吉县某社区向其父母索款还债，后被告人邹某康等人又将黄某临强行带至安吉县昌硕街道迎宾大道某足浴店一包厢内，由被告人吴某等人进行看管。次日凌晨，黄某临欲离开，被告人李某强遂以跟随方式逼迫其还款，并再次强行将其押至迎宾大道某足浴店包厢内进行看管。至足浴店门口时，被告人李某强、吴某对黄某临进行殴打。至6月12日5时许，黄某临才得以离开。

2017年6月22日14时许，被告人邹某康等人又以未能按期还本付息为由，将黄某临再次强行带至"正兴投资公司"办公室后，由被告人邹某康等人进行看管。其间，被告人邹某康等人采用拳打、脚踢等手段进行逼债。至22时许，黄某临被迫向他人借得人民币1990元并微信转账给被告人邹某康后才得以离开。

2017年8月某日下午，被告人邹某康纵容被告人李某强等人将未能支付高息的杨某强行带至"正兴投资公司"办公室后，由被告人邹某康等人进行看管，其间，被告人邹某康等人以殴打、言语威胁等方式对杨某进行逼迫。当晚，被告人邹某康又授意被告人马某园等人将杨某强行带至足浴店进行看管，并在之后连续2天强行将杨某带至湖州市区借钱，至第三天傍晚押送杨某回安吉途中，杨某伺机逃离。

2017年8月18日22时许，被告人李某强等人将杨某强行带至"正兴投资公司"办公室，被告人吴某、李某强、余某及周某军等人在实施看管过程中采用掌掴等手段逼迫杨某还债。2018年8月19日0时许，公安机关接警在安吉县将杨某解救。

【案件焦点】

1.《刑法修正案（十一）》第二百九十三条之一以"限制他人人身自由"手段催收非法债务与《刑法》第二百三十八条非法拘禁罪两罪名的选择适用问题；2.如何理解《刑法》第二百九十三条之一中催收非法债务中的"情节严重"。

【裁判要旨】

浙江省安吉县人民法院认为，本案各被告人以限制被害人人身自由的方式强行索讨非法债务，且分别具有殴打、威胁、侮辱被害人的情节，其行为均已触犯刑律，构成非法拘禁罪，系共同犯罪；且上述各被告人以被告人邹某康为首，纠集在一起以暴力、威胁等手段，在非法高利借贷活动中为非作歹，严重扰乱经济、社会生活秩序，虽尚未形成黑社会性质的违法犯罪组织，但依法也应以恶势力论处。各被告人在非法拘禁活动中分别对被害人进行殴打、侮辱，依法应予从重处罚。

本院根据八名被告各自的犯罪事实、手段、情节、危害程度及悔罪表现，依照《中华人民共和国刑法》第二百三十八条第一款、第三款，第二十五条第一款，第二十六条，第六十七条第一款、第三款，第七十二条，第七十三条之规定，判决如下：

一、被告人邹某康犯非法拘禁罪，判处有期徒刑二年六个月；

二、被告人李某强犯非法拘禁罪，判处有期徒刑二年三个月；

三、被告人吴某犯非法拘禁罪，判处有期徒刑二年三个月；

四、被告人马某园犯非法拘禁罪，判处有期徒刑一年六个月；

五、被告人王某犯非法拘禁罪，判处有期徒刑一年四个月，缓刑二年；

六、被告人陈某潇犯非法拘禁罪，判处有期徒刑一年五个月，缓刑二年；

七、被告人余某犯非法拘禁罪，判处有期徒刑一年八个月，缓刑二年六个月；

八、被告人倪某犯非法拘禁罪，判处有期徒刑十个月，缓刑一年。

【适用解析】

一、增加的新规：以“限制他人人身自由”手段催收非法债务与非法拘禁罪的罪名选择适用问题

《刑法修正案（十一）》新增的《刑法》第二百九十三条之一规定：“有下列情形之一，催收高利放贷等产生的非法债务，情节严重的，处三年以下有期徒刑、拘役或者管制，并处或者单处罚金：（一）使用暴力、胁迫方法的；（二）限制他人人身自由或者侵入他人住宅的；（三）恐吓、跟踪、骚扰他人的。”其中第（二）项中的“限制他人人身自由”与非法拘禁罪内含的“非法剥夺他人人身自由”行为存在重合。以本案为例，本案被告人邹某康、李某强等人为讨要高利贷款所形成的非法债务将被害人王某、黄某临等人强行带至某一地点进行看管，在归还钱款前不得自行离开，被害人的人身自由受到限制。在此种情形下，既符合新规所提出的以限制他人人身自由来催收非法债务，又符合非法拘禁罪的行为要件，该如何选择罪名的适用呢？

《刑法修正案（十一）》将这一新增条款置于《刑法》第二百九十三条之一，属分则第六章妨害社会管理秩序罪下第一节扰乱公共秩序罪，其法益显然就是社会管理秩序。而非法拘禁罪属第四章侵犯公民人身权利、民主权利罪，其法益为人的身体活动自由。因此二者法益不同，应属于想象竞合，当择一重罪处罚。《刑法》第二百三十八条规定："非法拘禁他人或者以其他方法非法剥夺他人人身自由的，处三年以下有期徒刑、拘役、管制或者剥夺政治权利。具有殴打、侮辱情节的，从重处罚"。本案中的八名被告人实施了多次非法拘禁行为，最长的时间达 3 天之久，更在拘禁期间具有殴打、侮辱等行为，应当从重处罚。因而即使本案八名被告人形成了以邹某康为首的恶势力团伙，开展非法高利借贷、债务追索等业务，但是八名被告人的行为严重侵害了被害人的人身权利，应以非法拘禁罪判处相应刑罚。

二、适用的难点：如何理解《刑法》第二百九十三条之一中催收非法债务中的"情节严重"

新规规定了催收非法债务必须具有的情形，同时加上了限制条件"催收高利放贷等产生的非法债务，情节严重的"才构成本罪。既然其第（二）项与非法拘禁罪成立想象竞合，需择一重罪处罚，那么该款自身所限制的"情节严重"又该如何理解？此处从第（二）项出发，同样以本案为例说明。本案涉及多笔事实，多位被告人，其中被害人王某的被拘禁、被害人黄某临的第一次被拘禁、被害人杨某的第二次被拘禁均未能达到非法拘禁的入罪标准，但是显然该三次催收非法债务的行为已经严重影响到三名被害人的生产、生活与经营，严重影响到了社会管理秩序的正常运行。学者张明楷在对《刑法》第二百九十三条寻衅滋事罪——法益同样为社会管理秩序——做解读时提出过，情节是否严重要围绕法益是否受到侵害或者威胁的程度作出判断，根据行为人实施的次数、强度作出判断。本案中上述三次限制他人人身自由非法讨债的行为，虽然未能达到非法拘禁的入罪标准，但是显然达到了新规"催收非法债务罪"之情节严重的要求。这也正是该条款所新增的另一意义所在，对于达到多次且每次拘禁时间不足 4 个小时，以及累计不满 12 小时的限制人身自由非法讨债行为，可适用催收非法债务罪予以打击。

三、新规的价值

（1）弥补了非法讨债行为罚金刑的缺失

非法讨债行为存在已久，普遍出现在社会公众面前的是以讨债公司的形式。常常以投资或者金融公司名义成立企业，通过各种非法方式催收借款人归还本金与利息，从中获取巨大的经济利润。以本案为例，被告人邹某康成立“正兴投资公司”，被告人倪某投入资金，两人通过借贷利息分成获取相应的利益，其中被害人黄某临仅仅借款 1 万元，利息竟高达每 10 日 1000 元。高额的利息吸引着诸如倪某、邹某康等类型的被告人不断涌现，因此只有从罚金刑上给予严厉的打击，才能从根源上杜绝这一类型的“公司、企业”死灰复燃，杜绝从事该职业的人员再次出现。

已经出台的司法解释均无法从罚金刑上给予相应的处罚，《刑法修正案（十一)》新增的《刑法》第二百九十三条之一通过对催收非法债务行为的单独成罪，设定了“并处或者单处罚金”，从而弥补了该行为处罚中长久以来罚金刑的缺失。

（2）回应了多年民生热点问题

长久以来非法催收债务行为扰乱了社会管理秩序，一方面影响到公民正常的生产、生活及经营活动，另一方面也影响了社会资金的正常运行。伴随着互联网金融的发展，非法讨债、暴力催收的行为更是野蛮生长。为了解决该问题，2000 年最高人民法院颁布《关于对为索取法律不予保护的债务非法拘禁他人行为如何定罪问题的解释》对索取债务过程中的非法拘禁行为进行规定：行为人为索取高利贷、赌债等法律不予保护的债务，非法扣押、拘禁他人的，依照《刑法》第二百三十八条的规定定罪处罚。2019 年最高人民法院、最高人民检察院、公安部、司法部先后颁布过《关于办理实施“软暴力”的刑事案件若干问题的意见》《关于办理非法放贷刑事案件若干问题的意见》分别提到通过拘禁等方式催收债务的依照相应条款处罚，并详细规定了非法拘禁的入罪标准。但是我国刑法始终未就非法讨债行为进行单独、准确的定性。

《刑法修正案（十一)》新增的《刑法》第二百九十三条之一可以说是对于该民生热点问题的回应，正式宣告了非法讨债行为入刑。

（3）总结了扫黑除恶斗争的成果

非法讨债公司能够以此获得巨大的经济利益，从而也为黑恶势力的生长提供了经济土壤。针对此情形，两高两部发布了相关解释予以重点打击，例如《关于办理实施“软暴力”的刑事案件若干问题的意见》其第六条“有组织地多次短时间非法拘禁他人的，应当认定为《刑法》第二百三十八条规定的‘以其他方法非法剥夺他人人身自由’。非法拘禁他人三次以上、每次持续时间在四小时以上，或者非法拘禁他人累计时间在十二小时以上的，应当以非法拘禁罪定罪处罚”的规定，能够为本罪与非法拘禁罪的适用指明方向。此外，非法讨债行为可能引发多种类型的犯罪，两高两部《关于办理非法放贷刑事案件若干问题的意见》对多种罪名问题进行过相关说明，如故意伤害、非法侵入住宅、非法拘禁，等等。尽管本案例仅从非法拘禁罪的角度予以说明，但是《刑法修正案（十一）》新增的《刑法》第二百九十三条之一对此给出了明确规定。

综上所述，《刑法修正案（十一）》新增的《刑法》第二百九十三条之一在刑法上对采用暴力、“软暴力”手段非法讨债行为进行了准确定性，正式宣告了非法讨债行为的入刑，有利于从整体上限制非法放贷行为的蔓延，确保我国社会管理秩序更好地运行。

编写人：浙江省安吉县人民法院　蒋丹妮

42

“软暴力”催收“套路贷”行为在新旧规定竞合情况下的法律适用

——柳某某等虚假诉讼、诈骗、寻衅滋事案

【基本信息】

1. 裁判书字号

浙江省绍兴市中级人民法院（2020）浙 06 刑终 152 号刑事判决书

2. 罪名：虚假诉讼罪、诈骗罪、寻衅滋事罪

【基本案情】

关于诈骗部分的事实：

2015 年 3 月，被告人柳某某纠集王某某、赵某甲等人，通过提供格式化借条、刻意制造虚假给付痕迹、隐匿还款证据、重复出具借条、“以贷还贷”恶意垒高债

务、虚假诉讼等手段实施“套路贷”诈骗行为，骗取被害人许某某、陈某某、金某某、周某等合计人民币28万余元，另诈骗未遂人民币27万余元。

关于寻衅滋事部分的事实：

1. 2014年6月的一天，被告人柳某某指使赵某甲，在绍兴市越城区某街道，以殴打、限制人身自由、威胁到家吵闹等方式向被害人盛某某非法讨要债务。2016年3月的一天，被告人柳某某指使被告人王某某、梅某等人，到绍兴市越城区某酒吧门口守候被害人盛某某向其讨要债务，在讨债过程中被害人盛某某趁机逃离。

2. 2015年上半年，被告人柳某某指使被告人王某某、梅某纠集他人，数次到被害人边某某居住的绍兴市柯桥区某街道家中，以泼油漆、堵锁孔等方式向被害人边某某非法讨要债务，对被害人边某某家属和周围邻居生活造成影响。

3. 从2015年下半年开始，被告人柳某某指使被告人王某某、梅某纠集他人，多次到被害人赵某乙居住的绍兴市越城区某小区家中，以播放高音喇叭、贴大字报、堵锁孔、深夜敲门等方式向被害人赵某乙非法讨要债务，对被害人赵某乙家属和周围邻居生活造成影响，被害人赵某乙家属多次报警。被告人王某某、梅某等人经民警教育后仍继续实施上述行为。

4. 2015年期间，被告人柳某某、吴某某到被害人陈某某居住的绍兴市越城区某小区家中，以大声吵闹、假装报警威胁等方式非法讨要债务。

5. 从2016年6月开始，被告人柳某某指使被告人王某某、梅某纠集他人，多次趁被害人郭某某开会之际到其工作的绍兴市越城区某俱乐部，以聚集吵闹、静坐等方式向被害人郭某某非法讨要债务，对俱乐部正常经营造成影响。

6. 2016年6月，被告人柳某某指使被告人王某某、梅某等人，以对被害人冯某某实施殴打，并通过到被害人居住的绍兴市柯桥区某镇家中敲门等方式向被害人冯某某非法讨要债务，对被害人冯某某家属和周围邻居生活造成影响。

7. 2016年夏季的一天晚上，被告人柳某某、周某经预谋，由被告人周某将被害人严某某约至绍兴市越城区某妇产医院附近，被告人柳某某指使被告人王某某、梅某纠集他人，以殴打的方式向严某某非法讨债，导致被害人严某某受伤，后被告人周某出面赔偿被害人严某某人民币2000元。

【案件焦点】

1. 被告人柳某某纠集他人以泼油漆、堵锁孔、播放高音喇叭、贴大字报、深夜敲门等方式催讨非法债务的行为，是否构成刑事犯罪；2. 在被告人“套路贷”行为已被评价为诈骗罪的情况下，对于非法讨要债务的行为系作为牵连犯被吸收，或者予以数罪并罚。

【裁判要旨】

被告人柳某某等人为催讨“套路贷”产生的非法债务，采用暴力和软暴力等多种手段，对其行为性质评判如下：

首先，从侵害客体分析，被告人柳某某等人在被害人居住小区、工作场所等公共区域实施殴打他人、使用喇叭制造噪声、聚众吵闹静坐等行为，不仅侵害被害人的人身权利，亦扰乱社会公共秩序和生产经营秩序。

其次，从客观行为分析，被告人柳某某等人采用暴力殴打及滋扰、纠缠等软暴力手段，其中殴打被害人盛某某、冯某某、严某某的行为，符合《中华人民共和国刑法》第二百九十三条第一款第（一）项及《最高人民法院、最高人民检察院关于办理寻衅滋事刑事案件适用法律若干问题的解释》第二条第（三）项的规定，属于“多次随意殴打他人”，结合被告人主观故意、行为后果等，应认定为寻衅滋事犯罪。此外，被告人柳某某等人还实施了限制人身自由、泼油漆、堵锁孔、播放高音喇叭、贴大字报、深夜敲门、聚众静坐等行为，虽暴力威胁程度未及上述殴打行为，但系有组织地采用滋扰、纠缠、哄闹、聚众造势等手段扰乱正常的工作、生活秩序，使他人产生心理恐惧或者形成心理强制，根据《最高人民法院、最高人民检察院、公安部、司法部关于办理实施“软暴力”的刑事案件若干问题的意见》的规定，属于《中华人民共和国刑法》第二百九十三条第一款第（二）项规定的“恐吓”。同时，根据《最高人民法院、最高人民检察院关于办理寻衅滋事刑事案件适用法律若干问题的解释》第三条的规定，被告人柳某某等人实施的第 3 节事实系多次聚众滋扰、哄闹，严重影响被害人家属和周围邻居日常生活，致被害人家属多次报警，被告人经民警教育后仍继续实施上述行为，可认定为“多次恐吓他人，造成恶劣社会影响”“严重影响他人的工作、生活”，应构成寻衅滋事犯罪；被告人柳某某等人实施的第 2 节、第 4 节、第 5 节事实，亦属于“多次恐吓他人，造成恶劣社会影响”“严重影响他人的工作、生活”，应构成寻衅滋事犯罪。

最后，从主观方面分析，被告人柳某某等人为催讨非法债务的高额经济利益，假借“民间借贷”名义，借故生非，威逼恐吓，使他人产生心理恐惧或者形成心理强制，符合寻衅滋事的主观要件。

关于被告人实施“套路贷”行为及寻衅滋事行为，以牵连犯择一重罪处罚抑或数罪并罚的问题。根据《最高人民法院、最高人民检察院、公安部、司法部关于办理“套路贷”刑事案件若干问题的意见》的规定，在实施“套路贷”过程中，未采用明显的暴力或者威胁手段，其行为特征从整体上表现为以非法占有为目的，通过虚构事实、隐瞒真相骗取被害人财物的，一般以诈骗罪定罪处罚；对于在实施“套路贷”过程中多种手段并用，构成诈骗、寻衅滋事等多种犯罪的，应当根据具体案件事实，区分不同情况，依照刑法及有关司法解释的规定数罪并罚或者择一重罪处罚。本案中，被告人柳某某等人实施的寻衅滋事行为并非侵财型手段，行为对象上不仅针对被害人，亦对被害人邻居、同事的正常生活、工作造成严重影响，行为后果上扰乱了社会公共秩序和生产经营秩序，以牵连犯择一重罪处罚不足以客观评价其行为构成及危害，故应予诈骗罪、寻衅滋事罪数罪并罚。

经浙江省绍兴市越城区人民法院审判委员会讨论决定，依照《中华人民共和国刑法》第二百六十六条，第二百九十三条，第三百零七条之一，第二十三条，第二十四条，第二十五条第一款，第二十六条第一款、第二款、第三款，第六十七条第三款，第六十九条第一款、第三款，第七十二条第一款、第三款，第六十四条之规定，判决如下：

一、被告人柳某某犯虚假诉讼罪，判处有期徒刑三年六个月，并处罚金人民币15万元；犯诈骗罪，判处有期徒刑八年，并处罚金人民币50万元；犯寻衅滋事罪，判处有期徒刑五年六个月，并处罚金人民币10万元；决定执行有期徒刑十四年，并处罚金人民币75万元；

二、被告人王某某犯虚假诉讼罪，判处有期徒刑三年，并处罚金人民币10万元；犯诈骗罪，判处有期徒刑三年十个月，并处罚金人民币10万元；犯寻衅滋事罪，判处有期徒刑二年；决定执行有期徒刑七年，并处罚金人民币20万元；

三、被告人周某犯诈骗罪，判处有期徒刑六年，并处罚金人民币30万元；

四、被告人梅某犯寻衅滋事罪，判处有期徒刑二年；

五、被告人吴某某犯诈骗罪，判处拘役六个月，缓刑八个月，并处罚金人民币

5000 元；

……

原审被告人柳某某、王某某、梅某不服，向浙江省绍兴市中级人民法院提出上诉。本院认为，原判在量刑时已对各上诉人及原审被告人犯罪、性质及情节予以考量，所作量刑适当。上诉人柳某某、王某某、梅某提出的上诉理由及辩护人提出的辩护意见不能成立，本院不予支持。依照《中华人民共和国刑事诉讼法》第二百三十六条第一款第（一）项之规定，裁定如下：

驳回上诉，维持原判。

【适用解析】

《刑法修正案（十一）》第二十八条在《刑法》第二百九十三条（寻衅滋事罪）之后增加一条，作为第二百九十三条之一，将采取暴力、“软暴力”等手段催收高利放贷产生的债务以及其他法律不予保护债务的行为规定为犯罪。新条款在适用时，应注意把握新规的价值功能、新旧规定的衔接、法条竞合的处理等问题。

一、新规的价值功能

近年来，我国对非法放贷的打击力度日益增强。2019 年出台的《最高人民法院、最高人民检察院、公安部、司法部关于办理非法放贷刑事案件若干问题的意见》中明确将高利放贷行为纳入非法经营罪进行处罚，将一个长期存在的社会问题明确评价为犯罪，填补了立法上的空白。同时，根据三年“扫黑除恶”专项斗争的实践经验，针对高利贷、“套路贷”容易滋生暴力、“软暴力”等侵害公民人身、财产权利及扰乱社会秩序等违法犯罪行为的问题，《刑法修正案（十一）》进一步将非法讨债行为进行入罪规制，既配合国家对金融秩序的整治，亦将有效遏制非法讨债行为的发生，切实维护社会管理秩序的稳定。

二、新旧规定的衔接

针对非法催讨债务的行为，我国司法解释曾多次予以明确。《最高人民法院、最高人民检察院关于办理寻衅滋事刑事案件适用法律若干问题的解释》规定，行为人因债务等纠纷，实施殴打、辱骂、恐吓他人或者损毁、占用他人财物等行为的，一般不认定为“寻衅滋事”，但经有关部门批评制止或者处理处罚后，继续实施前列行为，破坏社会秩序的除外。在“扫黑除恶”专项斗争开展过程中，针对“软暴力”日益猖獗的问题，最高人民法院、最高人民检察院、公安部、司法部先后出台《关于办理黑恶势力犯罪案件若干问题的指导意见》《关于办理实施“软暴力”的刑事案件若干问题的意见》等司法解释，明确规定有组织地采用滋扰、纠缠、哄闹、聚众造势等手段扰乱正常的工作、生活秩序，使他人产生心理恐惧或者形成心理强制，属于《刑法》第二百九十三条第一款第（二）项规定的“恐吓”，同时符合其他犯罪构成条件的，应以寻衅滋事罪定罪处罚。相较于上述规定，新规的构成要件具有新的特点：一是行为对象限定为“高利放贷产生的债务或者其他法律不予保护的债务”；二是行为类型不仅包括暴力性行为，亦包括“软暴力”性行为；三是入罪标准多样化，涉及寻衅滋事、非法拘禁、非法侵入住宅等犯罪的客观表现，目前虽未有配套规定进一步明确新规中“情节严重”的具体情形，但根据条文表述的文义来看，“限制他人人身自由”的程度显然轻于非法拘禁犯罪所要求的“剥夺他人人身自由”的程度，“恐吓、跟踪、骚扰他人”亦应不同于寻衅滋事的构罪要求。

三、法条竞合的处理

鉴于新规条文包括多个犯罪构成，与非法侵入住宅、寻衅滋事等犯罪存在法条竞合关系，这对如何认定行为性质、准确适用罪名造成了一定难度。笔者认为，针对非法催讨法律不予保护债务的行为，新规系特别法，一个行为同时符合同一法律的普通条款与特别条款规定的犯罪构成时，应根据具体情况与法律规定，分别适用特别法优于普通法、重法优于轻法的原则。

首先，通常情况下，应依照特别法优于普通法的原则处理。《立法法》确立特别规定优于一般规定的法律适用规则，是由于特别规定系根据调整具体社会关系的特殊需要而制定的，故具有优先适用的效力。

其次，特殊情况下，应适用重法优于轻法的原则，即按照行为所触犯的法条中法定刑最重的法条定罪量刑。就本新规而言，条文虽没有规定特定情况下按照普通条文规定定罪量刑，但对此也没作禁止性规定，而且按特别法条定罪明显不能实现罪刑相适应时，按照重法优于轻法的原则定罪量刑①。如适用特别法条规定的法定刑明显低于普通法条规定的法定刑，并缺乏法定刑减轻的根据，依据案件情况，适

① 张明楷：《刑法学》，法律出版社 2011 年版，第 424 页。

用特别法明显违反罪刑相适应原则。就本案而言，假若被告人柳某某等人催讨的对象为合法债务，但使用暴力、“软暴力”手段，尚且构成寻衅滋事犯罪，且被告人柳某某多次纠集他人实施寻衅滋事犯罪，应在五年以上判处刑罚；而假若被告人柳某某催讨的对象为非法债务，鉴于特别法优先适用的原则，其仅需在三年以下判处刑罚，量刑上存在明显失衡。

此外，如果行为人具有非法占有的目的，且使用暴力、胁迫等手段，符合抢劫罪、敲诈勒索罪构成要件的，应当择一重罪惩处。

编写人：浙江省绍兴市越城区人民法院　车佳妮

43

开放式“跟踪”“贴靠”行为的司法认定

——陈某等寻衅滋事、非法拘禁案

【基本信息】

1. 裁判书字号

新疆维吾尔自治区呼图壁县人民法院（2019）新2323刑初144号刑事判决书

2. 罪名：寻衅滋事罪

【基本案情】

2016年4月27日，被害人王某某从被告人陈某处借款4万元，到期无力偿还。2016年7月22日18时许，被告人陈某将被害人王某某叫至呼图壁县某小区门口茶楼商量还钱事宜无果，被告人陈某安排被告人陈某二、周某某、马某跟随被害人王某某要账。被告人陈某二、周某某、马某跟随王某某至第六师芳草湖要账。7月22日晚至7月25日早上，被害人王某某分别在芳草湖甲宾馆、乙宾馆入住，被告人陈某二、周某某、马某跟随王某某同住。在此期间，被害人王某某为了还债，外出将自己家的羊变卖，向朋友借钱凑足还款数额及支付给要账人的工资共计68300元（包含要账人员的辛苦费）支付给陈某。事后被告人陈某给被告人陈某二、马某、周某某每人2000元辛苦费。被告人陈某二等人跟随4天之久，严重影响了王某某正常生产、生活。2016年4月，马某从陈某处借款15万元，约定利息3分，期限1个月，到期后马某未足额偿还；同年7月，马某又从陈某处借款22万元，约定利息3分，期限1个月，到期后马某无力偿还。经陈某多次催要无果。2016年7月29日12时许，被告人陈某将马某叫至呼图壁县某小区门口茶楼商量还钱事宜，商量过程中，陈某对马某进行了殴打，聂某军在场未制止。随后陈某安排其他人跟随马某要账，直至23时许，马某因被时刻跟随无法回家，便在呼图壁县丙宾馆入住。被告人马某、周某、陈乙与马某同住在呼图壁县丙宾馆320房间至次日11时许退房。三人继续跟随马某至15时许。马某不堪其扰，打电话向陈某求情并承诺还款，陈某让马某支付给陈乙、马某、周某3人1500元辛苦费后同意3人离开。2016年7月，董某从陈某处借款5万元，王某为担保人，期限1个月。陈某多次向董某催要无果。陈某便安排周某到王某经营的某足浴店聚众滋扰、跟随王某要账。（1）2016年8月初的一天17时许，马某、周某、鲁某聚众滞留在王某经营的某足浴店大厅、包厢店内要账，并轮流在大厅内盯着王某，直至次日1时许足浴店打烊。王某被跟随无奈在呼图壁县丙大酒店入住，马某、周某、鲁某与王某同住一间。第二天11时许，王某给陈某打电话承诺还钱，并要求别再派人跟随。陈某同意并让王某支付给了马某、鲁某、周某3人共2000元辛苦费。（2）2016年8月的一天，马某、周某、鲁某、陈乙再次聚众滞留到某足浴店找王某要账，1个多小时后，王某害怕影响生意打电话向陈某求情，陈某让王某支付给了马某等4人2000元辛苦费。2016年2月初的一天，陈甲从被告人陈某处借款110000元，利息4分，期限1个月，到期未足额偿还。2016年4月13日17时许，被告人陈某将陈甲叫至某小区门口茶楼协商还钱事宜，商量无果后，陈某安排周某、马某跟着陈甲要账。周某、马某跟随陈甲至4月14日00时许，陈甲因被人跟随滋扰无法回家，便在呼图壁县丁宾馆开房住下。在住宾馆期间，周某、马某轮流看守陈甲直至4月14日18时许。

【案件焦点】

长时间开放式的“跟踪”“贴靠”行为，严重影响他人的正常生活时，应如何定性。

【裁判要旨】

新疆维吾尔自治区呼图壁县人民法院认为，被告人陈某安排、授意、放任被告人吴某等人采取限制他人人身自由、跟随、贴靠、强拿硬要等方式索要非法债务，侵犯了他人人身自由，严重影响了他人的正常生活，扰乱了正常的社会管理秩序，系组织者、领导者，属首要分子，应当对被告人吴某等人在索债中的犯罪行为承担全部刑事责任，被告人陈某的行为构成寻衅滋事罪。

被告人陈某安排他人多次实施寻衅滋事行为，依法应加重处罚。被告人陈某等人为获取利益，设立固定办公地场所，合伙经营放贷、收债业务，人员固定，分工明确，在索要债务过程中采取非法拘禁、跟踪、贴靠等违法犯罪手段，足以使被害人产生恐惧、恐慌进而形成心理强制，以达到迫使债务人还债的目的。被告人陈某等人属恶势力犯罪集团，其在该犯罪集团中系组织者、安排者，系首要分子。本案被告人陈某等人为了获取利益，共同合伙放贷、追债，分工明确，被告人聂某军、陈某主要负责放贷，被告人吴某刚负责收取债务，被告人聂某军、林某赢等人对于被告人吴某等人采取跟踪、贴靠、强拿硬要的索债方式是明知的。被告人聂某军曾直接安排被告人吴某刚等人对钱某阳、蔺某采取非法拘禁、殴打的方式索债，还参与对被害人马某、董某等人索债过程中的寻衅滋事行为。

新疆维吾尔自治区呼图壁县人民法院以被告人陈某某犯寻衅滋事罪，判处有期徒刑八年，并处罚金 50 万元。一审宣判后，被告人陈某某不服判决结果，向新疆维吾尔自治区昌吉回族自治州中级人民法院提起上诉。

新疆维吾尔自治区昌吉回族自治州中级人民法院经过开庭审理后，对以上事实进行了确认。对被告人陈某某犯寻衅滋事罪，判处有期徒刑六年，并处罚金 50 万元。

【适用解析】

寻衅滋事罪为刑法层面肆意挑衅，带有随意性或任意性地实施殴打或干扰他人的行为或损坏、占用公私财物行为，或非法在公共场所闹事严重破坏治安或社会秩序的行为。对犯罪客体而言，寻衅滋事罪的客体应是公共秩序，同时也会侵犯他人的人身、财产权利。公共秩序可以延伸为公共场所秩序以及其他场所共同生活和交往的正常秩序。对犯罪客观方面而言，客观表现形式为上述所规定。对犯罪主观方面而言，主观应是直接故意，即行为人明知实施寻衅滋事行为会扰乱社会秩序，并且仍积极希望结果发生。寻衅滋事罪作为包容性极强的刑法罪名，在以往司法实践中成为寻衅滋事案件的兜底罪名。然而寻衅滋事罪认定标准和适用范围的不一致性，使得其法律适用普遍化和罪刑法定的矛盾日益凸显。

在当前的司法实践中，不少高利放贷后以暴力或者“软暴力”催讨债务的行为，被认定为寻衅滋事罪，有些更在此基础之上被认定为恶势力团伙、恶势力犯罪集团甚至是黑社会性质组织。在这些寻衅滋事的指控中，很大一部分是以实施“软暴力”为由而认定的。如使用轰炸机软件对债务人进行短信或者电话轰炸，对债务人进行跟踪、骚扰，可以符合寻衅滋事罪的行为要件。公诉人在法庭上往往会先论证这些行为属于“软暴力”，然后根据《最高人民法院、最高人民检察院、公安部、司法部关于办理实施“软暴力”的刑事案件若干问题的意见》（以下简称《软暴力意见》）第五条第一款“采用‘软暴力’手段，使他人产生心理恐惧或者形成心理强制，分别属于《刑法》第二百二十六条规定的‘威胁’、刑法第二百九十三条第一款第（二）项规定的‘恐吓’，同时符合其他犯罪构成要件的，应当分别以强迫交易罪、寻衅滋事罪定罪处罚”的规定来论证，采用这类“软暴力”讨债的行为属于寻衅滋事。

2020 年 12 月 26 日，第十三届全国人民代表大会常务委员会第二十四次会议通过了《刑法修正案（十一）》，其第三十四条在《刑法》第二百九十三条后增加一条，作为第二百九十三条之一：有下列情形之一，催收高利放贷等产生的非法债务，情节严重的，处三年以下有期徒刑、拘役或者管制，并处或者单处罚金：（一）使用暴力、胁迫方法的；（二）限制他人人身自由或者侵入他人住宅的；（三）恐吓、跟踪、骚扰他人的。根据《刑法》第二百九十三条的规定，有下列寻衅滋事行为之一，破坏社会秩序的，处五年以下有期徒刑、拘役或者管制：（一）随意殴打他人，情节恶劣的；（二）追逐、拦截、辱骂、恐吓他人，情节恶劣的；（三）强拿硬要或者任意损毁、占用公私财物，情节严重的；（四）在公共场所起哄闹事，造成公共场所秩序严重混乱的。纠集他人多次实施前款行为，严重破坏社会秩序的，处五年以上十年以下有期徒刑，可以并处罚金。《刑法》第二百九十三条就是寻衅滋事罪的规定，根据该条规定，寻衅滋事罪的最高法定刑是十年有期徒刑。《刑法修正案（十一）》正是在该条规定之后规定以暴力、“软暴力”手段催收高利放贷等产生的非法债务构成寻衅滋事以外的其他犯罪，其最高法定刑仅为三年有期徒刑。《刑法修正案（十一）》的这条规定明确了两点：（1）没有明确规定高利贷本身就是非法债务，而是规定了高利放贷“产生的非法债务”；（2）自《刑法修正案（十一）》生效之后，以暴力、“软暴力”手段催收高利放贷等产生的非法债务构成寻衅滋事罪。这充分表明，在最高立法机关看来，以暴力、“软暴力”手段催收高利放贷等产生的非法债务，构成催收非法债务罪。

笔者认为，对于寻衅滋事罪与非罪的认定，寻衅滋事罪与彼罪的法律界定尚未明确，同时司法实践判断标准不明确，司法实践中的可操作性亟须进一步提升，寻衅滋事罪具体行为的认定较为模糊。进一步规范和明确寻衅滋事罪的司法运用，有利于维护司法的公平正义和社会秩序的稳定。“软暴力”只是符合寻衅滋事的手段要求，认定寻衅滋事罪必须符合此罪的本质特征。按照《软暴力意见》第五条第一款的规定，采用“软暴力”手段，使他人产生心理恐惧或者形成心理强制，属于《刑法》第二百九十三条第一款第（二）项规定的“恐吓”，同时符合其他犯罪构成要件的，应当以寻衅滋事罪定罪处罚。从这条规定来看，采用“软暴力”手段，使他人产生心理恐惧或者形成心理强制，可以认定为《刑法》第二百九十三条第一款第（二）项规定的“恐吓”。但是，并非有了“软暴力”就可以认定行为的性质属于寻衅滋事。要认定这类行为的性质属于寻衅滋事，还要“同时符合其他犯罪构成要件”。而寻衅滋事的本质特征恰恰就是 2013 年《最高人民法院、最高人民检察院关于办理寻衅滋事刑事案件适用法律若干问题的解释》（以下简称《寻衅滋事解释》）第一条第一款所规定的“行为人为寻求刺激、发泄情绪、逞强耍横等，无事生非”。正因如此，因高利放贷而形成的债务，也是非法债务，在催讨非法债务过程中使用暴力或者“软暴力”，恰恰符合《寻衅滋事解释》第一条第三款规定，对这些行为就可以认定为催收非法债务行为罪。

本案中陈某为讨要高利放贷产生的非法债务，安排陈某二等人采取跟踪、贴靠的方式向被害人王某某索要债务，符合催收非法债务罪的构成要件，即《刑法修正案（十一）》在《刑法》第二百九十三条后增加一条，作为第二百九十三条之一，有下列情形之一，催收高利放贷等产生的非法债务，情节严重的，处三年以下有期徒刑、拘役或者管制，并处或者单处罚金：（一）使用暴力、胁迫方法的；（二）限制他人人身自由或者侵入他人住宅的；（三）恐吓、跟踪、骚扰他人的。跟踪式、贴靠式要债方式是近年来一些恶势力犯罪惯用的“软暴力”要债方式，通过贴身跟随等更紧密的方式给债务人施加压力，其特点是不动手，一直尾随，使用言语威胁，进而使被害人精神上产生压力，不敢回家，不能正常地生产工作。因此，可以认定为催收非法债务罪的行为要件。故《刑法修正案（十一）》实施以后，将该行为认定为催收非法债务罪更为妥帖。

值得关注的是，《刑法修正案（十一）》中明确对非法讨债行为进行严厉惩处。在总结“扫黑除恶”专项斗争实践经验基础上，修正案草案将采取暴力、“软暴力”等手段催收高利放贷产生的债务以及其他法律不予保护的债务，并以此为业的行为规定为寻衅滋事罪，意在打击黑恶势力犯罪，维护市场经济秩序，保护人民群众的合法权益。

编写人：新疆维吾尔自治区呼图壁县人民法院　刘东红　郝强

44

以暴力方法催收高利放贷产生的非法债务行为性质的认定

——殷某某等寻衅滋事案

【基本信息】

1. 裁判书字号

黑龙江省宝泉岭人民法院（2019）黑8101刑初174号刑事判决书

2. 罪名：寻衅滋事罪

【基本案情】

自2015年起，被害人杨某某、莫某某等人向被告人殷某某借款，殷某某从本金先予扣除利息、手续费，实际利率折算均超过综合年利率36%。借款到期，殷某某经索要未果。2016年秋，殷某某得知被告人许某某在从事违法讨债业务的哈尔滨市道外区志诚事务所工作，遂请许某某前来讨债，与许某某约定将要回的债务部分作为许某某的佣金。殷某某又指使李某某、刘某某为殷某某、许某某要账提供帮助。2016年12月初，许某某纠集同在志诚事务所工作的被告人马某某、呼某某、赵某某（另案处理）、刘某1，12月中旬许某某在原有人员的基础上，又纠集在志诚事务所工作的被告人刘某2和刑满释放人员田某某，两次来到某农场，至当月底，许某某、马某某等人以殴打、恐吓、尾随、限制人身自由等暴力、“软暴力”手段，多次实施非法讨债活动，为非作歹，欺压百姓，扰乱某农场的经济、社会生活秩序，造成了较为恶劣的社会影响。李某某为殷某某、许某某等人要账提供管理账目，计算利息，通知被害人，接收、保管被害人财物等帮助。刘某某为殷某某、许某某等人要账提供评估车辆、复印材料、接待住宿、安排餐食等帮助。形成了以殷某某、许某某为纠集者，以马某某、呼某某、赵某某、刘某1、刘某2、田某某、李某某、刘某某为成员，以某农场为主要活动区域的恶势力。

1. 2015年10月，被害人杨某某向被告人殷某某借款15万元，约定借款月利率3%，三个月放款手续费3%，在借款本金中先行扣除利息和手续费，杨某某实际在殷某某处取得借款13.2万元，由汝某某、季某某作为借款的担保人。借款到期后，殷某某索要此借款未果。2016年12月3日11时许，殷某某指使被告人李某某将杨某某约到殷某某经营的位于某农场的天泽公司，李某某计算完利息后，将21.6万元还款数额告诉许某某，许某某与杨某某谈还款事宜，马某某、呼某某、赵某某、刘某1将杨某某围住。杨某某称现无法还款，许某某以脚踹、打耳光等形式对杨某某进行殴打，并派呼某某、刘某1尾随杨某某出去借钱，不许杨某某逃跑，杨某某借款未果后返回。12时许，许某某又让杨某某将担保人汝某某、季某某约至天泽公司，许某某又恐吓汝某某、季某某不还钱不许离开，继续派呼某某、刘某1尾随杨某某、汝某某出去借钱。3人还款10万元后，李某某更改了欠款数额，许某某又恐吓3人，3天内必须将其余11.6万元还清，否则继续找3人，3人被允许离开。几天后汝某某、季某某又被迫还款11.6万元，超额还款2.856万元，李某某收款并撕毁了欠条。

2. 2015年10月，被害人田某1向被告人殷某某借款10万元，约定借款月利率2%，三个月放款手续费3%，在借款本金中先行扣除利息和手续费，田某1实际在殷某某处取得借款9.1万元。借款到期后，殷某某索要此借款未果。2016年12月4日10时许，殷某某指使被告人李某某将田某1约到天泽公司。李某某计算完利息后，将还款数额告诉被告人许某某，被告人马某某、呼某某、赵某某、刘某

1将田某1围住，许某某威胁田某1说：不还钱就不许走。后许某某派呼某某、刘某1尾随田某1出去借钱未果，马某某用“白龙管”抽打田某1背部，用手打田某1耳光。田某1被迫用耕地承包权和奇瑞旗云5轿车抵顶殷某某借款，刘某某打印了车辆买卖协议，殷某某让刘某某对轿车评估并与田某1签订耕地承包经营权转让协议，履行完抵账手续后，田某1才被允许离开。

3. 2015年4月，被害人马某1向被告人殷某某借款10万元，约定借款月利率2%，三个月放款手续费3%，在借款本金中先行扣除利息和手续费，马某1实际在殷某某处取得借款9.1万元，被害人杨某1为借款的担保人。借款到期后，殷某某索要此借款未果。2016年12月13日20时许，殷某某将担保人杨某1约到天泽公司，在马某某、呼某某、赵某某、刘某1、刘某2、田某某当场助威的情况下，殷某某、许某某让杨某1偿还欠款，杨某1拒绝，殷某某便让许某某出去“收拾”杨某1，许某某安排刘某2、赵某某提前埋伏在天泽公司外面的农商银行路口，杨某1离开天泽公司到达此处时，刘某2、赵某某用拳脚将杨某1打倒后逃离。随后，殷某某等人赶到，殷某某对杨某1进行言语示威。

4. 2013年被告人殷某某承租被害人莫某某位于某农场甲号商服，租期为二年，到期后殷某某未将该商服归还莫某某。2015年10月14日，莫某某向被告人殷某某借款7万元，约定借款月利率2%，三个月放款手续费3%，借款本金中先行扣除利息和手续费，莫某某在殷某某处实际取得借款6.79万元。借款到期后，殷某某索要此借款未果。2016年12月15日中午，殷某某和被告人李某某将莫某某约到天泽公司，让其偿还欠款。莫某某因还款数额不合理不同意偿还，殷某某让被告人许某某“收拾”莫某某。许某某打了莫某某两个耳光，被告人马某某、呼某某、赵某某、刘某1、刘某2、田某某将莫某某打倒在地。接着，殷某某等人强迫莫某某签订了10万元的欠款凭据，殷某某又强迫莫某某在凭据上注明“到2016年12月25日，如不还款将甲号商服归殷某某所有”的字样，莫某某才被允许离开，李某某将欠条放到天泽公司保险柜内。至提起公诉前，殷某某始终非法占有该商服。经鉴定，该商服价值27.5万元。殷某某强拿硬要莫某某商服价值超出莫某某实际应偿还殷某某欠款数额为178582元。

5. 2014年4月，朱某某向被告人殷某某借款30万元，约定借款月利率2%，三个月放款手续费3%，在借款本金中先行扣除利息和手续费，朱某某在殷某某处实际取得借款27.3万元。被害人朱某1为借款的担保人。借款到期后，殷某某索要此借款，朱某某未还清借款。2016年12月16日10时许，被告人殷某某、许某某、马某某、呼某某、赵某某、刘某2、田某某、刘某1、李某某找到朱某1并将其控制，将其带至萝北县凤翔镇某典当行二楼，许某某、马某某、呼某某、赵某某、刘某2、田某某、刘某1威逼朱某1偿还欠款，并用“白龙管”和拳脚对朱某1进行殴打，在朱某1签署了某农场乙号的商服楼转让手续后，朱某1被允许离开。

【案件焦点】

1. 如何认定“恶势力”标准；2. 非法放贷与普通的民间借贷两者有什么区别；3. 以暴力、“软暴力”方法催收高利放贷等产生的非法债务如何定罪。

【裁判要旨】

黑龙江省宝泉岭人民法院经审理认为，被告人殷某某纠集他人，多次随意殴打、恐吓他人，情节恶劣，强拿硬要他人财物，情节严重，严重破坏社会秩序；被告人许某某、马某某、呼某某、刘某1、田某某、刘某2、李某某、刘某某随意殴打、恐吓他人，情节恶劣，强拿硬要他人财物，情节严重，破坏社会秩序，其行为均已构成寻衅滋事罪。被告人马某某故意伤害他人身体，致一人轻伤，其行为已构成故意伤害罪。本案中，殷某某、许某某等人虽属临时纠集，跨地区纠集，犯罪时间较短，但犯罪特点属“黑恶势力犯罪”重点打击的“非法高利放贷、暴力讨债的黑恶势力”。其团伙人数远超于恶势力规定的最低3人，其团伙违法犯罪活动次数远超于恶势力规定的最低3次，其团伙使用了恶势力惯用的暴力、“软暴力”手段，其团伙犯罪地在一定区域内即某农场，本案侵害对象多达9人，给某农场的老百姓造成了一定的恐慌心理，扰乱了某农场的经济、社会生活秩序，造成较为恶劣的社会影响，应认定为恶势力。

被告人田某某在有期徒刑刑罚执行完毕后，五年内再犯应当判处有期徒刑之罪，系累犯，应从重处罚。被告人许某某有前科，可以酌情从重处罚。本案寻衅滋事犯罪系共同犯罪。被告人殷某某、许某某在共同犯罪中起主要作用，系主犯，应当按照其所参与的或者组织、指挥的全部犯罪处罚。被告人马某某、呼某某、刘某2、刘某1、田某某、李某某、刘某某在共同犯罪中起次要或者辅助作用，系从犯，应当从轻处罚。被告人刘某2、刘某1、李某某主动投案，如实供述自己的罪行，系自首，且愿意接受处罚，可以从轻处罚。被告人许某某、呼某某、田某某、刘某某到案后如实供述自己的罪行，系坦白，刘某某愿意接受处罚，可以从轻处罚。被告人殷某某、马某某当庭自愿认罪，马某某愿意接受处罚，可以从轻处罚。被告人许某某、马某某犯数罪，应数罪并罚。马某某积极赔偿故意伤害罪中被害人经济损失并取得谅解，可以对其故意伤害罪酌情从轻处罚。

本院依照《中华人民共和国刑法》第二百九十三条第一款（二）项、第二款，第二百三十四条第一款，第二十五条第一款，第二十六条第一款、第四款，第二十七条，第六十四条，第六十五条第一款，第六十七条第一款、第三款，第六十九条第一款，第七十条，《中华人民共和国刑事诉讼法》第二百零一条之规定，判决如下：

一、被告人殷某某犯寻衅滋事罪，判处有期徒刑七年三个月，并处罚金人民币5万元；

二、被告人许某某犯寻衅滋事罪，判处有期徒刑四年六个月，犯非法拘禁罪，判处有期徒刑二年六个月；决定执行有期徒刑六年六个月；

三、被告人马某某犯寻衅滋事罪，判处有期徒刑三年二个月，犯故意伤害罪，判处有期徒刑八个月；决定执行有期徒刑三年六个月；

四、被告人刘某1犯寻衅滋事罪，判处有期徒刑三年；

五、被告人呼某某犯寻衅滋事罪，判处有期徒刑二年六个月；

六、被告人刘某2犯寻衅滋事罪，判处有期徒刑二年五个月；

七、被告人田某某犯寻衅滋事罪，判处有期徒刑二年二个月；

八、被告人李某某犯寻衅滋事罪，判处有期徒刑一年十个月；

九、被告人刘某某犯寻衅滋事罪，判处有期徒刑一年一个月；

十、责令被告人殷某某退赔被害人人民币28560元；

……

【适用解析】

本案中，行为人在一段时期内形成较为固定的团伙，并假借民间借贷之名，诱使或迫使被害人签订“借贷”等相关协议，通过虚增借贷金额的方式形成虚假债权债务，并以暴力、威胁或者其他手段，在一定区域或者行业内多次实施违法犯罪活动，为非作歹，欺压百姓，扰乱经济、社会生活秩序，造成较为恶劣的社会影响，但尚未形成黑社会性质的违法犯罪组织，宜按“套路贷”恶势力犯罪处理。

一、“恶势力”的认定标准

我国刑法条文中并无“恶势力”的概念，但司法实务界早已形成共识，即“恶势力”是黑社会性质组织的雏形，有的最终发展成了黑社会性质组织，故及时严惩“恶势力”团伙犯罪，是遏制黑社会性质组织滋生、防止违法犯罪活动造成更大社会危害的有效途径。根据2009年《最高人民法院、最高人民检察院、公安部办理黑社会性质组织犯罪案件座谈会纪要》、2015年《全国部分法院审理黑社会性质组织犯罪案件工作座谈会纪要》、2018年两高两部《关于办理黑恶势力犯罪案件若干问题的指导意见》及2019年《关于办理恶势力刑事案件若干问题的意见》的规定，“恶势力”的认定有三个要件：一是组织特征，经常纠集在一起，一般为3人以上，纠集者相对固定；二是行为特征，以暴力、威胁或者其他手段，在一定区域或者行业内多次实施违法犯罪活动，为非作歹，欺压百姓；三是危害特征，扰乱经济、社会生活秩序，造成较为恶劣的社会影响，但尚未形成黑社会性质组织。

二、“套路贷”与普通的民间借贷两者有本质的区别

高利贷不同于赌债，高利贷本身不属于非法债务，高利贷中的借款本金及法律保护范围内的利息都是合法债务，只有基于高利贷产生的高于法律保护部分的利息才是不受法律保护的债务，即非法债务。基于高利贷产生的“套路贷”是新型黑恶犯罪的一种，这类新型黑恶犯罪不仅严重侵害当事人的合法权益，也扰乱金融市场秩序，影响社会和谐稳定。非法放贷与普通的民间借贷两者有本质的区别：

一是基本特征不同。民间借贷规模小、次数少、时间短，出借人一般不以此作为经常性的牟利手段；而非法放贷则具有资金规模大、经常性放贷、持续一定时间，并以此作为牟取高额利息回报的主要业务特征。

二是出借目的不同。民间借贷是平等民事主体之间的经济互助行为，是为了获取利益收益；而非法放贷是以非法占有为目的，假借民间借贷之名，诱使或迫使被害人签订“借贷”等相关协议，通过虚增借贷金额、肆意认定违约、毁匿还款证据等方式形成虚假债权债务，并借助诉讼、仲裁、公证等方式要求借款人归还“借款”，或者采用暴力威胁等相关违法犯罪活动迫使借款人归还“借款”。

三是手段方法不同。民间借贷一般是双方真实意愿下的借贷行为，受民事法律的保护，双方主观上都不希望发生违约的情况；非法放贷存在诱骗受害人签订虚假合同，虚构事实、隐瞒真相的行为，主动追求并制造“违约”事实发生，为下一步设计“套路”，非法占有更多财物奠定基础。

四是法律后果不同。民间借贷的本金和合法利息均受法律保护；而非法放贷本质上属于违法犯罪行为，在事实过程中不仅破坏金融管理秩序，还伴随产生多种违法犯罪行为，严重侵害受害人人身权、财产权，其签订的虚假借款合同以及恶意垒高的债务一律不受法律保护。

实践中，“套路贷”的常见犯罪手法包括但不限于以下情形：1. 制造民间借贷假象；2. 制造资金走账流水等虚假给付事实；3. 故意制造违约或者肆意认定违约；4. 恶意垒高借款金额；5. 软硬兼施“索债”。由此可见，“套路贷”是新型黑恶犯罪的一种，这类新型黑恶犯罪不仅严重侵害当事人的合法权益，也扰乱金融市场秩序，影响社会和谐稳定。

三、殷某某等人暴力方法催收高利放贷等产生的非法债务，应以催收非法债务罪定罪量刑

为严惩金融乱象，《刑法修正案（十一）》明确对非法讨债行为进行严厉惩处，将采取暴力、“软暴力”等手段催收高利放贷等产生的非法债务的行为，规定为犯罪。即在《刑法》第二百九十三条后增加一条，作为第二百九十三条之一“催收非法债务罪”：有下列情形之一，催收高利放贷等产生的非法债务，情节严重的，处三年以下有期徒刑、拘役或者管制，并处或者单处罚金：（一）使用暴力、胁迫方法的；（二）限制他人人身自由或者侵入他人住宅的；（三）恐吓、跟踪、骚扰他人的。

2020 年 12 月 26 日第十三届全国人民代表大会常务委员会第二十四次会议通过的《刑法修正案（十一）》增加了催收非法债务罪，于 2021 年 3 月 1 日生效。该案如在 3 月 1 日后结案，根据从旧兼从轻原则及有利于被告人原则，本案中，被告人殷某某、许某某等人主观上是为了催收高利放贷产生的非法债务，客观上实施了暴力、胁迫的方法限制他人人身自由，同时采取恐吓的方式威胁被害人，情节严重，其行为均已构成催收非法债务罪。被告人实施的违法犯罪行为发生在 3 月 1 日之后，定罪时需要综合考虑被告人的主观目的、手段和后果。被告人实施的违法犯罪行为符合催收非法债务罪的构成要件，亦符合寻衅滋事罪的构成要件，根据法规竞合（法条竞合）“重法优于轻法”的原则，应认定构成寻衅滋事罪。

四、催收非法债务罪与其他犯罪的关系

1. 催收非法债务罪与寻衅滋事罪的关系

第一，犯罪主观方面不同。催收非法债务罪主观方面是为了讨债，寻衅滋事罪主观方面是藐视社会秩序。第二，前者是对个人权利的侵犯，侵犯他人人身权和财产权利；后者侵犯的是社会管理秩序，是对公权力的挑衅。第三，入罪标准不同。实施一次催收非法债务行为就可以构成犯罪，但实施一次寻衅滋事行为可能不构成犯罪。《最高人民法院、最高人民检察院关于办理寻衅滋事刑事案件适用法律若干问题的解释》第一条规定，行为人因婚恋、家庭、邻里、债务等纠纷，实施殴打、辱骂、恐吓他人或者损毁、占用他人财物等行为的，一般不认定为“寻衅滋事”，但经有关部门批评制止或者处理处罚后，继续实施前列行为，破坏社会秩序的除外。根据此规定，寻衅滋事罪的入罪条件更严格。值得注意的是，实施催收非法债务行为，情节严重的，才构成犯罪；司法实践中，应把握好“情节严重”的标准。

2. 催收非法债务罪与非法拘禁罪的关系

行为人为索取高利贷、赌债等法律不予保护的债务，非法扣押、拘禁他人的，如其行为符合《刑法》第二百三十八条的犯罪构成，按非法拘禁罪定罪处罚。刑法及司法解释中并没有规定一般主体非法拘禁罪的立案标准，只是对国家机关工作人员利用职权实施的非法拘禁行为明确了具体的刑事立案标准。法院审理非法拘禁案件一般参照《最高人民检察院关于渎职侵权犯罪案件立案标准的规定》，即 1. 非法剥夺他人人身自由 24 小时以上的；2. 非法剥夺他人人身自由，并使用捆绑等恶劣手段，或者实施殴打、侮辱、虐待行为的；3. 非法拘禁，造成被拘禁人轻伤、重伤、死亡的；4. 非法拘禁，情节严重，导致被拘禁人自杀、自残造成重伤、死亡的，或者精神失常的；5. 非法拘禁 3 人次以上的；6. 其他非法拘禁应予追究刑事责任的情形。

常见的索债型非法拘禁案较为复杂，债权人通常只限制债务人人身自由，但没有伤害债务人的行为。判定债权人是否构成非法拘禁罪，只能依据限制人身自由的时间。实践中，有些案例被告人利用被害人的恐惧心理予以拘禁，或通过无形的方式限制被害人的人身自由，侵害了被害人的人身自由权，但无法查实持续的时间是否达到 24 小时。且被告人的行为亦不符合其他犯罪的犯罪构成，在此情况下，根据法无明文规定不为罪的原则及刑法的谦抑性，不能认定被告人犯罪；但被害人的人身自由权确实受到了侵害，丧失了自由支配自己外在身体行动的权利、不能按照自己的意志自由支配自己内在思维的活动。

《刑法修正案（十一）》新增催收非法债务罪有效打击了轻微违法犯罪行为，及时补充了法律的空白，适应我国当前经济社会发展总体情况和预防、惩治犯罪的需要。催收非法债务罪里的限制人身自由是没有达到非法拘禁罪的程度的，因为只在短期内限制他人人身自由；如果催收高利贷过程当中，拘禁行为符合非法拘禁罪的构成要件，应认定构成非法拘禁罪。但是要避免重复评价，一个拘禁行为不能重复评价两次。

《刑法修正案（十一）》在刑法上对暴力、“软暴力”非法讨债进行准确定性，有利于严惩犯罪行为，强化事前预防，减少受害人可能受到的侵害。此修正案体现了宽严相济的刑事政策，行政司法机关对于催收行为的罪与非罪常存在认识不一致，特别是对于能否适用寻衅滋事罪，在实践中常存有疑虑，有的地方也存在一律以寻衅滋事罪定罪处罚的适用泛化问题，也可以避免本来不构成寻衅滋事罪，由于特殊原因人为拔高的问题。同时，设立催收非法债务罪降低了行为人的入罪门槛，催收非法债务中实施的一些违法行为，之前不构成犯罪，现在情节严重的，可能构成催收非法债务罪。以后的催收非法债务案，会更加精准地判定具体行为模式，如果在催收非法债务之外，还有其他犯罪行为，比如非法拘禁、寻衅滋事等，有可能数罪并罚；但如果行为出现竞合，择一重罪处罚。

编写人：黑龙江省高级人民法院 孙冰 全荃

【第 303 条第 2 款　开设赌场罪】

45

开设赌场罪的认定

——唐某林等开设赌场案

【基本信息】

1. 裁判书字号

广西壮族自治区桂林市中级人民法院（2020）桂 03 刑终 334 号之一刑事裁定书

2. 罪名：开设赌场罪

【基本案情】

2017 年 8 月，被告人唐某林、陈某陶为牟取非法利益纠集被告人唐某强、唐某勇、刘某雨、蒋某、王某栋、蒋某平以及唐某华、李某军、蒋某茂（以上三人均在逃）等人准备在资源县城内开设赌博游戏机室，其中唐某林、陈某陶各出资 1 万元占 10 股，王某栋出资 1.5 万元占 15 股，刘某雨出资 5000 元占 5 股，唐某强出资 1 万元占 10 股，唐某勇、蒋某、蒋某平分别出资 5000 元各占 5 股，并由被告人唐某林负责管钱、分红，被告人陈某陶负责寻找开设赌场的场地，被告人唐某强负责协调与当地公安机关的关系。其后，陈某陶、唐某强寻找好具体地点后，由被告人陈某陶出面以 3000 元/月承租了位于资源县资源镇 A 地下室用于开设赌博游戏机室。赌博游戏机室在陆续购入捕鱼机 1 台、动感火狮机 1 台后开始营业，被告人王某栋负责维持赌博游戏机室秩序，被告人陈某陶负责缴纳房租水电费、维护赌博机等日常事务管理。被告人陈某陶以人民币 200 元/天的工资先后招揽唐某荣、胡某玫为服务员，负责赌场的分类账、记账、兑钱、搞卫生等。2017 年 8 月至 2018 年 1 月，为获得时任资源县公安局大合派出所所长刘某新（已判刑）的关照，被告人唐某强多次从赌场违法所得中拿出 6.9 万元送给刘某新。

2018 年 1 月，被告人陈某陶租赁位于资源县城 B 地下室。其后，被告人陈某陶、王某栋、蒋某、蒋某平等人将赌博游戏机搬迁至 B 地下室继续经营赌博游戏机室，被告人唐某强退股由被告人杨某元顶替其股份并继续负责疏通与当地公安机关的关系。

2018 年 2 月，被告人陈某陶以 1700 元/月租赁位于资源县资源镇 C 地下室。其后，被告人陈某陶等人将赌博游戏机搬迁至 C 地下室，并另行增加牌机 12 台继续经营赌博游戏机室。2018 年 4 月 11 日，资源县公安局依法查处该赌博游戏机室，现场未抓获赌场工作人员及赌博人员，但当场查获捕鱼机 1 台、动感火狮机 1 台、牌机 12 台，民警采取打烂屏幕的方式将查获的赌博游戏机予以捣毁。上述查获的捕鱼机、动感火狮机后经桂林市公安局电子游戏设施设备认定小组认定为 16 台赌博电子游戏机。2018 年 1 月至 4 月，为获得时任资源县公安局大合派出所所长刘某新的关照，被告人杨某元两次从赌场违法所得中拿出 3.3 万元送给刘某新。

2018 年 5 月，被告人唐某林、陈某陶等人租赁位于资源县某小区一栋居民楼一楼。其后，唐某林、陈某陶等人搬入赌博游戏机继续开设赌博游戏机室。在本次开设该赌场中，被告人杨某元退股。2018 年 5 月 18 日，该赌场被公安机关查获，当场抓获陈某陶、唐某荣、胡某玫以及参赌人员赵某贞等 9 人，缴获赌资 14000 元、捕鱼机 1 台、动感火狮机 1 台、牌机 13 台。经桂林市公安局电子游戏设施设备认定小组认定，缴获的捕鱼机有 8 个可独立供一人进行赌博活动的操作基本单元，认定为 8 台赌博机；动感火狮机有 8 个可独立供一人进行赌博活动的操作基本单元，认定为 8 台赌博机；牌机 13 台各有一个可供一人进行赌博活动的操作基本单元，认定为 13 台赌博机，共认定为 29 台赌博机。被告人陈某陶到案后，为包庇其余同伙，一人揽下所有罪行。2018 年 12 月 20 日，广西壮族自治区资源县人民法院以开设赌场罪判处被告人陈某陶有期徒刑一年，并处罚金人民币 2 万元；作案工具 29 台赌博机由扣押机关予以没收，涉案赌资 14000 元由扣押单位予以追缴，上缴国库。

2017 年 8 月至 2018 年 5 月 18 日，被告人唐某林等人开设的赌博游戏机室日常支出房租、服务员工资、水电费、装修费及赌博机购置费等 5 万余元。被告人唐某林等人开设的赌博游戏机室多次进行结算分红，其中唐某林分红 5 万元、陈某陶挂账 4 万元、王某栋分红 4.96 万元（含挂账 4.4 万元）、蒋某挂账 3 万元、唐某勇分红 1 万元（含挂账 0.5 万元）、蒋某平分红 1.8 万元（含挂账 0.8 万元）、刘某雨分红 2.55 万元（含挂账 1.6 万元）、唐某强分红 2.3 万元、杨某元分红 1 万元，股东共计分红 25.61 万元。

案发后，被告人蒋某于 2019 年 3 月 17 日、被告人王某栋于 2019 年 4 月 30 日、被告人蒋某平于 2019 年 5 月 10 日主动向公安机关投案。到案后，9 名被告人均如实供述了上述犯罪事实，被告人唐某林、王某栋、蒋某、唐某勇、蒋某平、刘某雨分别在公安机关退出赃款 5 万元、4.96 万元、3 万元、1.5 万元、1.8 万元、2.4 万元，被告人唐某强、刘某雨、杨某元分别在检察机关退出赃款 3.2 万元、0.15 万元、1.5 万元。

另查明，在广西壮族自治区资源县人民法院审理被告人陈某陶原犯开设赌场罪一案期间，被告人陈某陶有揭发他人犯罪行为，经查证属实，有立功表现。

一审宣判后，被告人陈某陶、王某栋、唐某勇、蒋某平、唐某林、蒋某提出上诉，检察机关未提出抗诉，被告人唐某林在二审审理过程中提出撤诉，广西壮族自治区桂林市中级人民法院作出（2020）桂 03 刑终 334 号刑事裁定书准许唐某林撤回上诉，广西壮族自治区桂林市中级人民法院作出（2020）桂 03 刑终 334 号之一刑事裁定书，裁定驳回上诉，维持原判，判决生效。

【案件焦点】

1. 起诉书认定的违法所得是否应剔除各被告人投入股本、赌博游戏机室场地租赁费用等；2. 本案是否属于情节严重以及各被告人的犯罪数额。

【裁判要旨】

1. 关于本案违法所得数额的问题。辩护人提出起诉书认定的违法所得未剔除各被告人投入股本、赌博游戏机室场地租赁费用以及部分被告人在赌场挂账等，上述款项均不应计入非法所得数额的辩护意见。《刑法》第六十四条规定犯罪分子违法所得的一切财物，应当予以追缴或者责令退赔。《最高人民法院关于适用〈中华人民共和国刑事诉讼法〉的解释》第五百零九条规定，实施犯罪行为所取得的财物及其孳息，以及被告人非法持有的违禁品、供犯罪所用的本人财物，应当认定为

《中华人民共和国刑事诉讼法》第二百八十条第一款规定的“违法所得及其他涉案财产”。由此可见，刑法中的违法所得是指通过实施犯罪直接或者间接产生、获得的任何财产。本案被告人合伙利用赌博游戏机开设赌场，其开设赌场获得的全部收入应当认定为违法所得。公诉机关指控的违法所得数额系将本案所涉赌场全部支出累加计算得出，但被告人陈某陶明确供述部分房租来源于被告人投入股本。故从有利于被告人角度出发，应当将被告人实际投入股本从指控的全部支出数额中予以扣除。被告人唐某林、陈某陶、唐某强、杨某元的供述与证人唐某荣的证言相互印证证实，赌场服务员工资、部分房租水电费以及唐某强、杨某元向刘某新行贿款均来源于赌博游戏机室违法所得，上述款项支出应当计入违法所得数额。部分被告人在赌场使用赌博游戏机参与赌博挂账，其在赌场的挂账分红时均已经予以抵销，故抵销的挂账应当计入赌场违法所得数额之中。但鉴于本案部分违法所得属于部分被告人自行参赌形成，危害性与其他开设赌场犯罪相比相对较小，故对被告人分红抵销挂账部分金额在量刑时可以酌情予以从轻。因此，本案开设赌场的违法所得数额应当为 33. 81 万元。

2. 关于本案是否属于情节严重以及各被告人犯罪数额问题。《最高人民法院、最高人民检察院、公安部关于办理利用赌博机开设赌场案件适用法律若干问题的意见》第二条第二款明确规定了利用赌博机开设赌场案认定为情节严重的情形。本案中开设赌场累计违法所得达 33. 81 万元，第二阶段开设赌场的地点位于资源县某小学对面且设置赌博机达 16 台，明显属于情节严重的情形。被告人唐某林、陈某陶、蒋某、唐某勇、刘某雨、王某栋、蒋某平先后参与全部四个阶段开设赌场犯罪，其犯罪数额应当按全部涉案金额计算；被告人唐某强、杨某元仅分别参与第一阶段、第二阶段至第三阶段开设赌场犯罪，因无法区分其他被告人在此阶段的分红数额，应当从有利于被告人原则将二人分别向刘某新行贿款以及个人分红数额认定为其涉案非法所得数额，即被告人唐某强、杨某元涉案违法所得数额分别为 9. 2 万元、4. 3 万元。

广西壮族自治区桂林市叠彩区人民法院综合考虑各被告人犯罪事实、性质、情节和社会危害程度，经本院审判委员会讨论决定，依照《中华人民共和国刑法》第三百零三条第二款，第二十五条第一款，第二十六条第一款、第四款，第五十二条，第五十三条，第六十四条，第六十五条第一款，第六十七条第一款、第三款，

第六十八条，第七十一条，第七十二条，第七十三条，第七十七条第一款之规定，判决如下：

一、撤销广西壮族自治区资源县人民法院（2017）桂 0329 刑初 44 号刑事判决第二项中对被告人王某栋宣告缓刑一年六个月的执行部分；

二、被告人唐某林犯开设赌场罪，判处有期徒刑四年，并处罚金人民币二十万元；

三、被告人陈某陶犯开设赌场罪，判处有期徒刑三年十个月，并处罚金人民币十五万元；

四、被告人王某栋犯开设赌场罪，判处有期徒刑三年十个月，并处罚金人民币五万元。与原犯故意伤害罪判处的有期徒刑十个月，数罪并罚，总和刑期为四年八个月，并处罚金五万元，决定执行有期徒刑四年，并处罚金人民币五万元；

五、被告人蒋某犯开设赌场罪，判处有期徒刑三年八个月，并处罚金人民币五万元；

六、被告人唐某勇犯开设赌场罪，判处有期徒刑三年六个月，并处罚金人民币三万元；

七、被告人刘某雨犯开设赌场罪，判处有期徒刑三年四个月，并处罚金人民币二万元；

八、被告人蒋某平犯开设赌场罪，判处有期徒刑三年二个月，并处罚金人民币二万元；

九、被告人唐松某犯开设赌场罪，判处有期徒刑三年，缓刑五年，并处罚金人民币一万五千元；

十、被告人杨某元犯开设赌场罪，判处有期徒刑三年，缓刑五年，并处罚金人民币一万元；

十一、公安机关扣押在案的赌资人民币一万四千元、作案工具打鱼机一台、动感火狮机一台、牌机十三台依法予以没收，上交国库；

十二、被告人唐某林退出的赃款人民币五万元、被告人王某栋退出的赃款人民币四万九千六百元、被告人蒋某退出的赃款人民币三万元、被告人唐某勇退出的赃款人民币一万五千元、被告人蒋某平退出的赃款人民币一万八千元、被告人刘某雨退出的赃款二万五千五百元、被告人唐某强退出的赃款人民币二万三千元、被告人杨某元退出的赃款人民币一万五千元，依法予以没收，上缴国库。

十三、责令被告人陈某陶退出违法所得人民币四万元。

宣判后，原审被告人唐某林、陈某陶、唐某勇、蒋某、王某栋、蒋某平不服，向广西壮族自治区桂林市中级人民法院提出上诉。本院依法组成合议庭，经过阅卷，讯问上诉人，听取辩护人辩护意见和检察员的阅卷意见，认为本案事实清楚，决定不开庭审理。在审理过程中，上诉人唐某林申请撤回上诉，本院已另外裁定准予撤回上诉。现已审理终结。

本院认为，上诉人陈某陶、唐某勇、蒋某、王某栋、蒋某平，原审被告人唐某林、刘某雨、唐某强、杨某元以非法牟利为目的，利用赌博机开设赌场，情节严重，其行为触犯了《中华人民共和国刑法》第三百零三条第二款之规定，构成开设赌场罪，原判定罪准确。

对于陈某陶提出的其未获得分红，挂账的 4 万元是修赌博机的钱的上诉意见。经查，根据陈某陶和其他同案犯的供述，证实赌场基本上每个月都分红，大部分股东在赌场赌博都进行挂账。该上诉意见不成立，本院不予采纳。

对于蒋某平及其辩护人提出行政处罚作为酌情从重情节违背了一事不再罚的行政处罚原则的上诉和辩护意见。经查，行政处罚作为酌情从重处罚只是一个量刑情节，并非对违法行为的再次处罚。该上诉意见不成立，本院不予采纳。

对于陈某陶、唐某勇及其辩护人、蒋某、蒋某平及其辩护人、王某栋提出系从犯的上诉和辩护意见。经查，本案系共同犯罪，五上诉人作为股东先后参与了开设赌场犯罪并获得分红，在共同犯罪中起主要作用，系主犯。故该上诉和辩护意见不成立，本院不予采纳。

综上，原判认定事实清楚，证据确实、充分，适用法律正确，量刑适当，审判程序合法。依照《中华人民共和国刑事诉讼法》第二百三十六条第一款第（一）项之规定，裁定如下：

驳回上诉，维持原判。

【适用解析】

我国现阶段涉赌犯罪案件的特点相较之前有了明显的变化，主要体现为：1. 现阶段涉赌案件隐蔽性更强，随着互联网的高速发展，与线上平台的出现，导致涉赌案件更难查获；2. 现阶段涉赌案件主动寻求“保护伞”，由于我国对涉赌案件的严厉查处，涉赌案件的犯罪人员为了继续犯罪，往往会寻求政府职能部门或是公安机关的“庇护”，通过行贿等手段寻求“保护伞”；3. 现阶段涉赌案件危害性更大，随着我国人均可支配收入的增加，涉赌案件往往涉案金额大，对普通家庭更是有着巨大的危害；4. 涉赌案件往往涉及黑恶势力犯罪，随着扫黑除恶专项斗争的部署开展，渐渐发现赌场为了获取更大非法利益，必定采取非法手段，而非法手段涉及黑恶势力的犯罪，损害社会正常秩序。正是基于以上四个特点促使了《刑法修正案（十一）》的出台，其出台目的就在于加大对涉赌案件的惩处力度，结合扫黑除恶专项斗争的时代背景，维护良好的社会秩序、经济秩序。

《刑法修正案（十一）》修改前，《刑法》第三百零三条规定的开设赌场罪有两个量刑档，分别是三年以下有期徒刑、拘役或者管制，并处罚金；三年以上十年以下有期徒刑，并处罚金。《刑法修正案（十一）》修改后，量刑档的刑期分别上调到五年以下有期徒刑、拘役或者管制，并处罚金；五年以上十年以下有期徒刑，并处罚金，并增加了第三款组织中华人民共和国公民参与国（境）外赌博，数额巨大或者有其他严重情节的，依照前款的规定处罚。《刑法修正案（十一）》生效后，《最高人民法院、最高人民检察院、公安部关于办理利用赌博机开设赌场案件适用法律若干问题的意见》中对于开设赌场罪属于情节严重的规定仍然可以适用。在司法实践中，从以下方面，对开设赌场罪的定罪和量刑进行分析。

一、定罪方面

能否认定被告人是否构成开设赌场罪的关键就在于其用于赌博的机器数量，本案中开设赌场累计违法所得达 33.81 万元，第二阶段开设赌场的地点位于资源县某小学对面且设置赌博机达 16 台。就被告人主体适格，主观方面以非法获取不正当利益为目的，开设赌场达到法律规定的数额，侵害了社会公共秩序，不论是主体、主观方面还是客体、客观方面，都符合开设赌场罪的构成要件，应当以开设赌场罪追究被告人刑事责任。

二、量刑方面

《最高人民法院、最高人民检察院、公安部关于办理利用赌博机开设赌场案件适用法律若干问题的意见》仍然对修正后的刑法产生效力，第二条第二款明确规定了利用赌博机开设赌场案认定为情节严重的情形。本案中开设赌场累计违法所得达

33.81万元，第二阶段开设赌场的地点位于资源县某小学对面且设置赌博机达16台，明显属于情节严重的情形。被告人唐某林、陈某陶、蒋某、唐某强、唐某勇、刘某雨、杨某元、王某栋、蒋某平构成开设赌场罪，且符合《最高人民法院、最高人民检察院、公安部关于办理利用赌博机开设赌场案件适用法律若干问题的意见》中规定的情节严重的情形，9名被告人在开设赌场犯罪中均起主要作用，系主犯。根据《刑法修正案（十一）》规定，应当在五年以上十年以下有期徒刑量刑，并处罚金，即9名被告人量刑起点至少是五年，结合9名被告人在其犯罪中的行为及量刑情节，其量刑整体会提高，9名被告人的宣告刑期将在五年至六年有期徒刑。《刑法》第七十二条规定："对于被判处拘役、三年以下有期徒刑的犯罪分子，同时符合下列条件的，可以宣告缓刑，对其中不满十八周岁的人、怀孕的妇女和已满七十五周岁的人，应当宣告缓刑：（一）犯罪情节较轻；（二）有悔罪表现；（三）没有再犯罪的危险；（四）宣告缓刑对所居住社区没有重大不良影响。宣告缓刑，可以根据犯罪情况，同时禁止犯罪分子在缓刑考验期限内从事特定活动，进入特定区域、场所，接触特定的人。被宣告缓刑的犯罪分子，如果被判处附加刑，附加刑仍须执行"。根据上述规定，本案被告人唐某强、杨某元将不再符合适用缓刑条件，应当判处实刑。

编写人：广西壮族自治区桂林市叠彩区人民法院 唐俊

46

跨境开设赌场

——钟某某开设赌场案

【基本信息】

1. 裁判书字号

浙江省台州市黄岩区人民法院（2020）浙1003刑初491号刑事判决书

2. 罪名：开设赌场罪

【基本案情】

2020 年 3 月，被告人钟某某与他人结伙在柬埔寨西哈努克港一酒店房间内开设“六命”赌博场头，发展金某（已判决）等人建立多个“热线”微信赌博群，招揽多名台州籍人员在“热线”微信赌博群内参赌，并从中抽头获利。其间，场头开设 27 场次以上，赌资数额共计人民币 700 万元以上，钟某某个人抽头获利人民币 20 万元以上。

【案件焦点】

本案被告人在境外开设赌场，通过微信赌博群招揽中华人民共和国公民在境内通过网络参与赌博，是否构成赌博罪。

【裁判要旨】

浙江省台州市黄岩区人民法院经审理认为，本案被告人在境外开设赌场，通过微信赌博群招揽中华人民共和国公民参与赌博，赌资金额共计人民币 700 万元以上，个人获利人民币 20 万元以上，已经达到开设赌场情节严重的量刑起点。开设赌场罪最高法定刑系十年，在《刑法修正案（十一）》施行之前，开设赌场情节严重的量刑起点系有期徒刑三年。被告人钟某某以营利为目的，在境外开设赌场，通过发展微信赌博群招揽人员参赌，并从中抽头获利，情节严重，其行为已构成开设赌场罪。被告人在前罪有期徒刑刑罚执行完毕后，五年内再犯应当判处有期徒刑以上刑罚之罪，系累犯，且曾因犯寻衅滋事罪被刑事处罚，因盗窃被行政处罚，现又犯开设赌场罪，依法并酌情予以从重处罚。被告人案发后主动向公安机关投案，自愿认罪认罚，已退缴违法所得，依法并酌情予以从轻处罚。根据被告人犯罪的事实、性质、情节和对于社会的危害程度，依照《中华人民共和国刑法》第三百零三条第二款、第二十五条第一款、第六十五条第一款、第六十四条，《中华人民共和国刑事诉讼法》第十五条之规定，判决被告人钟某某犯开设赌场罪，判处有期徒刑四年十个月，并处罚金人民币 30 万元。被告人钟某某退缴的违法所得人民币 20 万元，予以没收，上缴国库。

【适用解析】

一、开设赌场罪的由来与发展

《刑法修正案（六）》将开设赌场的行为从赌博犯罪行为中分立出来，作为一种单独的犯罪加以规定，并将法定最高刑从原来的三年有期徒刑提高到十年有期徒刑。之所以将开设赌场罪从赌博罪中单独分立出来，并将法定最高刑从原来的三年有期徒刑提高到十年有期徒刑，是因为开设赌场的危害性远远大于赌博的危害性。

《刑法修正案（十一）》将刑法第三百零三条修改为，开设赌场的，处五年以下有期徒刑、拘役或者管制，并处罚金；情节严重的，处五年以上十年以下有期徒刑，并处罚金，另外新增加了一款，组织中华人民共和国公民参与国（境）外赌博，数额巨大或者有其他严重情节的，依照前款的规定处罚。《刑法修正案（六）》将开设赌场罪从赌博罪中分离出来并且提高了法定最高刑，到《刑法修正案（十一）》将开设赌场罪量刑档从三年提高到五年，并且通过新增一款规定明确了组织中华人民共和国公民参与（国）境外赌博，数额巨大或者有其他严重情节的，依照开设赌场罪的规定处罚。

二、开设赌场罪与赌博罪的关系

赌博罪是指以营利为目的，聚众赌博或者以赌博为业的行为。在行为性质、犯罪侵犯的客体、犯罪目的等方面，开设赌场罪与赌博罪并没有太大的变化。二者的主要区别表现在：1. 从参与人员来看，赌博罪中参与人员一般具有稳定性，即经常是一群相互熟悉的人参与赌博；而开设赌场罪中的参与人员一般不具有稳定性，很多参与赌博的人不一定与开设赌场的人认识并熟悉。2. 从公开程度来看，聚众赌博一般是一群相对固定的人聚在一起的赌博行为。所以一般不会对社会公开，在社会上知晓的范围不会很大；而开设赌场一般吸纳不特定人员参与赌博，公开性较高，在社会上知晓度较高。3. 从有无经营目的来看，聚众赌博是直接通过赌博来获取非法利益，不具有经营的目的；而开设赌场一般通过赌博来经营，通常是以抽头的形式获取利益，通过经营间接获取赌博利润。4. 从专业化程度来看，由于开设赌场是一种经营行为，故需要具备经营上的专业化程度，在赌博工作、赌博场所等方面都较为专业；而聚众赌博则不一定具备专业化条件，有的可能是几个固定的人长期地聚众赌博，但是赌博条件较为简陋。5. 从赌博的规模来看，由于聚众赌博人员的稳定性、非公开性、非经营性、非专业性，赌博的规模一般远远小于开设赌场的规模。一般来讲，开设赌场行为的危害性要远远大于聚众赌博的危害性。

三、跨境网络赌博的危害性

跨境网络赌博作为新型的赌博方式，将赌博网站设在境外，利用互联网、移动通信终端等传输赌博视频、数据、组织和吸引境内人员参加赌博活动，有一套从境外向境内、自上而下的组织架构，境外组织位于架构的顶端，国内各级代理是下线，负责扩大参赌人数，吸纳赌资。从网络赌博现状分析，中文赌博网站主要设在我国台湾地区、香港特区，以及东南亚和美国等地，大陆设立的赌博网站数量较少。不过从近年的司法实践来看，大陆设立赌博网站的数量有增多的趋势。

《刑法修正案（十一）》将开设赌场罪情节严重的法定量刑起点从三年提高到五年，并且新增设了组织中华人民共和国公民参与（国）境外赌博，数额巨大或者有其他严重情节的，依照开设赌场罪的规定处罚的规定，主要还是基于近年来赌博恶习愈演愈烈，危害性进一步扩大，新型的跨境赌博，网络赌博，跨境网络赌博层出不穷，危害性更大、更广、更深。

跨境赌博，输的概率非常高，甚至很多人为此倾家荡产，把原本用来做实业的资金投向赌博，导致实业倒闭，工人失业，自己可能妻离子散。家庭是社会的细胞，而赌博则是侵害家庭和睦稳定的毒瘤。再者赌博会滋生惰性，让原本勤奋努力的人变得好吃懒做，只想凭借运气不劳而获。因为赌博而身败名裂的人，因为赌博而染上黄、毒恶习的人不在少数，甚至因为赌博输得走投无路而结束自己的生命。跨境赌博导致大量的赌资通过地下钱庄等非法的金融机构流向国外，造成国内资金恶性外流，扰乱了我国外汇市场管理秩序，严重危害国家的金融安全。在跨境赌博、网络赌博等违法犯罪活动中，不法分子往往利用购买来的银行卡等账户转移资金。比如，近期本院审理的一起掩饰隐瞒犯罪活动罪中，犯罪分子在缅甸设立了支付中心，用来买卖现金，并且吸纳国内的人到缅甸去为其买卖现金提供协助，安排一些人在国内负责取现及转移资金。对于网络诈骗、网络赌博来的资金以现金买卖的方式进行转移，在东南亚地区甚至形成了一个产业链，以高薪为诱饵吸引国内的人到东南亚去从事现金买卖业务，随着“断卡”行动的开展，不少犯罪分子落网。上游犯罪的存在，是下游“买卖现金”行为存在的温床，故“断卡”行动开展的同时，也要加大上游犯罪的打击力度。对于上游犯罪之一的跨境开设赌场行为也应该在重点打击行为之列。

正是因为开设赌场行为，包括新兴的跨境开设赌场行为的危害性范围广、影响深，《刑法修正案（十一）》对开设赌场的行为加大了打击力度，明确了跨境开设赌场行为属于开设赌场行为，同样加大打击力度，对打击开设赌场行为，遏制赌博恶习，形成良好社会风尚，维护良好的社会秩序、金融秩序意义重大。

四、主动投案从宽处罚的刑事政策

跨境开设赌场，犯罪分子将赌场开设在了国外，且为了逃避惩罚，一般自己也是在国外，跨境开设赌场除了传统的将我国公民吸引到国外的赌场实地参与赌博，近年来随着网络赌博的兴起，跨境赌博很多是跨境网络赌博。该类犯罪行为一般隐蔽性较高，不易被察觉，且犯罪分子人在国外，面临跨国执法权的问题，给跨境抓捕犯罪嫌疑人带来了难度。因此在该类违法犯罪中，有内部人员提供违法犯罪的线索，或者有在境外开设赌场的犯罪分子愿意回国主动投案的，对于查清跨境赌博的犯罪事实、有效控制犯罪嫌疑人存在重大意义。比如，本案中的被告人系在柬埔寨开设赌场，以“热线”微信赌博群的形式吸引人员参与赌博。微信赌博群吸引不特定人员参与赌博，赌资大，危害性大，被告人身在柬埔寨，给抓捕工作带来一定难度。故本案中被告人主动回国向公安机关投案作为酌情从轻的量刑情节，在最终确定宣告刑的时候给予了充分的考虑。体现了宽严相济的刑事政策，也鼓励在境外开设赌场的犯罪分子积极主动回国投案，给自己一个从轻处罚的机会。

五、刑法的溯及力问题

刑法的溯及力问题，是指刑法生效以后，对于其生效以前未经审判或者判决尚未确定的行为是否适用的问题。如果适用，就是有溯及力；如果不适用，就是没有溯及力。我国现行刑法采取的是从旧兼从轻原则，即新法原则上不溯及既往，但新法不认为是犯罪或者处罚较轻的，则要按照新法处理。

显然，《刑法修正案（十一）》对开设赌场，情节严重的法定刑从三年提高到了五年，新法相较于旧法，在量刑上变重了。对于《刑法修正案（十一）》施行以前的开设赌场行为还是按照以前的规定量刑，对于新法施行后再犯的开设赌场行为是按照新法量刑。这对于违法者也是一个警示，国家对于开设赌场的行为加大了打击力度，告诫人们不要从事开设赌场的违法犯罪行为。

开设赌场的行为往往是处于持续状态的，出于经营牟利的目的，违法者很少开一两场或短期内就结束开设赌场的行为。根据审判实践中存在的数据来看，开设赌场的犯罪分子很多是累犯或者有违法犯罪前科，而且大多是曾经因开设赌场被判处刑罚，现又犯开设赌场罪，究其原因还是因为开设赌场巨大的利益诱惑，也正因为如此，很多开设赌场的行为是处于持续状态的。这里就涉及另外一个问题，即“跨法犯”的问题。

“跨法犯”是指行为人的行为开始于新刑法生效之前而结束于新刑法生效以后，跨越新旧刑法的一种犯罪形态。由于“跨法犯”中涉及的部分行为发生于新刑法生效以前，这里就涉及刑法的溯及力问题。当然对于“跨法犯”不能简单地适用从旧兼从轻原则。我国《刑法》规定“追溯期限从犯罪之日起计算，犯罪行为有连续或者继续状态的，从犯罪行为终了之日起计算”。“跨法犯”之所以跨越新旧刑法，是因为其行为处于连续或继续状态，从实施犯罪行为开始到行为终了为止这一过程中，行为人都是处于犯罪的状态，且“跨法犯”的行为终了于新刑法生效后。故一般情况下，“跨法犯”应该按照新刑法判处。

对于开设赌场犯罪来说，赌资是定罪量刑的重要依据。如果赌资的发生主要是在《刑法修正案（十一）》生效之前，只有小部分发生在新法生效之后，甚至发生在新法生效之后的行为产生的赌资金额单独来看可能没有达到犯罪金额，那么还是应该按照有利于被告人的原则来量刑。如果犯罪行为主要是在新法生效以后产生的，则按照新法的量刑规定。《刑法修正案（十一）》的刑事政策导向也是鼓励开设赌场的行为人及时终止开设赌场的行为，通过加大惩罚力度，威震违法者不要从事开设赌场的行为。

编写人：浙江省台州市黄岩区人民法院　李芳芳

第二节　危害公共卫生罪

【第330条　妨害传染病防治罪】

47

实施隐瞒密切接触史等不执行卫生防疫机构提出的防控措施行为的，构成妨害传染病防治罪

——章某某、季某某妨害传染病防治案

【基本信息】

1. 裁判书字号

浙江省青田县人民法院（2020）浙1121刑初44号刑事判决书

2. 罪名：妨害传染病防治罪

【基本案情】

因武汉市发生新冠肺炎疫情，国家卫生健康委员会于2020年1月20日将新冠肺炎纳入《中华人民共和国传染病防治法》规定的乙类传染病，并采取甲类传染病的预防、控制措施。

2020年1月15日，被告人季某某从武汉返回青田县过春节。1月19日，季某某参加了被告人章某某组织的聚会活动，并与多人密切接触。1月23日，浙江启动重大公共突发卫生事件一级响应。同日，季某某因发热、咳嗽等症状去青田县人民医院就诊时被留院进行医学观察，1月25日被确诊为新冠肺炎病例，随后青田县政府决定对季某某居住的大厦内全部住户居家隔离医学观察14天，并对外发布通告。

1月23日至2月6日，青田县疾控中心工作人员根据疫情防控要求，多次对季某某进行流行病学调查，季某某均隐瞒了1月19日参加聚会的事实。

2020年1月24日至2月4日，章某某因发热、咳嗽等症状多次去青田县人民医院、中医医院就诊，在医护人员询问是否有武汉旅居史、与武汉或武汉返乡人员接触史时，章某某明知季某某是武汉返乡人员及新冠肺炎确诊病例，仍隐瞒与季某某的密切接触史，导致医疗机构未能及时对其采取隔离治疗措施。2月4日晚，章某某在青田县人民医院被隔离治疗，2月7日，章某某被确诊为新冠肺炎病例。其间，在青田县疾病预防控制中心工作人员对章某某进行流行病学调查时，章某某仍故意隐瞒与季某某的密切接触史，以及组织聚会与多人密切接触等事实。

2020年2月7日，在对章某某进行新冠肺炎确认过程中，防疫工作人员根据大数据显示结果再次询问章某某、季某某，二被告人才承认1月19日密切接触的事实。

因季某某隐瞒密切接触史，导致包括章某某在内的32名密切接触者未被及时隔离；因章某某隐瞒密切接触史，致使其本人及113名密切接触者未能被及时追踪、进行集中隔离观察，还造成就诊时的医护人员14人、同诊病人等7人被集中隔离观察，影响了新冠肺炎疫情防控工作，造成新型冠状病毒传播的严重危险。

【案件焦点】

在被确诊为新冠肺炎和收治隔离后，隐瞒真实行程和活动轨迹，或者在历次看诊期间违反新冠肺炎疫情防控措施有关规定，未如实陈述接触史，导致卫生防疫部门无法及时开展新冠肺炎疫情防控工作的，是否以妨害传染病防治罪定罪处罚。

【裁判要旨】

浙江省青田县人民法院经审理认为，被告人章某某、季某某违反传染病防治法规定，在国家卫生健康委员会宣布对新冠肺炎采取甲类传染病预防、控制措施后，不配合疫情防控措施，其中季某某在被确诊为新冠肺炎病例后隐瞒与章某某等人的密切接触史、章某某明知季某某已确诊为新冠肺炎病例而隐瞒与其的密切接触史且被确诊为新冠肺炎病例，致使大量人员未被及时隔离，又造成包括医务人员在内的多人被集中隔离，引起新型冠状病毒传播的严重危险，两被告人的行为均已构成妨害传染病防治罪。鉴于被告人章某某、季某某在出现发热症状后采取了配戴口罩的防护措施，其隐瞒的行为最终未实际造成新型冠状病毒传播，且自愿认罪认罚，可酌情从轻处罚。两辩护人提出与此相一致的辩护意见，予以采纳。被告人章某某在武汉宣布封城、新冠肺炎疫情严峻形势已明朗，且季某某的新冠肺炎已被确诊、居住的大厦全部住户被决定居家隔离医学观察 14 天，当地县政府因此对外发布通告的情况下，仍隐瞒曾组织聚会并有多人与季某某密切接触的事实，且在外活动，其情节相对于被告人季某某较重。综合两被告人的认罪悔罪态度、主观恶性和社会危害程度，根据《中华人民共和国刑法》第三百三十条第一款第（四）项、第三款之规定，判决：

一、被告人章某某犯妨害传染病防治罪，判处有期徒刑九个月；

二、被告人季某某犯妨害传染病防治罪，判处有期徒刑八个月。

一审判决后，被告人章某某、季某某均未上诉，公诉机关未抗诉，本案已发生法律效力。

【适用解析】

本案系新冠肺炎疫情发生以来，我省法院审判的首例妨害传染病防治罪案件。结合本案证据分析、事实认定，本文拟从对行为人犯罪行为的定性、隐瞒行为与引起传播严重危险后果间因果关系的判定、接触者人数的认定等方面进行分析，从而为妨害传染病防治罪案件的审判提供一定的参考。

一、妨害传染病防治罪中的“甲类传染病”为甲类传染病或者按照甲类传染病管理的传染病

《刑法》第三百三十条规定：“……甲类传染病的范围，依照《中华人民共和国传染病防治法》和国务院有关规定确定。”《中华人民共和国传染病防治法》规定的传染病有甲类、乙类和丙类，其中甲类传染病是指鼠疫、霍乱；《最高人民检察院、公安部关于公安机关管辖的刑事案件立案追诉标准的规定（一）》第四十九条规定，违反传染病防治法的规定，引起甲类或者按照甲类管理的传染病传播或者有传播严重危险，涉嫌下列情形之一的，应予立案追诉。“按甲类管理的传染病”，是指乙类传染病中传染性非典型肺炎、炭疽中的肺炭疽、人感染高致病性禽流感以及国务院卫生行政部门根据需要报经国务院批准公布实施的其他需要按甲类管理的乙类传染病和突发原因不明的传染病。

国家卫生健康委员会经国务院批准，于2020年1月20日发布第1号公告，明确将新冠肺炎纳入《中华人民共和国传染病防治法》规定的乙类传染病，并采取甲类传染病的预防、控制措施，为适用妨害传染病防治罪提供了依据。《刑法修正案（十一）》则将“依法确定采取甲类传染病预防、控制措施的传染病”直接在刑法中予以规定，更利于法律的适用。

二、在被确诊为新冠肺炎和收治隔离后，隐瞒真实行程和活动轨迹，或者在历次看诊期间违反疫情防控措施有关规定，未如实陈述接触史，导致卫生防疫部门无法及时开展防控工作的，以妨害传染病防治罪定罪处罚

最高人民法院、最高人民检察院、公安部、司法部于2020年2月6日联合制定出台的《关于依法惩治妨害新型冠状病毒感染肺炎疫情防控违法犯罪的意见》（以下简称《防控意见》）规定，故意传播新型冠状病毒感染肺炎病原体，具有下列情形之一，危害公共安全的，依照《刑法》第一百一十四条、第一百一十五条第一款的规定，以以危险方法危害公共安全罪定罪处罚：

1. 已经确诊的新型冠状病毒感染肺炎病人、病原携带者，拒绝隔离治疗或者隔离期未满擅自脱离隔离治疗，并进入公共场所或者乘坐公共交通工具的；

2. 新型冠状病毒感染肺炎疑似病人拒绝隔离治疗或者隔离期未满擅自脱离隔离治疗，并进入公共场所或者公共交通工具，造成新型冠状病毒传播的。

其他拒绝执行卫生防疫机构依照传染病防治法提出的防控措施，引起新型冠状病毒传播或者有传播严重危险的，依照《刑法》第三百三十条的规定，以妨害传染病防治罪定罪处罚。

本案中，被告人章某某、季某某在被确诊为新冠肺炎和收治隔离后，隐瞒与多人聚会的真实行程和活动轨迹，导致疾控部门无法及时开展防控工作，造成大量人员未被及时隔离，另章某某还在历次就诊接受医护人员询问时隐瞒与季某某的密切接触史，导致密切接触者范围扩大，两被告人均应当以妨害传染病防治罪定罪处罚。理由如下：

1. 被告人章某某、季某某事前均未经过医疗机构、医疗人员确诊为新冠肺炎病人或疑似病人，是先有危害行为、后果，事后确认其属于新冠肺炎病人，在被确诊后既没有进入公共场所或者乘坐公共交通工具，也没有其他故意传播疾病的行为，不符合《防控意见》规定的以危险方法危害公共安全罪的犯罪构成要件，故不宜因为其最终被确诊为新冠肺炎病人，而用其之前有发热、咳嗽等新冠肺炎发病症状来推定其之前为新冠肺炎病人或疑似病人，将其隐瞒行程、密切接触史等不执行防控措施的行为以以危险方法危害公共安全罪定罪。

2. 被告人章某某、季某某实施了拒绝执行卫生防疫机构依照传染病防治法提出的预防、控制措施等违反传染病防治法规定的行为。

首先，两被告人隐瞒聚会时的密切接触史的行为违反了传染病防治法的规定。妨害传染病防治罪中的“传染病防治法规定”是一个关于传染病防控的法律体系，包括《中华人民共和国传染病防治法》《中华人民共和国突发事件应对法》《突发公共卫生事件应急条例》等一系列与疫情防控有关的法律法规和国务院有关规定。我国传染病防治法明确了各级政府和有关部门为预防、控制和消除传染病可以采取的措施，是传染病防治的主要法律依据之一。因此，中央、省、市、县人民政府和疾控中心等相关部门制定的各项防控措施，包括如实陈述接触史、行动轨迹等，每个人都必须遵守。

其次，本罪系过失犯罪，二被告人主观上没有造成新型冠状病毒传播的故意，但具有隐瞒密切接触史的故意。（1）浙江省于2020年1月23日启动重大公共突发卫生事件一级响应，之后“丽水发布”“青田发布”等各类媒体均不间断地及时报道新冠肺炎疫情防控政策、确诊病例和隔离措施等相关疫情信息，两被告人对在新冠肺炎疫情防控期间应如实汇报所有行动轨迹、与疫情严重地区人员或者返乡人员的接触史、聚会情况等规定应当明知；（2）被告人季某某于2020年1月19日上午、下午各一次与家人一起参加被告人章某某组织的30余人的聚会，且两被告人原先即相识，但被告人季某某在接受时隔其参加聚会仅4天的流行病学调查时，声称自己不记得该次聚会的事实，明显不符合常理；被告人章某某知晓季某某参加了聚会并已被确诊为新冠肺炎病例的事实，有其多位亲属的证言予以证实，而其此后在历次就诊接受医护人员询问和确诊后接受流行病学调查时均未陈述该事实；直至防疫工作人员根据大数据显示结果发现1月19日两人的共同轨迹后才予以承认。因此，虽然两被告人在侦查、起诉阶段，对其隐瞒接触史的主观故意提出辩解，但结合在案其他证据，已形成逻辑证据链，足以认定两被告人有故意隐瞒密切接触史，不配合新冠肺炎疫情防控措施行为的主观故意，最终两被告人亦当庭予以承认。

3. 被告人章某某、季某某的隐瞒行为有引起新型冠状病毒传播的严重危险。季某某在被确诊为新冠肺炎病例后隐瞒与章某某等人的密切接触史、章某某明知季某某已确诊为新冠肺炎病例而隐瞒与其的密切接触史且被确诊为新冠肺炎病例，致使大量人员未被及时隔离，易造成新型冠状病毒传播范围的扩大，其中，季某某的隐瞒行为造成未被隔离的人员包括章某某，章某某还造成包括医务人员在内的多人被集中隔离进行医学观察，故两人的行为均应认定为有引起新型冠状病毒传播的严重危险。

三、在认定接触者人数时，应根据被告人实施的故意隐瞒行为之存在的因果关系进行认定

统计认定接触者人数是判定是否造成传播严重危险的重要因素，因此，妥当认定接触者人数，是准确判断造成传播严重危险的后果、对妨害传染病防治犯罪的被告人合理定罪量刑的关键环节。本案中，笔者主要从以下两个方面进行把握：

1. 根据隐瞒行为实际造成的传播风险认定接触者人数

（1）被告人季某某的接触者人数应从其隐瞒行为造成的未被及时隔离人数方面进行认定。首先，季某某于2020年1月19日参加聚会时，卫生防疫机构尚未提出相关防控措施，故在本案中评价的是其隐瞒聚会行为引起的后果，而非该聚会行为。其次，参加聚会人员中包括季某某一家4人、章某某一家4人和其他人员共计36人，因对季某某进行流行病学调查时，其本人及其家属3人均根据其陈述被及时隔离，与季某某的隐瞒行为不再具有因果关系，所以季某某的接触者人数仅应认定为参加聚会的包括章某某在内的未被及时隔离的密切接触者32人及密接的密接。最后，章某某的感染不是因季某某的隐瞒行为造成的，也不宜认定季某某实际引起了新型冠状病毒的传播。

（2）被告人章某某的接触者人数应从其隐瞒行为增加的隔离人数以及造成的未被及时隔离人数方面进行认定。首先，章某某于2020年1月24日就诊时没有陈述与确诊病例季某某的密切接触史，致使医疗机构将其作为一般发热病人看待，未对其进行隔离，故其就诊期间造成的因与其密切接触而被集中隔离的接诊医护人员、同诊病人等21人均应予以认定，而在排查章某某密切接触者时，已采取防护措施的10余名医护人员因工作需要等综合原因未被要求隔离，即章某某的行为对该部分医护人员未造成传播风险，应予剔除。其次，1月24日至2月6日，章某某就诊时隐瞒与季某某的密切接触史、接受流行病学调查时隐瞒组织聚会并有多人与季某某密切接触的事实，导致包括聚会人员 30 余人（不包括章某某本人）在内的 113 名密切接触者未被及时隔离，二者之间存在因果关系，应予以认定。

2. 坚持证据裁判原则，接触者人数的认定必须证据确实充分

本案中，公诉机关指控密接及密接的密接共达 500 余人，最终法院经审理后认为，密接的密接因证据存在明显瑕疵而无法补正，在本案中不作为犯罪事实予以认定。理由如下：

首先，认定接触者的主要证据是调查报告、调查表、流行病学调查和密切接触者排查记录表，但在章某某密接的密接清单中，出现“最后接触时间”为“1 月 1 日”“1 月 2 日”等明显与事实不符的登记，以及无密切接触者姓名等情况，且疾控人员表示应是工作繁重的情况下时间登记错误或遗漏，现已无法补正，但根据当时的新冠肺炎疫情防控措施，清单中的人员是正确的，均已被要求居家隔离观察。本院经审查认为，时间上的错误表明该证据客观性无法保证，密接者姓名的缺失导致密接的密接与被告人隐瞒行为之间的因果关系无法认定，故在本案中，对该清单上的 401 名密接的密接未作为犯罪事实认定，仅认定了证据确实充分的 113 名密切接触者。

其次，新冠病毒接触者是指与病例发病后有如下接触情形之一，但未采取有效防护者：①与病例共同居住、学习、工作或其他有密切接触的人员，如与病例近距离工作或共用同一教室或与病例在同一所房屋中生活；②诊疗、护理、探视病例的医护人员、家属或其他与病例有类似近距离接触的人员，如直接治疗及护理病例、到病例所在的密闭环境中探视病人或停留、病例同病室的其他患者及其陪护人员；③与病例乘坐同一交通工具并有近距离接触人员，包括在交通工具上照料护理过病人的人员，该病人的同行人员（家人、同事、朋友等），经调查评估后发现有可能近距离接触病人的其他乘客和乘务人员；④现场调查人员调查后经评估认为符合其他与密切接触者接触的人员。因此，公诉机关指控的 30 名医护人员中，已采取有效防护措施且未被要求隔离的 10 余名医护人员，已被卫生防疫机关判定不可能因章某某的行为引起传播严重风险，不应计入被告人的密切接触者人数内，故本院仅将被集中隔离的 14 名医护人员作为危害后果予以认定。

最后，笔者认为，在依法及时严惩妨害新冠肺炎疫情防控犯罪，为坚决打赢新冠肺炎疫情防控阻击战提供有力保障的同时，刑法还应保持必要的谦抑性。此次新

冠肺炎疫情对于国家、社会和个体都是一场灾难，很多抗拒新冠肺炎疫情防控的涉罪行为人自身亦是受害者。因此，法院应充分贯彻宽严相济刑事政策，在定罪量刑方面保持必要的慎重，确保办案效果与政治效果、社会效果的统一。

编写人：浙江省青田县人民法院　熊秀丽　李晓伟

48

拒执预防控制机构防控措施的认定

——孟某某妨害传染病防治案

【基本信息】

1. 裁判书字号

黑龙江省绥棱县人民法院（2020）黑1226刑初43号刑事判决书

2. 罪名：妨害传染病防治罪

【基本案情】

2020年1月17日，被告人孟某某乘坐广州至哈尔滨市的Z×××火车回绥棱县，火车在武昌站经停时，其下车透气之后返回车中。孟某某到绥棱县后于2020年1月31日、2月3日因发热咳嗽两次来到绥棱县人民医院就诊，医生冷某某、付某某、管某某分别按照国家卫生健康委员会印发的《新型冠状病毒感染的肺炎诊疗方案（试行第四版)》的规定，对孟某某有无新冠肺炎流行病学史进行了询问，孟某某隐瞒了于2020年1月17日途经武汉在武昌站下车透气的事实，致使医疗机构未能及时按照新冠肺炎处置。同年2月4日，内一科主任管某某再次对孟某某询问时，孟某某才将其途经武汉返程的行程告知管某某。同年2月6日，经绥棱县人民医院专家会诊，孟某某被确诊为新冠肺炎的确诊病例。孟某某隐瞒途经武汉返乡的行程后出入医院、食杂店等地，造成7人被隔离，其中管某某、董某甲、闫某某、刘某某4人被集中隔离，董某乙、孙某某、贾某某3人自行居家隔离，隔离人员中未发现疑似或确诊病例。

上述事实有经庭审质证、确认的被告人孟某某的供述与辩解，证人孙某某等人的证言，受案登记表，2020 年 2 月 6 日询问孟某某电话记录，社区委主任与孟某某微信聊天记录，绥化传染病医院出院证明，创业社区二委对孟某某情况说明，解除医学观察告知书，绥棱县人民医院诊疗手册、报告单、发热门诊登记表、会诊记录及图片，关于对新冠肺炎疑似（确诊）病例密切接触者管理的通知、居家医学观察告知书，新冠肺炎病例个案调查表，集中转居家观察解除告知书、隔离观察解除告知书，黑龙江省疾病预防控制中心关于新冠肺炎确诊病例密切接触者的回复函，绥棱县阁山镇三合村一组新冠肺炎聚集性疫情流行病学调查报告，国家卫生健康委员会办公厅、国家中医药管理局办公室关于印发《新型冠状病毒感染的肺炎诊疗方案（试行第四版）》的通知，国家卫生健康委员会办公厅关于印发《新型冠状病毒感染的肺炎防控方案（第三版）》的通知，黑龙江省应对新型冠状病毒感染肺炎疫情指挥部第 1 号、第 2 号、第 3 号、第 10 号公告，绥棱县应对新冠肺炎疫情防控工作指挥部公告等证据证实，足以认定。

【案件焦点】

被告人孟某某是否构成拒绝执行县级以上人民政府、疾病预防控制机构依照传染病防治法提出的预防、控制措施的情况。

【裁判要旨】

黑龙江省绥棱县人民法院经审理认为，根据《中华人民共和国国家卫生健康委员会公告》规定，新冠肺炎采取甲类传染病的预防、控制措施；《最高人民法院、最高人民检察院、公安部、司法部关于依法惩治妨害新型冠状病毒感染肺炎疫情防控违法犯罪的意见》（以下简称《两高两部意见》）规定，其他拒绝执行卫生防疫机构依照传染病防治法提出的防控措施，引起新型冠状病毒传播或者有传播严重危险的，依照《刑法》第三百三十条的规定，以妨害传染病防治罪定罪处罚。被告人孟某某违反传染病防治法的规定，拒绝执行卫生防疫机构依照传染病防治法提出的预防、控制措施，造成新型冠状病毒传播的严重危险，致 7 人被隔离观察，构成妨害传染病防治罪。妨害传染病防治罪主观方面是过失，即应该预见自己的行为可能发生引起甲类传染病传播或者有传播严重危险的结果，因疏忽大意而没有预见，或者已经预见但轻信能够避免；行为人可能对违反传染病防治法的行为是故意或过失，并不影响本罪的罪过性质。违反传染病防治法的规定，可以在三年以下有期徒刑或者拘役幅度内确定量刑起点，基准刑为十五个月，因被告人到案后如实供述自己的罪行，可以从轻处罚，且有两次无偿捐献恢复期血浆行为，决定减少 20% 刑期；因本案被告人认罪认罚，综合全案情节以及司法局出具的调查评估意见书，符合缓刑条件，可以适用缓刑。依照《中华人民共和国刑法》第三百三十条第一款第（四）项，第六十七条第三款，第七十二条第一款，第七十三条第二款、第三款，《中华人民共和国刑事诉讼法》第二百零一条之规定，判决：

被告人孟某某犯妨害传染病防治罪，判处有期徒刑一年，缓刑一年。

【适用解析】

《刑法修正案（十一）》修改妨害传染病防治罪，进一步明确新冠肺炎等依法确定的采取甲类传染病管理措施的传染病，属于本罪的调整范围。同时，修正案补充、完善构成犯罪的情形，增加规定了拒绝执行人民政府依法提出的预防控制措施，非法出售、运输疫区被污染物品等犯罪行为，能够适应当前我国对新冠肺炎疫情有效防控的局势，是全面加强和完善公共卫生领域相关法律法规建设的重要体现。

一、依法适用妨害传染病防治罪具有重要现实意义

新冠肺炎疫情发生初期，社会大众、一线办案人员对隐瞒旅行史和接触史、违反隔离措施造成病毒传播或者有传播风险的行为如何定性，存在不同认识。受新冠肺炎疫情严峻形势影响，部分意见主张对这类行为应当按照“以危险方法危害公共安全罪”从重惩处，部分意见认为应当区分情况，依法适用妨害传染病防治罪和有关危害公共安全罪。笔者认为，对有关行为如何定性，应当充分考虑新冠肺炎疫情发生以来各地实际，考虑有关犯罪行为发生原因、经过，行为人主观恶性以及实际危害后果，综合评价其社会危害性。将大多数妨害新冠肺炎疫情防治的行为认定为妨害传染病防治罪，对极少数严重危害公共安全的行为，依法适用以危险方法危害公共安全罪，更符合法律规定和立法精神，既定性准确，也罚当其罪。

2003 年 5 月《最高人民法院、最高人民检察院关于办理妨害预防、控制突发传染病疫情等灾害的刑事案件具体应用法律若干问题的解释》未规定妨害传染病防治罪的适用，而规定对有关拒绝接受检疫、强制隔离或者治疗等妨害传染病防治的行为，以危险方法危害公共安全罪或者过失以危险方法危害公共安全罪定罪处罚。2004 年 8 月全国人大常委会修订了《中华人民共和国传染病防治法》，该法第四条第一款新增规定：“对乙类传染病中传染性非典型肺炎、炭疽中的肺炭疽和人感染高致病性禽流感，采取本法所称甲类传染病的预防、控制措施。其他乙类传染病和突发原因不明的传染病需要采取本法所称甲类传染病的预防、控制措施的，由国务院卫生行政部门及时报经国务院批准后予以公布、实施。”2008 年 6 月《最高人民检察院、公安部关于公安机关管辖的刑事案件立案追诉标准的规定（一）》第四十九条明确规定，单位或者个人违反传染病防治法的规定，引起甲类或者按照甲类管理的传染病传播或者有传播严重危险的，应当按照妨害传染病防治罪立案追诉。新冠肺炎疫情暴发后，国家卫生健康委员会 2020 年第 1 号公告明确：经国务院批准，将新冠肺炎纳入乙类传染病，并采取甲类传染病的预防、控制措施。《两高两部意见》规定，其他拒绝执行卫生防疫机构依照传染病防治法提出的防控措施，引起新型冠状病毒传播或者有传播严重危险的，以妨害传染病防治罪定罪处罚。

总结新冠肺炎疫情防控经验和需要，根据立法精神和有关规定，2020 年 12 月《刑法修正案（十一）》将《刑法》第三百三十条妨害传染病防治罪第一款修改为“违反传染病防治法的规定，有下列情形之一，引起甲类传染病以及依法确定采取甲类传染病预防、控制措施的传染病传播或者有传播严重危险的，处三年以下有期徒刑或者拘役；后果特别严重的，处三年以上七年以下有期徒刑：（一）供水单位供应的饮用水不符合国家规定的卫生标准的；（二）拒绝按照疾病预防控制机构提出的卫生要求，对传染病病原体污染的污水、污物、场所和物品进行消毒处理的；（三）准许或者纵容传染病病人、病原携带者和疑似传染病病人从事国务院卫生行政部门规定禁止从事的易使该传染病扩散的工作的；（四）出售、运输疫区中被传染病病原体污染或者可能被传染病病原体污染的物品，未进行消毒处理的；（五）拒绝执行县级以上人民政府、疾病预防控制机构依照传染病防治法提出的预防、控制措施的”。

二、妨害传染病防治罪的司法适用

（1）关于“违反传染病防治法的规定”等的司法认定。妨害传染病防治罪是法定犯，首先表现为违反传染病防治法规定的行为。实践中，如何认定“违反传染病防治法的规定”和“依照传染病防治法提出的预防、控制措施”？对于《刑法》

第三百三十条妨害传染病防治罪中的“违反传染病防治法的规定”，应作广义理解。该条规定的“传染病防治法”，是一个关于传染病防控的法律体系，包括传染病防治法、突发事件应对法、《突发公共卫生事件应急条例》（以下简称《条例》）等一系列与疫情防控有关的法律法规和国务院有关规定。传染病防治法明确了各级政府和有关部门为预防、控制和消除传染病可以采取的措施，这是传染病防治的主要法律依据之一。同时，突发事件应对法、《条例》和《国家突发公共卫生事件应急预案》等法律法规和规范性文件明确了各级政府和有关部门为应对突发公共卫生事件可以采取的行政措施，也是突发传染病防控的重要法律依据和来源。因此，在办理妨害疫情防控案件时，上述法律法规和规范性文件的规定，均可作为认定妨害传染病防治罪中“违反传染病防治法的规定”的依据。此外，对于地方政府和有关部门在疫情防控期间，依据上述法律法规和规范性文件出台的疫情预防、控制措施，如果法律依据充分、无明显不当的，一般均可以认定为《刑法》第三百三十条第一款第（五）项中规定的“依照传染病防治法提出的预防、控制措施”。

本案中，针对新冠肺炎疫情，黑龙江省制定《黑龙江省应对新型冠状病毒感染肺炎疫情指挥部第1号、2号、3号、10号公告》，绥棱县应对新冠肺炎疫情防控工作指挥部发布公告，绥棱县应对新冠肺炎疫情防控工作指挥部关于印发《绥棱县新冠肺炎疫情网格化防控工作实施方案》的通知，要求任何单位和个人应当服从各级政府发布的防控疫情的决定、公告，主动如实报告病情、旅居史、密切接触人员等相关情况，不得迟报、漏报、瞒报、谎报；拒绝执行卫生防疫机构依照《传染病防治法》提出的预防、控制措施的人员，引起疫情传播或者有传播严重危险的，依法追究法律责任。被告人孟某某违反黑龙江省和绥棱县应对新冠肺炎疫情指挥部公告，属于违反传染病防治法的规定。

（2）关于“引起甲类传染病传播或者有传播严重风险”的司法认定。“引起甲类传染病传播或者有传播严重危险”是构成妨害传染病防治罪的必要构成要件。妨害传染病防治罪在客观方面既可以表现为实害犯，也可以表现为危险犯，即该罪危害社会的结果既可以表现为引起新型冠状病毒传播的实害后果，也可以表现为引起新型冠状病毒传播的严重危险。“引起新冠病毒传播”是指造成他人被确诊为新冠肺炎病人、病原携带者的情形；“引起新冠病毒传播严重危险”是指虽未造成他人被确诊为新冠肺炎病人、病原携带者，但引发了传播的严重危险。对于此类情形，入罪应当限制在“严重”危险的情形，而且这种危险应当是现实、具体、明确的危险。一是从行为主体看，行为人是否系新冠肺炎确诊病人、病原携带者、疑似病人或其密切接触者，或者曾进出、经停新冠肺炎疫情高发地区，或者已出现新冠肺炎感染症状，或者属于其他高风险人群。二是从行为方式看，行为人是否实施了拒绝新冠肺炎疫情防控措施的行为，如拒不执行隔离措施，瞒报、谎报病情、旅行史、居住史、接触史、行踪轨迹，进入公共场所或者乘坐公共交通工具，密接多人等。三是从行为危害后果看，根据案件具体情况，综合判断行为人造成的危害后果是否达到“引起甲类传染病传播或者有传播严重危险”的程度，如造成多人被确诊为新冠肺炎病人、疑似病人，或者造成较大范围人员被采取隔离治疗或隔离观察等有传播严重危险的情形。

综合本案，从2020年1月25日起，全国各大媒体持续宣传对新冠肺炎疫情采取的管理手段和防控措施，黑龙江省为应对新冠肺炎疫情，指挥部连续制定十余份疫情防控公告，故被告人孟某某理应知晓国家的相关政策，应该知道自己是否途经疫区，而孟某某在第一次就诊时未向医生说明自己途经疫区的事情，导致医生误以为其系普通肺炎，没有及时采取相关措施和诊疗方案。孟某某所住社区区委主任告知其不能出门，有情况随时联系后，孟某某仍未如实告知相关情况。孟某某客观上切实违反了当地的新冠肺炎疫情防控规定，明知其本人途经疫情地，但未如实上报并及时采取措施，引起了新冠肺炎病毒传播或者有传播严重危险，导致多人被隔离，其行为构成妨害传染病防治罪。但《最高人民法院关于裁判文书引用法律、法规等规范性法律文件的规定》第三条规定，刑事裁判文书应当引用法律、法律解释或者司法解释。由此可见，刑事裁判文书不能直接援引《两高两部意见》。《刑法修正案（十一）》修改妨害传染病防治罪的有关规定，不仅加强了公共卫生法治保障，还填补了依法惩治妨害疫情防控违法犯罪的漏洞，更是中国特色社会主义法治优势转化为治理效能的实践要求。

编写人：黑龙江省高级人民法院　孙冰　全荃

第三节　破坏环境资源保护罪

【第 338 条　污染环境罪】

49

污染环境罪的量刑规则及其司法适用

——崔某生、武某峰、车某涛污染环境案

【基本信息】

1. 裁判书字号

河南省商丘市中级人民法院（2019）豫 14 刑终 555 号刑事附带民事裁定书

2. 罪名：污染环境罪

【基本案情】

2017 年 7 月，河北省霸州市某钢厂被取缔后，246.54 吨不明液体“燃料油”存放在钢厂的地下储存罐中，被告人崔某生先将这些不明液体“燃料油”用罐车拉至河北省沧州市东光县某镇一个工厂的地下罐中储存，由于怕环保局查处，该厂不让崔某生存放。经朋友介绍，崔某生又找罐车将该不明液体“燃料油”拉至山东省聊城市某科技有限公司内，崔某生联系李某星（刑拘在逃）找地方储存，李某星联系被告人车某涛，车某涛又联系被告人武某峰，于 2018 年 4 月将该不明液体用罐车转移至河南省夏邑县某化工公司地下罐中储存。2018 年 6 月 1 日，夏邑县环保局查获此不明液体，经抽样送检河南生态环境损害鉴定中心进行检测鉴定，液体样品六价铬检测值为 6.86mg/L，超过《危险废物鉴别标准浸出毒性鉴别》中关于六价铬的浓度限值（5mg/L），属于具有浸出毒性特征的危险废物。该液体样品检测出含有3－乙基吡啶、4－庚酮、1，2，4－三甲基苯等物。并且武某峰的夏邑县某化工公司没有储存、处置危险废物的资质。2018年6月27日，夏邑县环境保护局与河南中环公司签订技术服务合同，合同总金额276000元；2018年6月28日夏邑县环境保护局与河南中环公司签订河南省危险废物处置服务合同，对该危险废物进行处置，处置费用2095590元，致使国家财产损失2371590元。夏邑县人民检察院依法提起公诉并作为公益诉讼机关请求判令刑事附带民事公益诉讼被告崔某生、武某峰、车某涛赔偿国家处置危险废物造成的财产损失2371590元。

【案件焦点】

1. 被告人是否构成污染环境罪；2. 对被告人量刑是否适当。

【裁判要旨】

河南省夏邑县人民法院一审认为，被告人崔某生、武某峰、车某涛违反法律规定，违法收集、运输并在地下储存罐中储存具有浸出毒性特征的危险废物，致使国家财产损失2371590元，犯罪事实清楚，证据确实充分，其行为触犯了《中华人民共和国刑法》第三百三十八条之规定，应当以污染环境罪，且系共同犯罪追究其刑事责任。为打击犯罪，保护生态环境，结合被告人崔某生、武某峰、车某涛的犯罪事实、犯罪情节及危害后果等综合因素考量，夏邑县人民法院以污染环境罪依法判处各被告人两年至三年不等的有期徒刑并处罚金，同时判令三被告人赔偿因处置危险废物而给国家造成的损失2371590元。一审判决后，三被告人不服提起上诉，河南省商丘市中级人民法院二审后裁定：驳回上诉，维持原判。

【适用解析】

一、《刑法修正案（十一）》对污染环境罪量刑制度的创新与发展

（一）污染环境罪的历史发展路径

污染环境罪，是指违反国家规定，排放、倾倒或者处置有放射性的废物、含传染病病原体的废物、有毒物质或者其他有害物质，严重污染环境的行为。该罪的犯罪构成及量刑主要经历了以下阶段：

污染环境罪的前身为重大环境污染事故罪，1997年修订的刑法首次将污染环境的行为作为一项明确的罪名纳入刑法规制，在其第三百三十八条规定：“违反国家规定，向土地、水体、大气排放、倾倒或者处置有放射性的废物、含传染病病原体的废物、有毒物质或者其他危险废物，造成重大环境污染事故，致使公私财产遭受重大损失或者人身伤亡的严重后果的，处三年以下有期徒刑或者拘役，并处或者单处罚金；后果特别严重的，处三年以上七年以下有期徒刑，并处罚金。”

2011 年 2 月 25 日通过的《刑法修正案（八）》对此作出修改，将《刑法》第三百三十八条修改为：“违反国家规定，排放、倾倒或者处置有放射性的废物、含传染病病原体的废物、有毒物质或者其他有害物质，严重污染环境的，处三年以下有期徒刑或者拘役，并处或者单处罚金；后果特别严重的，处三年以上七年以下有期徒刑，并处罚金。”相对于修改之前的规定，该规定降低了犯罪门槛，具体体现在将原来规定的“造成重大环境污染事故，致使公私财产遭受重大损失或者人身伤亡的严重后果”修改为“严重污染环境”，同时扩大了污染行为所排放、倾倒或者处置的物质，将原来规定的“其他危险废物”修改为“其他有害物质”。

2020 年 12 月 26 日，最新通过的《刑法修正案（十一）》进一步将《刑法》第三百三十八条修改为：“违反国家规定，排放、倾倒或者处置有放射性的废物、含传染病病原体的废物、有毒物质或者其他有害物质，严重污染环境的，处三年以下有期徒刑或者拘役，并处或者单处罚金；情节严重的，处三年以上七年以下有期徒刑，并处罚金；有下列情形之一的，处七年以上有期徒刑，并处罚金：（一）在饮用水水源保护区、自然保护地核心保护区等依法确定的重点保护区域排放、倾倒、处置有放射性的废物、含传染病病原体的废物、有毒物质，情节特别严重的；（二）向国家确定的重要江河、湖泊水域排放、倾倒、处置有放射性的废物、含传染病病原体的废物、有毒物质，情节特别严重的；（三）致使大量永久基本农田基本功能丧失或者遭受永久性破坏的；（四）致使多人重伤、严重疾病，或者致人严重残疾、死亡的。有前款行为，同时构成其他犯罪的，依照处罚较重的规定定罪处罚。”此次修改主要是增加了污染环境罪中的“七年以上有期徒刑”这一量刑档次，并规定了具体适用情形。

（二）《刑法修正案（十一）》的价值功能体现

1. 符合罪刑法定原则

罪刑法定原则是我国刑法的一项基本原则。《刑法》第三条规定：“法律明文规定为犯罪行为的，依照法律定罪处刑；法律没有明文规定为犯罪行为的，不得定罪处刑。”本条即关于罪刑法定原则的规定，其核心要义体现为两个方面：一方面，只有法律将某一种行为明文规定为犯罪的，才能对这种行为定罪判刑，而且必须依照法律的规定定罪判刑；另一方面，凡是法律对某一种行为没有规定为犯罪的，对这种行为就不能定罪判刑。

《刑法修正案（十一）》施行以前，对于重点保护区域等情节特别严重的污染环境行为，虽以污染环境罪论处，但量刑最高不超过七年有期徒刑。由于该类污染环境行为具有极大的社会危害性，为更好地惩治犯罪，最大限度地打击污染环境犯罪行为，《刑法修正案（十一）》为此类严重污染环境的犯罪行为设定更高的刑期，使得此后对该类犯罪行为人判处更高刑期具有了法律依据，充分体现了罪刑法定的刑法基本原则。

2. 体现罪责刑相适应原则

罪责刑相适应原则也是我国刑法的基本原则之一，是指对犯罪规定刑罚和对犯罪分子量刑时，应根据其所犯罪行的性质、情节和对社会的危害程度来决定。《刑法》第五条对该原则作出了明确规定：“刑罚的轻重，应当与犯罪分子所犯罪行和承担的刑事责任相适应。”对犯罪分子判处的刑罚轻重，应当与其所犯罪行的轻重和罪过大小以及应承担的刑事责任大小相当，不能重罪轻判，判轻了不利于惩罚犯罪，震慑犯罪分子；也不能轻罪重判，判重了容易造成犯罪分子对法律和社会的抵触心理，不利于罪犯的改造。因此，必须使罪与刑相称，罚当其罪。

一直以来，刑法虽对污染环境罪的犯罪构成及量刑标准作出了明确规定，但未能完全达到生态环境保护的目标要求，一方面，七年的最高刑期导致污染环境犯罪成本低下，无法达到遏制和震慑犯罪的效果；另一方面，随着经济社会的快速发展，触目惊心的环境污染事件的发生频率也不断攀高，尤其是重大环境事故及对国家重点保护领域的损害巨大，七年最高刑期的刑事责任与行为人所造成的巨大损害远不相符。因此，《刑法修正案（十一）》充分遵循罪责刑相适应原则，突破原有最高刑期的限制，增加了七年以上的量刑档次，在大力打击污染环境违法犯罪的同时对潜在犯罪行为人产生强大威慑力，以充分保护国家及社会重大利益。

3. 体现预防为主、损害担责的环境保护法基本原则

预防为主与损害担责均是我国环境保护法律的重要基本原则。预防为主原则要

求将环境治理过程中的事前预防与事中、事后治理相结合，并优先采用防患未然的方式。损害担责原则要求将法律规定的各种责任落到实处，发挥法律责任的评价、惩戒与规范、引导作用。两者是事前预防和事后惩治的关系，各有侧重，相辅相成。

（1）契合预防为主原则

预防为主原则，指的是国家在环境保护工作中采取各种预防措施，以防止环境问题的产生和恶化，或者把环境污染和生态破坏控制在能够维持生态平衡、保护人体健康和社会物质财富及保障经济、社会持续发展的限度之内，并对已造成的环境污染和破坏进行积极治理的原则。①

环境被污染以后的治理和修复，往往成本很大；有些生态破坏还是不可逆转的，如对土壤、水体生态系统的破坏。舍本逐末的方式，不利于环境问题的根本解决。预防为主原则是对传统环境保护法律规范的重大发展，是积极的防治措施，最大限度地体现了法律的公平与效率的结合，使治理转移到前端，实现全过程的管理，有助于实现经济效益、社会效益和环境效益的统一。

《刑法修正案（十一）》通过提高污染环境罪法定刑的量刑档次，在严惩犯罪行为人的同时，达到了威慑潜在污染环境行为人的目的，充分体现了环境保护法的预防为主原则。

（2）体现损害担责原则

环境损害者要为其造成的损害承担责任，是环境保护的一项重要原则，这与刑法中的罪责刑相适应原则高度契合。

行为人承担了刑事责任与行政责任，不能影响其民事责任的承担；行为人积极承担损害赔偿、环境修复等民事责任的，可以作为刑事案件中的量刑情节予以考虑，以结合审判进程激励行为人及时修复破损的环境生态，防治损害的扩大。

《刑法修正案（十一）》通过提高污染环境罪法定刑的量刑档次，即对行为人对其污染环境与破坏生态的行为承担由其行为对生态环境所造成的损害的赔偿责任的适应性调整，造成多大损害、承担多大赔偿，以充分体现被损害生态环境的生态价值，更好地保护和修复生态环境。

---

① 周珂、高桂林、楚道文：《环境法》，中国人民大学出版社2013年版，第32页。

二、污染环境罪的构成要件适用规则

（一）污染环境罪的一般构成要件

按照一般的犯罪构成“四要件”理论分析，污染环境罪的构成要件通常包括：一是主体要件，为一般主体，即凡是达到刑事责任年龄具有刑事责任能力的人，均可构成本罪。单位也可以成为本罪主体。二是主观要件，行为人通常存在过错，包括故意和过失。三是客体要件，本罪侵犯的客体为国家防治环境污染的管理制度。四是客观要件，表现为违反国家规定，排放、倾倒或者处置有放射性的废物、含传染病病原体的废物、有毒物质或者其他有害物质，严重污染环境的行为。

（二）实际损害后果的适用规制

有观点认为，污染环境罪属于结果犯，行为人的行为必须造成严重污染环境的实际后果方能构成该罪。本案中被告人武某峰即持此意见，其认为污染环境罪属于典型的结果犯，客观方面表现在行为人违反国家规定，向土地、水体和大气排放危险废物，造成环境污染，致使公私财产遭受重大损失或者人身伤亡的严重后果的行为。而通过本案的证据材料可以看出，武某峰既没有排放、倾倒、处置危险废物的行为，只是将危险废物储存在夏邑县某化工公司的储存罐内，更不存在因排放、倾倒、处置行为造成严重污染环境的法律后果。

但该罪中作为犯罪构成的“损害后果”应作广义的理解，其不仅指实际发生的环境损害后果，也应当包括尚未实际发生但具有重大风险的环境损害后果。如此解释也与环境民事公益诉讼中侵权行为人承担责任的范围相符，《最高人民法院关于审理环境民事公益诉讼案件适用法律若干问题的解释》对此进行了明确界定。该解释第一条规定：“法律规定的机关和有关组织依据民事诉讼法第五十五条、环境保护法第五十八条等法律的规定，对已经损害社会公共利益或者具有损害社会公共利益重大风险的污染环境、破坏生态的行为提起诉讼，符合民事诉讼法第一百一十九条第二项、第三项、第四项规定的，人民法院应予受理。”重大损害风险虽未造成实际的环境损害，其可以作为污染环境罪是否为既遂的判断标准，但不能以此作为该罪罪与非罪的界定依据。因此，法院对本案行为人以构成污染环境罪论处并无不当。

人民法院在办理环境污染刑事案件过程中，应依法从严惩处污染环境、破坏资源犯罪，强化对生态环境的司法保护力度。不只将污染环境罪的入罪标准限定在造成实际环境损害后果的范围内，是加大对涉及环境资源保护刑事案件的审判力度、依法严惩污染环境和破坏资源违法犯罪行为的必然要求与应有之义，同时也是贯彻宽严相济刑事政策，最大限度发挥刑法的威慑力和教育功能的重要体现。

三、污染环境罪量刑因素考量与判定

污染环境罪通常需要考量的量刑因素主要有：何种情形属于“严重污染环境”、何种情形属于“情节严重”、何种情形属于“后果特别严重”，以及有哪些从重情节。

（一）严重污染环境的情形

《最高人民法院、最高人民检察院关于办理环境污染刑事案件适用法律若干问题的解释》（以下简称《环境污染刑事案件解释》）第一条对实施《刑法》第三百三十八条规定的行为，应当认定为“严重污染环境”的情形有明确规定，包括：(1) 在饮用水水源一级保护区、自然保护区核心区排放、倾倒、处置有放射性的废物、含传染病病原体的废物、有毒物质的；(2) 非法排放、倾倒、处置危险废物三吨以上的；(3) 排放、倾倒、处置含铅、汞、镉、铬、砷、铊、锑的污染物，超过国家或者地方污染物排放标准三倍以上的；(4) 排放、倾倒、处置含镍、铜、锌、银、钒、锰、钴的污染物，超过国家或者地方污染物排放标准十倍以上的；(5) 通过暗管、渗井、渗坑、裂隙、溶洞、灌注等逃避监管的方式排放、倾倒、处置有放射性的废物、含传染病病原体的废物、有毒物质的；(6) 二年内曾因违反国家规定，排放、倾倒、处置有放射性的废物、含传染病病原体的废物、有毒物质受过两次以上行政处罚，又实施前列行为的；(7) 重点排污单位篡改、伪造自动监测数据或者干扰自动监测设施，排放化学需氧量、氨氮、二氧化硫、氮氧化物等污染物的；(8) 违法减少防治污染设施运行支出 100 万元以上的；(9) 违法所得或者致使公私财产损失 30 万元以上的；(10) 造成生态环境严重损害的；(11) 致使乡镇以上集中式饮用水水源取水中断 12 小时以上的；(12) 致使基本农田、防护林地、特种用途林地 5 亩以上，其他农用地 10 亩以上，其他土地 20 亩以上基本功能丧失或者遭受永久性破坏的；(13) 致使森林或者其他林木死亡 50 立方米以上，或者幼树死亡 2500 株以上的；(14) 致使疏散、转移群众 5000 人以上的；(15) 致使 30 人以上中毒的；(16) 致使 3 人以上轻伤、轻度残疾或者器官组织损伤导致一般功能障碍的；(17) 致使 1 人以上重伤、中度残疾或者器官组织损伤导致严重功能障碍的；(18) 其他严重污染环境的情形。

（二）情节严重的情形

《刑法修正案（十一）》将原《刑法》第三百三十八条中规定的“后果特别严重”的量刑档次修改为“情节严重”的量刑档次。相应地，《环境污染刑事案件解释》第三条所规定的原应当认定为“后果特别严重”的情形现应认定为“情节严重”的情形包括：（1）致使县级以上城区集中式饮用水水源取水中断12小时以上的；（2）非法排放、倾倒、处置危险废物100吨以上的；（3）致使基本农田、防护林地、特种用途林地15亩以上，其他农用地30亩以上，其他土地60亩以上基本功能丧失或者遭受永久性破坏的；（4）致使森林或者其他林木死亡150立方米以上，或者幼树死亡7500株以上的；（5）致使公私财产损失100万元以上的；（6）造成生态环境特别严重损害的；（7）致使疏散、转移群众15000人以上的；（8）致使100人以上中毒的；（9）致使10人以上轻伤、轻度残疾或者器官组织损伤导致一般功能障碍的；（10）致使3人以上重伤、中度残疾或者器官组织损伤导致严重功能障碍的；（11）致使1人以上重伤、中度残疾或者器官组织损伤导致严重功能障碍,并致使5人以上轻伤、轻度残疾或者器官组织损伤导致一般功能障碍的；（12）致使1人以上死亡或者重度残疾的；（13）其他后果特别严重的情形。

（三）特别严重的情节

根据《刑法修正案（十一）》的规定，现应认定为情节特别严重的情形包括：（1）在饮用水水源保护区、自然保护地核心保护区等依法确定的重点保护区域排放、倾倒、处置有放射性的废物、含传染病病原体的废物、有毒物质，情节特别严重的；（2）向国家确定的重要江河、湖泊水域排放、倾倒、处置有放射性的废物、含传染病病原体的废物、有毒物质，情节特别严重的；（3）致使大量永久基本农田基本功能丧失或者遭受永久性破坏的；（4）致使多人重伤、严重疾病，或者致人严重残疾、死亡的。

（四）从重情节

根据《环境污染刑事案件解释》第四条规定，实施《刑法》第三百三十八条、第三百三十九条规定的犯罪行为，具有下列情形之一的，应当从重处罚：（1）阻挠环境监督检查或者突发环境事件调查，尚不构成妨害公务等犯罪的；（2）在医院、学校、居民区等人口集中地区及其附近，违反国家规定排放、倾倒、处置有放射性的废物、含传染病病原体的废物、有毒物质或者其他有害物质的；（3）在重污染天气预警期间、突发环境事件处置期间或者被责令限期整改期间，违反国家规定排放、倾倒、处置有放射性的废物、含传染病病原体的废物、有毒物质或者其他有害物质的；（4）具有危险废物经营许可证的企业违反国家规定排放、倾倒、处置有放射性的废物、含传染病病原体的废物、有毒物质或者其他有害物质的。实施前款第（1）项规定的行为，构成妨害公务罪的，以污染环境罪与妨害公务罪数罪并罚。

从本案来看，行为人的行为虽未造成实际损害后果，但已导致严重的污染风险，法院以犯罪未遂对其量刑并无不当。根据《环境污染刑事案件解释》第十七条第四款规定，公私财产损失包括实施《刑法》第三百三十八条、第三百三十九条规定的行为直接造成财产损毁、减少的实际价值，为防止污染扩大、消除污染而采取必要合理措施所产生的费用，以及处置突发环境事件的应急监测费用。涉案危险废物处置费用应当由行为人承担，法院判处涉案行为人承担损失赔偿责任并无不妥。

总之，《刑法修正案（十一）》通过量刑档次的增加，加大了生态环境犯罪的惩治力度，更有利于发挥法律的警示教育功能，以此形成对社会的广泛而强大的震慑效应，预防和减少生态违法犯罪行为的发生，以更好地实现生态环境的有效保护。在刑事司法审判中，也应把握好《刑法修正案（十一）》对污染环境罪修订调整的实质精神，严格遵循适用相关规定，为生态环境保护提供更好的法治保障。

编写人：河南省商丘市中级人民法院　姬红岭

50

污染环境犯罪如何根据主观方面及后果定罪量刑

——刘某平等以危险方法危害公共安全、污染环境案

【基本信息】

1. 裁判书字号

湖南省高级人民法院（2020）湘刑终89号刑事裁定书

2. 罪名：以危险方法危害公共安全罪、污染环境罪

【基本案情】

2017 年 3 月，被告人刘某平、彭某林、陈某红、周某云、彭某锋、彭某、林某军签订项目合作协议，约定合伙出资在湖南省株洲市攸县黄某桥镇甲煤矿（2014 年废弃）开设一家电子垃圾提炼厂。提炼厂的焚化炉建好之后还用红砖砌成了一个通道，连接焚化炉的出烟口和废弃矿井口，准备将生产废气直接排入矿井内。被告人刘某平作为原甲煤矿矿主，具有煤矿专业知识，其明知甲煤矿与乙煤矿（在产）毗邻，且 2013 年、2014 年甲煤矿两次因越界开采与乙煤矿贯通，并受到国土部门的行政处罚，且部分未被国土部门发现的相通之处并未做严格的封闭处理，相邻煤矿之间必然存在可以相通之处，不可能完全隔绝气体，有害废气如果排放至甲煤矿可能会经贯通处流入乙煤矿，仍然告知被告人陈某红等人没有问题。被告人陈某红、周某云、彭某锋、彭某林均相信刘某平所言，未对有关情况进行核实或者下井仔细查看。

建设提炼厂的同时，被告人彭某锋联系了某电子垃圾拆解厂的陈某毫（在逃）和陈某忠（在逃）提供电子垃圾货源和技术人员、工人等，并约定双方平分利润。在陈某毫、陈某忠的安排下，技术管理人员被告人庄某强、陈某宏、吴某锡带被告人王某德、黄某忠、田某松、吴某槐等十多名民工进厂，被告人刘某星运来一车 20 余吨已拆解好的电子垃圾（包含线路板、废电线等）。陈某忠还联系广东的电子垃圾收购商周某兵（音同，在逃），由被告人徐某超同周某兵安排的押车人员被告人蔡某刚、汪某辉一起，将一车电子垃圾送至株洲市攸县黄某桥提炼厂。

2017 年 5 月 2 日，提炼厂基本设备准备就绪，当晚开始，黄某桥提炼厂着手调试设备准备生产。被告人刘某平、彭某林、陈某红、周某云、彭某锋等人多次就排废问题进行商讨并采取措施，最终燃烧产生的废气没再大量流出。5 月 6 日 17 时许，该提炼厂正式投产，开始焚烧被告人刘某星运送来的一车电子垃圾，生产过程中产生的废气大量排入了甲煤矿废弃的矿井内。

2017 年 5 月 7 日 7 时左右，与甲煤矿相邻的乙煤矿矿工陆续下井开始作业后，因呼入非法提炼厂排出的废气，位于乙煤矿 B、E 两个区域作业的矿工先后出现头痛、头晕、呼吸困难、休克等一氧化碳中毒症状，最终导致被害人胡某冬等 18 人因一氧化碳中毒窒息死亡，被害人米某军因急性混合性有毒性气体中毒致重伤，被害人贺某雄等 36 人致轻伤或轻微伤。

经调查及鉴定，导致此次事故发生的直接原因是攸县黄某桥镇中洲村非法冶炼小作坊违法打开原甲煤矿主井密闭，并在原甲煤矿风井安装局部通风机，将非法冶炼生产过程中产生的一氧化碳等有毒有害气体违法排入甲煤矿废井巷内，通过与乙煤矿原贯通巷道和采空区涌入乙煤矿井下作业场所，造成乙煤矿作业人员伤亡。间接原因是乙煤矿未严格执行安全生产指令、未开展煤矿隐蔽致灾因素普查工作、通风系统不稳定、下井作业人员安全自保意识差等违规行为。

【案件焦点】

污染环境犯罪致多人死亡，如何在认定行为人主观方面及危害后果基础上分别定罪量刑。

【裁判要旨】

被告人刘某平系原甲煤矿矿主，其对于甲煤矿的矿井及采挖巷道、采挖情况均十分了解，其明知并非所有贯通处都采取了严格的密闭措施，作为煤矿从业者，其亦应当知道燃烧焦煤和焚烧电子垃圾产生的废气在密闭空间内会造成人的伤亡，故刘某平对事故的伤亡结果存在故意，结合其犯罪手段和犯罪后果，以以危险方法危害公共安全罪判处死刑，缓期二年执行，剥夺政治权利终身。彭某林、陈某红等其他被告人违反国家规定处置危险废物，明知且故意将未经处理的废气排入矿井中，上述被告人应当预见将废气排入煤矿矿井内可能造成他人伤亡的结果，但因轻信刘某平，对排废矿井周边环境没有探查，对非法处置危险废物而致人伤亡的结果发生持过失的主观心态，其行为均应认定为污染环境罪，且后果特别严重，应依法严惩。

涉案的黄某桥提炼厂将生产产生的有毒有害气体违法排入甲煤矿废井巷内系此次事故发生的直接原因，与上述被告人的行为之间存在刑法意义上的因果关系，各被告人均应对事故后果承担相应刑事责任。至于事故发生的间接原因，量刑时酌情予以考虑。

湖南省长沙市中级人民法院作出刑事附带民事判决：

一、被告人刘某平犯以危险方法危害公共安全罪，判处死刑，缓期二年执行，剥夺政治权利终身；

二、被告人彭某林犯污染环境罪，判处有期徒刑六年十个月，并处罚金人民币十万元；

三、被告人陈某红犯污染环境罪，判处有期徒刑六年十个月，并处罚金人民币十万元；

四、被告人周某云犯污染环境罪，判处有期徒刑六年十个月，并处罚金人民币十万元；

五、被告人彭某锋犯污染环境罪，判处有期徒刑六年八个月，并处罚金人民币九万五千元；

六、被告人彭某犯污染环境罪，判处有期徒刑六年，并处罚金人民币八万元；

七、被告人林某军犯污染环境罪，判处有期徒刑五年六个月，并处罚金人民币七万五千元；

八、被告人庄某强犯污染环境罪，判处有期徒刑四年六个月，并处罚金人民币六万元；

九、被告人陈某宏犯污染环境罪，判处有期徒刑三年九个月，并处罚金人民币四万元；

十、被告人吴某锡犯污染环境罪，判处有期徒刑三年九个月，并处罚金人民币四万元；

十一、被告人王某德犯污染环境罪，判处有期徒刑二年十个月，并处罚金人民币三万元；

十二、被告人黄某忠犯污染环境罪，判处有期徒刑二年十个月，并处罚金人民币三万元；

十三、被告人田某松犯污染环境罪，判处有期徒刑二年十个月，并处罚金人民币三万元；

十四、被告人吴某槐犯污染环境罪，判处有期徒刑二年十个月，并处罚金人民币三万元；

十五、被告人徐某超犯污染环境罪，判处有期徒刑二年十个月，并处罚金人民币三万元；

十六、被告人刘某星犯污染环境罪，判处有期徒刑二年九个月，并处罚金人民币三万元；

十七、被告人华某犯污染环境罪，判处有期徒刑二年八个月，并处罚金人民币二万八千元；

十八、被告人蔡某刚犯污染环境罪，判处有期徒刑二年八个月，并处罚金人民币二万八千元；

十九、被告人汪某辉犯污染环境罪，判处有期徒刑二年八个月，并处罚金人民币二万八千元；

二十、从被告人庄某强处扣押的现金 39700 元予以没收；

二十一、被告人刘某平、彭某林、陈某红、周某云等赔偿附带民事诉讼原告人贺某莲等经济损失共计 35111 元；

二十二、驳回附带民事诉讼原告人贺某莲等的其他诉讼请求。

被告人刘某平不服一审判决，向湖南省高级人民法院提起上诉。

湖南省高级人民法院作出刑事裁定：驳回上诉，维持原判。核准湖南省长沙市中级人民法院以以危险方法危害公共安全罪判处上诉人刘某平死刑，缓期二年执行，剥夺政治权利终身的刑事判决。

【适用解析】

本案作为一起影响重大、后果极其严重的污染环境犯罪案件，主要污染后果是造成重大人员伤亡。被告人具体犯罪方式是将焚烧电子垃圾产生的有害废气排入废弃煤矿，经贯通处流入相邻煤矿，导致正在生产的相邻煤矿人员伤亡。因此，污染行为与危害后果之间的因果关系比较明确，争议点主要在于：（1）如何在认定行为人主观方面及危害后果的基础上分别定罪量刑；（2）多因一果及由此造成的危害结果扩大，如何确定被告人的刑责。笔者主要围绕两方面的问题进行分析。

一、行为人认识到危害结果可能发生但心存侥幸，系间接故意而非过失

过于自信的过失与间接故意两者在认识因素上都预见到危害结果可能发生，在意志因素上都不希望危害结果的发生，因此，两者确实有一定的相似性。本案刘某平及其辩护人正是基于两者的相似性而否定刘某平的犯罪故意。对于两者的区别，可以从认识因素与意志因素两方面来理解：1. 在认识因素上，两者虽然都认识到危害结果的发生，但对危害结果发生的认识程度不同。间接故意的行为人认识到结果发生的可能性较高，而过失的行为人认为危害结果虽然可能发生，但这种可能性不大，比较模糊，不能确定。由此前者才可称得上明知，后者称不上明知而只是认识到。2. 对危害结果所持的态度不同。间接故意的行为人对危害结果的发生持放任态度，即或者对结果的发生与否漠不关心，或者内心决定结果发生与否由决意实施的客观行为任意确定。而过于自信的过失对危害结果的发生持否定态度，危害结果的发生，是违背行为人意愿的。通俗理解，对危害结果的发生而言，间接故意投了弃权票，过于自信的过失投了反对票。

本案中，在认识因素方面，刘某平是否明知自己的行为会发生重大人员伤亡的结果，判断的关键基础事实是其是否明知甲煤矿与乙煤矿之间存在贯通点。对此，刘某平否认明知，但现有证据可以证明刘某平作为原甲煤矿矿主，具有煤矿专业知识，其明知甲煤矿与乙煤矿（在产）毗邻，甲煤矿于2013年、2014年两次因越界开采与乙煤矿贯通，受到国土部门的行政处罚。刘某平虽然未实际查看，但根据其供述的专业认知，甲煤矿应该还存在未被国土部门发现的其他贯通点，且只做了简易的封闭处理，这些简易的封闭处理并不能完全隔绝气体，且可能会因年久失修而坍塌毁坏。根据这种经证据确定的刘某平对事实的认知，可以认定刘某平明知甲煤矿与乙煤矿之间还存在贯通点，有害废气如果排放至甲煤矿，极有可能会经贯通处流入乙煤矿，从而造成在产的乙煤矿的人员伤亡。即在认识因素方面，刘某平认识到结果发生的可能性较高，而不是模糊的、不能确定的。

在意志因素方面，刘某平作为一个具有完全刑事责任能力的人，自然不希望因自己的行为而发生人员伤亡的情况，但是刘某平在明知甲煤矿与乙煤矿之间存在贯通点的情况下，仍然决定“先按照这个方式去排废气，等试验后看效果，再决定具体实施”。可见，其对于危害结果的发生，内心决定由决意实施的客观行为任意确定，根据实际效果再决定是否改变排放废弃的方式，这显然是对危害结果持放任而非否定的态度。

此外，在认识因素和意志因素之外，过于自信的过失的行为人或者具有避免危害结果的客观根据，或者直接为避免危害结果的发生采取一定的措施，而间接故意因对结果的发生采取听之任之的心态，所以不会采取任何措施。因此，如果行为人没有为避免结果发生采取任何措施，也不具有避免危害结果的客观根据，就难以认定其过于自信的过失。在本案中，刘某平在认识到甲煤矿与乙煤矿极有可能存在其他贯通点的情况下，既未采取积极措施避免有毒废气通过贯通点进入乙煤矿，也没有其他避免危害结果的客观根据。其决定“先按照这个方式去排废气，等试验后看效果，再决定具体实施”，实际是心存侥幸的心态，实质是间接故意的放任而不是过于自信的过失。

二、污染环境犯罪的主观方面及定罪量刑

关于污染环境罪的主观罪过形式，司法实践中存在不同认识，主要有故意说、过失说以及混合罪过说三种。其中混合罪过说认为，污染环境罪的主观方面既可能是故意，也可能是过失。笔者基本同意混合罪过说的观点，认为污染环境罪的主观方面通常表现为故意，在一定条件下也可以表现为过失。一方面，鉴于司法实践中环境污染犯罪的主观罪过形式通常表现为故意，《最高人民法院、最高人民检察院、公安部、司法部、生态环境部〈关于办理环境污染刑事案件有关问题座谈会纪要〉》对判断行为人是否具有环境污染犯罪的故意作出了专门规定。《最高人民法院、最高人民检察院关于办理环境污染刑事案件适用法律若干问题的解释》（以下简称《解释》）第七条规定："明知他人无危险废物经营许可证，向其提供或者委托其收集、贮存、利用、处置危险废物，严重污染环境的，以共同犯罪论处。"该规定也在共同犯罪的角度隐含了污染环境犯罪故意的罪过形式。因此，司法解释层面是认可污染环境罪故意的罪过形式的。另一方面，在《刑法修正案（八）》之前，过失说是重大污染环境事故罪的通说，《刑法修正案（八）》为有效预防和惩治环境污染犯罪，降低了环境污染犯罪的入罪门槛，如果在污染环境罪的主观方面排除过失的罪过形式，将故意作为该类犯罪的唯一罪过形式，有悖于修法精神；而且从司法实践来看，过失污染环境犯罪案件也并不鲜见，对这类犯罪因其过失的罪过形式而不以污染环境罪定罪，将导致处罚的空缺。因此，混合罪过说更能全面涵盖司法实践中环境污染犯罪的罪过形式，而且司法解释也并未明确否认过失的罪过形式。

本案包括刘某平在内的被告人明知将未经处理的废气排入矿井中，会造成污染环境的后果，仍然放任结果的发生，均符合污染环境罪的构成要件。但是导致本案主要危害后果重大人员伤亡的路径不是常见的"污染环境行为→环境污染→人员伤亡"间接模式，而是"污染环境行为→人员伤亡"的直接模式，因此有必要对刘某平与其他被告人在"污染环境行为"的主观认识方面仔细审查区分，这直接影响被告人是否还符合其他犯罪构成。

对于被告人刘某平，其明知甲煤矿与乙煤矿之间还存在贯通点，有害废气如果排放至甲煤矿，极有可能会经贯通处流入乙煤矿，从而造成在产的乙煤矿的人员伤亡，在主观方面系间接故意，结合其具体犯罪手段及方法，其行为同时符合以危险方法危害公共安全罪和污染环境罪的犯罪构成，属于想象竞合犯，应从一重罪以以危险方法危害公共安全罪处罚。本案生效裁判虽然发生在《刑法修正案（十一）》正式颁布之前，但对刘某平的定罪处罚在遵循当时法律规范的基础上，与《刑法修正案（十一）》第四十条“有前款行为，同时构成其他犯罪的，依照处罚较重的规定定罪处罚”的规定契合。而除刘某平外的其他被告人并不明知甲煤矿与乙煤矿存在贯通，轻信刘某平所言，未对有关情况进行核实或者下井仔细查看，最终废气导致了重大人员伤亡。因此，这类被告人虽然明知将未经处理的废气排入矿井中会造成污染环境的后果，但对该行为会直接导致人员伤亡的认识不足，存在过失，虽然也应对重大人员伤亡后果承担刑事责任，但只需在污染环境罪层面承担相应刑责。亦即，刘某平对其行为的认识已经超出了污染环境罪的认识层面，其对于污染行为会“直接”导致人员伤亡系明知，符合以危险方法危害公共安全罪的罪过形式；其他被告人对自身行为的认识只符合污染环境罪的罪过形式，只需在污染环境罪层面承担相应刑责。

三、多因一果关系的判断及相应刑事责任的认定

对于本案事故的原因，经有关鉴定机构鉴定，除直接原因系被告人的犯罪行为外，乙煤矿自身也存在两种间接原因：一种是没有严格落实安全责任；另一种是救援人员组织施救不当造成自身伤亡，有6名死者、若干伤者系救援人员。

对于乙煤矿自身的第一种原因，笔者认为，有关安全鉴定机构对事故作出的鉴定，类似于交通事故中交警部门作出的交通事故认定书。本案有关安全鉴定机构基于事故发生的角度，全面分析认定了事故发生的所有原因，但并不能直接运用于对被告人行为与危害后果因果关系的认定。《最高人民法院关于进一步加强危害生产刑事案件审判工作的意见》规定：“多个原因行为导致生产安全事故发生的，在区分直接原因与间接原因的同时，应当根据原因行为在引发事故中所具作用的大小，分清主要原因与次要原因，确定主要责任和次要责任，合理确定罪责。”在本案事故中，有关鉴定机构的鉴定证明“直接原因”是本案被告人的非法电子垃圾提炼厂将生产产生的有害气体排入甲煤矿废井巷内，通过与乙煤矿原贯通巷道和采空区流入乙煤矿井下作业场所，造成乙煤矿作业人员伤亡。“间接原因”中有乙煤矿未严格执行安全生产指令、未开展煤矿隐蔽致灾因素普查工作、通风系统不稳定、下井作业人员安全自保意识差等。具体审视直接原因，刘某平等被告人的犯罪行为本身是足以致命或发生重大伤亡的，乙煤矿未严格落实安全责任类的间接原因，并未加大刘某平等被告人行为的危害性。这就类似故意杀人案行为人持刀捅刺被害人要害部位数刀，被害人在被送往医院抢救时因交通堵塞稍有延误，被害人最终死亡的情形，被告人的行为与被害人死亡的结果具有直接因果关系，应对被害人死亡结果承担全部刑事责任。本案刘某平等被告人的高度危险犯罪行为显然不仅是事故的直接原因，也是事故的主要原因，乙煤矿未严格落实安全责任类的原因并不能直接减轻刘某平等被告人的刑事责任，只能在量刑时酌情考虑。

对于乙煤矿自身的第二种原因，即救援人员组织施救不当造成自身伤亡。笔者认为，正常的解救行为造成被害人或者救援人自身伤亡的，应将伤亡结果归责于犯罪人。

本案被害煤矿乙煤矿发生伤亡后，矿方管理人员没有在第一时间向地方政府和有关部门求援，而是组织人员极力自救，因救援力量不专业，部分救援人员自身伤亡。笔者认为，虽然从事故处理的专业角度，乙煤矿的自救行为存在不当之处，并造成救援人员不必要的伤亡，但其在发现事故时立即自救符合一般人的预期和有关规定。《煤矿安全规程》第十七条至第十九条还明确规定了煤矿企业必须建立应急救援机制，事故发生后主要负责人和技术负责人必须立即采取措施组织抢救。只是从事后专业角度看，乙煤矿的自救行为及力量缺乏专业性。从事后有关机构的鉴定结果看，乙煤矿在自救方面的不当之处在于没有第一时间报告求援。因此，乙煤矿的自救行为在整体上是正常的，由此造成的救援人员的伤亡也应认定为是刘某平等被告人的犯罪行为所致。应当注意的是，对这类解救行为"正常"与否的判断，应当区分是否系负有解救职责的专业人员。例如，在放火案件中，消防人员正常的灭火行为仍然不能避免消防人员死亡的，应认定为放火致人死亡。如果消防人员对情势判断失误，异常灭火行为导致自身死亡的，则不能将该死亡结果归责于放火者。而如果是被害人家人自己实施的灭火，即使其对情势判断不当进而灭火救人行为欠妥，也应认定其灭火救人行为系"正常"的解救行为，由此造成的自身伤亡应认定系放火人的行为所致。

总之，虽然本案的伤亡后果不能完全归责于本案被告人非法提炼电子垃圾的行为，但所有伤亡人员包括其中救援人员的伤亡结果都与被告人的犯罪行为有着直接的因果关系，被告人的犯罪行为系事故发生的主要原因，对本案所有伤亡后果都应该承担刑事责任，具体量刑时可考虑造成事故的间接原因，酌情从轻处罚。《刑法修正案（十一）》第四十条对污染环境罪“后果特别严重”的情形进一步作了区分，并规定了将原来“三年至七年有期徒刑”的最高量刑幅度提高至“七年以上有期徒刑”的若干情形，其中就包括“致使多人重伤、严重疾病，或者致人严重残疾、死亡”。本案的后果就属于该情形，生效判决对刘某平之外的其他主犯，认定均应当对全案伤亡后果承担刑事责任，并在《刑法修正案（十一）》颁布前污染环境罪“后果特别严重”三年至七年有期徒刑的法定刑幅度内从严处罚，体现了修正案对污染环境犯罪造成特别严重后果情形的从严打击精神。今后，对污染环境犯罪造成特别严重后果的，应依照《刑法修正案（十一）》的规定，在七年以上有期徒刑幅度内量刑。

编写人：湖南省高级人民法院　周治华

【第341条　非法猎捕、收购、运输、出售陆生野生动物罪】

51

非法经营非国家重点保护的野生动物构成非法猎捕、收购、运输、出售陆生野生动物罪

——黄某非法经营案

【基本信息】

1. 裁判书字号

江西省遂川县人民法院（2019）赣0827刑初102号刑事判决书

2. 罪名：非法经营罪

【基本案情】

2017年1月至12月27日，被告人黄某1、黄某2、黄某3在未办理野生动物经营许可证和工商营业执照的情况下，在雩田街上租用店面向卢某（另案处理）、肖某、刘某、梁某等人以及一些陌生林农收购麂子、野猪、鼬獾（白额狸）、竹鼠、果子狸等野生动物，由黄某3负责装运至碧洲高速路口，通过奉新至东莞的班车运至广州中新服务区，再先后装运至广东省从化市太平镇、清远市清城区三鸟市场由陈某代为销售。经查被告人黄某1、黄某2、黄某3在2017年非法经营野生动物金额达80万元左右，非法获利10万元。案发后，被告人黄某1、黄某2、黄某3已退缴非法所得10万元。

2017年12月27日中午时分，森林公安民警在遂川县碧洲高速线五湖饭店门口查获一辆由彭某明驾驶的赣D×××××面包车，车内装有大量野生动物，被告人

黄某 2 与彭某欲将该批野生动物转运到车牌号为赣 C××××× 奉新县至东莞的客车上发往广州。民警当场扣押车辆及野生动物，并将被告人黄某 2 抓获。经鉴定，被查获的野生动物为眼镜蛇、灰鼠蛇、鼬獾、小麂、野猪、银星竹鼠，合计 64 只。以上野生动物均被列入《国家保护的有益的或者有重要经济、科学研究价值的陆生野生动物名录》，其中鼬獾、小麂、眼镜蛇、灰鼠蛇均属江西省级重点保护野生动物。

被告人黄某 2 归案后如实供述了自己的主要犯罪事实。2018 年 1 月 3 日被告人黄某 3 主动投案，归案后如实供述了自己的主要犯罪事实。2018 年 1 月 4 日被告人黄某 1 主动投案，归案后如实供述了自己的主要犯罪事实。

【案件焦点】

被告人黄某 1、黄某 2、黄某 3 违反国家野生动物保护法的有关规定，在未取得林业主管部门行政许可的情况下，共同非法经营非国家重点野生保护动物，是否构成非法经营罪。

【裁判要旨】

江西省遂川县人民法院经审理认为，被告人黄某 1、黄某 2、黄某 3 违反国家野生动物保护法的有关规定，在未取得林业主管部门行政许可的情况下，共同非法经营非国家重点野生保护动物，情节严重，三被告人的行为均已构成非法经营罪。公诉机关指控的事实和罪名成立。关于辩护人提出被告人的行为不构成非法经营罪的意见，与法律规定不符，本院不予采纳。关于辩护人提出认定犯罪数额事实不清，证据不足的意见，本院认为，公诉机关出示书证银行交易明细与各被告人之间的供述相互印证，根据有利于被告人的原则认定非法经营犯罪数额为 80 万元左右，符合法律规定，应予支持，故辩护人的这一辩护意见不予采纳。被告人黄某 2、黄某 3 系自首，依法可以从轻处罚。被告人黄某 1 系坦白，依法可以从轻处罚。三被告人主动退缴违法所得，主动缴纳罚金，可酌情从轻处罚。鉴于三被告人认罪认罚，有悔罪表现，宣告缓刑对其所居住的社区没有重大不良影响，可对三被告人宣告缓刑。依照《中华人民共和国刑法》第二百二十五条，第二十五条第一款，第六十七条第一款、第三款，第七十二条第一款、第三款，第七十三条第二款、第三款，第五十二条之规定，判决如下：

一、被告人黄某1犯非法经营罪，判处有期徒刑三年，缓刑三年，并处罚金人民币10万元（已缴纳）；

二、被告人黄某2犯非法经营罪，判处有期徒刑三年，缓刑三年，并处罚金人民币10万元（已缴纳）；

三、被告人黄某3犯非法经营罪，判处有期徒刑二年，缓刑二年，并处罚金人民币10万元（已缴纳）。

【适用解析】

一、在《刑法修正案（十一）》正式施行前，经营利用非国家重点保护的野生动物的行为构成非法经营罪

非法经营罪，是指未经许可经营专营、专卖物品或其他限制买卖的物品，买卖进出口许可证、进出口原产地证明以及其他法律、行政法规规定的经营许可证或者批准文件，以及从事其他非法经营活动，扰乱市场秩序，情节严重的行为。[①] 本罪是1997年刑法增设的罪名，1979年刑法和单行刑法均没有规定此罪名。在过去的司法实践中，对非法经营的犯罪行为一般是按照投机倒把罪处理的。鉴于在司法实践中投机倒把罪逐渐形成了一个“口袋罪”，1997年修订刑法时，对投机倒把罪作了分解，将非法经营的行为单独作了规定。

我国《刑法》第二百二十五条规定：“违反国家规定，有下列非法经营行为之一，扰乱市场秩序，情节严重的，处五年以下有期徒刑或者拘役，并处或者单处违法所得一倍以上五倍以下罚金；情节特别严重的，处五年以上有期徒刑，并处违法所得一倍以上五倍以下罚金或者没收财产：（一）未经许可经营法律、行政法规规定的专营、专卖物品或者其他限制买卖的物品的；（二）买卖进出口许可证、进出口原产地证明以及其他法律、行政法规规定的经营许可证或者批准文件的；（三）未经国家有关主管部门批准非法经营证券、期货、保险业务的，或者非法从事资金支付结算业务的；（四）其他严重扰乱市场秩序的非法经营行为。”在1997年刑法施行后，全国人大常委会颁布了一系列立法解释或刑法修正案，最高人民法院、最高人民检察院亦颁布了相关的司法解释，对《刑法》第二百二十五条作进一

① 《中华人民共和国刑法》第二百二十五条。

步补充，对“非法经营活动”中的经营对象作了进一步明确，并且列举了相关活动，目前包括非法经营文物、外汇、出版物、烟草、买卖国家机关颁发的野生动物允许进出口证明书、特许猎捕证、狩猎证、驯养繁殖许可证等公文、证件等行为。基于本案，黄某1、黄某2、黄某3经营非国家重点保护野生动物的行为构成非法经营罪主要有以下几个理由：

1. 非国家重点保护野生动物属于《刑法》第二百二十五条第（一）项中的“其他限制买卖的物品”是指国家根据经济发展和维护国家、社会和人民群众利益的需要，规定在一定时期实行限制性经营的物品。根据《陆生野生动物保护实施条例》第二十五条规定，经营利用非国家重点保护野生动物或者其产品的，应当向工商行政管理部门申请登记注册。为了野生动物资源永续利用、维护市场经营秩序，预防、控制野生动物可能造成的危害，保障人畜安全，国家规定明确了我国对非国家重点保护野生动物的经营使用实行准入制度，对进入流通领域的非国家重点保护野生动物，由野生动物行政主管部门、工商行政管理部门或其授权的单位监督管理。经营非国家重点保护野生动物及其制品的，应当向所在地的县级以上人民政府的林业行政主管部门申请经营许可证，并应到工商行政管理部门办理营业执照，并实行狩猎许可制度、年度猎捕量限额管理制度和进出口等合法来源证明、检疫制度。故非国家重点保护野生动物属于我国刑法中非法经营罪所规定的需经许可经营的“其他限制买卖的物品”。

2. 黄某1、黄某2、黄某3的非法经营行为属于“扰乱市场秩序，情节严重”的情节。非法经营数额、数量、次数、违法所得额等，都能够直接反映其扰乱市场秩序的严重程度。此外，非法经营物品的质量，也是认定有关行为情节是否严重的标准之一。黄某1、黄某2、黄某3未经许可，在长时间内多次、大量经营使用没有合法来源证明的非国家重点保护野生动物的行为，违反了国家的经营许可制度，严重危及人民群众的身体健康安全、破坏正常的经营秩序、损害合法经营使用者的正当权益，并导致相关部门平时无法对其进行有效管理，该行为不仅侵犯了国家对生态资源保护的秩序，而且侵犯了国家对野生动物市场经营管理的秩序，应视为造成严重社会危害。[①] 综上所述，

---

① 陈湘元：《浅析非法经营利用、使用非国家重点保护野生动物及其制品行为的定性》，载新化新闻网，网址：https：//xinhua. rednet. cn/content/2020/03/13/6859878. html，2021 年 1 月 14 日访问。

黄某1、黄某2、黄某3已经达到了非法经营罪的入罪标准。

二、在《刑法修正案（十一）》正式施行后，经营利用非国家重点保护野生动物的行为构成非法猎捕、收购、运输、出售陆生野生动物罪

我国《刑法》第三条规定："法律明文规定为犯罪行为的，依照法律定罪处刑；法律没有明文规定为犯罪行为的，不得定罪处刑。"在查清事实、证据的基础上，法院根据刑法规定的罪刑法定原则和罪刑相适应的原则，确定相应的罪名和刑罚。《刑事诉讼法》第一百六十二条第（一）项规定，"案件事实清楚，证据确实、充分，依据法律认定被告人有罪的，应当作出有罪判决"。这里所谓依据法律，也就是依据刑法的有关规定。对被告人的犯罪行为，根据刑法分则规定构成哪一种罪，就应当定哪种罪名。《刑法修正案（十一）》在《刑法》第三百四十一条中增加一款作为第三款："违反野生动物保护管理法规，以食用为目的非法猎捕、收购、运输、出售第一款规定以外的……陆生野生动物，情节严重的，依照前款的规定处罚。"刑法修正案是立法机关对《中华人民共和国刑法》的修订和改正，修正案执行后就是现行刑法。因此，在《刑法修正案（十一）》正式施行以后，经营利用非国家重点保护野生动物的行为构成非法猎捕、收购、运输、出售陆生野生动物罪。

三、将非法经营罪修改为非法猎捕、收购、运输、出售陆生野生动物罪，体现了生态环境保护最严格责任原则

实践中，不少不法分子为了牟取暴利，利用各种手段非法捕杀、收购、倒卖、走私珍贵野生动物，犯罪活动屡禁不止，且愈演愈烈。为此，我国陆续采取了一系列保护措施。全国人大常委会于1988年11月8日通过了《中华人民共和国野生动物保护法》，加大了对破坏珍贵、濒危野生动物资源的打击力度。1997年3月修订的新刑法，又把非法收购、运输、出售珍贵、濒危野生动物及其制品的行为增补为犯罪，为打击危害珍贵、濒危野生动物"杀、产、销"一条龙的犯罪活动提供了法律依据。

《刑法修正案（十一）》将违反野生动物保护管理法规，以食用为目的非法猎捕、收购、运输、出售第一款规定以外的陆生野生动物，情节严重的行为参照《刑法》第三百四十一条第一款规定处罚，即非法猎捕、杀害国家重点保护的珍贵、濒危野生动物的，或者非法收购、运输、出售国家重点保护的珍贵、濒危野生动物及其制品的，处五年以下有期徒刑或者拘役，并处罚金；情节严重的，处五年以上十年以下有期徒刑，并处罚金；情节特别严重的，处十年以上有期徒刑，并处罚金或者没收财产。非法收购、运输、出售国家重点保护的珍贵、濒危野生动物罪最高刑为十年以上有期徒刑，并处罚金或者没收财产。非法经营罪的最高刑为五年以上有期徒刑，并处违法所得一倍以上五倍以下罚金或者没收财产。由此变化可见，非国家重点保护野生动物与国家重点保护的珍贵、濒危野生动物一样，都是极其宝贵的自然资源。保护和合理利用这项资源，不仅对维护自然界生态平衡，为国家经济建设提供重要的物质保障，而且对开展科学研究，加强国际文化交流等具有极其重要的意义。《刑法修正案（十一）》对《刑法》第三百四十一条增加的条款，体现了国家进一步依法从重惩处各类破坏野生动物资源犯罪，坚决维护生物安全和生态安全，防范重大公共卫生风险的决心，对社会公众增强法治意识、环保意识、责任意识，注重生态环境和野生动物资源的保护，实现人与自然和谐共生具有积极意义。

编写人：江西省吉安市中级人民法院　张龙飞

52

以食用为目的非法猎捕野生动物如何定罪量刑

——姜某武非法狩猎案

【基本信息】

1. 裁判书字号

黑龙江省宁安市人民法院（2020）黑1084刑初61号刑事判决书

2. 罪名：非法狩猎罪

【基本案情】

2019年10月至11月，被告人姜某武在宁安市某地山林中采药过程中，使用自制的钢珠弹弓非法猎杀国家“三有”野生动物松鼠24只、雉鸡3只。后被告人姜某武将松鼠肉及其中两只雉鸡食用，松鼠皮及另1只雉鸡被姜某武冷冻在自家冰箱内。破案后赃物被取出收缴。经牡丹江恒辉林业调查规划设计有限责任公司司法鉴定：姜某武非法狩猎的24只松鼠、3只雉鸡均为国家“三有”野生动物。被告人姜某武于2020年3月4日被公安机关抓获。宁安市人民检察院指控被告人姜某武犯非法狩猎罪，于2020年5月19日提起公诉。公益诉讼起诉人宁安市人民检察院于同日提起附带民事公益诉讼。宁安市人民法院依法适用简易程序，实行独任审判，于2020年6月3日公开开庭合并审理了此案。

【案件焦点】

以自己食用为目的，非法猎捕野生动物，情节严重的是否构成非法狩猎罪。

【裁判要旨】

黑龙江省宁安市人民法院认为，被告人姜某武在禁猎区非法狩猎，破坏野生动物资源，其行为构成非法狩猎罪。被告人非法狩猎数量达到犯罪后果严重的标准，应依法惩处。考虑到被告人到案后如实供述犯罪事实，自愿表示认罪认罚，因而从轻处罚。故判处拘役四个月；责令被告人赔偿生态资源损失费4500元，并在市级媒体上公开赔礼道歉。

本案一审终审，被告人服判息诉。

【适用解析】

一、价值功能

（一）完善环境资源保护刑事立法

野生动物资源保护对维持生态平衡、发展生态文明、构建生态安全具有重要意义。在20世纪初，国际社会便制定了一系列有关保护野生动物资源的国际条约。而我国在野生动物资源保护方面起步较晚、立法较少。此次《刑法修正案（十一）》，在刑法妨害社会管理秩序罪下第六节“破坏环境资源保护罪”部分，将原第三百四十一条新增一款，对进一步保护野生动物资源、维持生态平衡有一定的推进作用。

（二）回应全面禁食野生动物政策

2020年2月3日，中央政治局常委会会议上，习近平总书记指出，食用野生动物风险很大，“野味产业”规模庞大，对公共卫生安全构成了重大隐患。[①] 2020 年年初新型冠状病毒突至，“野味”被认为是新冠病毒传播的中间宿主。多种证据表明，常见的诸多野生动物都携带了可致病的细菌、病毒、寄生虫，食用野生动物对公共卫生安全具有极大的风险。全国人大常委会于 2020 年 2 月 24 日通过了《关于全面禁止非法野生动物交易、革除滥食野生动物陋习、切实保障人民群众生命安全的决定》(以下简称《决定》)。《决定》第二部分，要求全面禁止食用行为。第二部分在强调保护野生动物资源、推进生态文明建设之外，增加了生物安全、生态安全和公共安全的内涵。故而，《刑法修正案（十一）》在《刑法》第三百四十一条中增加一款作为第三款，即“以食用为目的的非法猎捕、收购、运输、出售第一款规定以外的……陆生野生动物，情节严重的，依照前款规定处罚。”这是对《决定》第二部分全面禁食野生动物要求的施行，对进一步保护野生动物资源，维护公共卫生安全的刑事回应。

二、新旧法比较

（一）保护范围扩大

《刑法》第三百四十一条第一款对野生动物保护的范围是“珍贵、濒危野生动物”，新增第三款规定的保护对象是“以食用为目的非法猎捕、收购、运输和出售第一款规定以外的……陆生野生动物”。也就是说，以食用为目的，针对非珍贵、濒危的陆生野生动物实施了非法猎捕、收购、运输和出售的行为，同样可能构成《刑法》第三百四十一条第一款、第二款所述罪名。

（二）行为模式增加

构成《刑法》第三百四十一条犯罪的行为包括非法猎捕、杀害珍贵、濒危野生动物，非法收购、运输、出售珍贵、濒危野生动物制品，以及违反狩猎法规，在禁猎区、禁猎期或者使用禁用工具、方法进行的狩猎行为。第三款增加了第一款、第二款非法杀害、猎捕和狩猎的下游行为，包括猎捕之后的收购、运输、出售野生动物等行为全被禁止。

但是，需要注意的是，第三款规定“以食用为目的非法猎捕、收购、运输和出

① 习近平：《在中央政治局常委会会议研究应对新型冠状病毒肺炎疫情工作时的讲话》，载《求是》2020 年第 4 期。

售”均属于刑法惩治的行为，而食用行为本身并未直接纳入刑罚范围。

三、适用规则

（一）认定情节严重要注意行刑衔接

我国对野生动物的资源保护采取的是行政与刑事相结合的二元保护模式。针对犯罪情节相对轻微，但仍存在一定的违法性的行为给予行政处罚，对情节严重的行为才认定为犯罪。2000 年 11 月 27 日《最高人民法院关于审理破坏野生动物资源刑事案件具体应用法律若干问题的解释》，分别在第三条至第六条就“情节严重”和“情节特别严重”作出了解释。《刑法》第三百四十一条新增第三款规定的“情节严重”同样应当依据上述《最高人民法院关于审理破坏野生动物资源刑事案件具体应用法律若干问题的解释》作出判定。但需要注意的是，在《刑法修正案（十一）》扩大了刑法惩治的野生动物保护范围、强调“以食用为目的”的主观因素时，判定情节严重更应当注意刑法的谦抑性。

本案中，依据《最高人民法院关于审理破坏野生动物资源刑事案件具体应用法律若干问题的解释》第六条第（一）项，“非法狩猎野生动物二十只以上”，认为被告人姜某武的行为达到了情节严重的数量标准，同时主审人考虑到松鼠和雉鸡等此类野生动物的特点（本案中被告人狩猎的松鼠和雉鸡经鉴定机构出具司法鉴定书鉴定属于“三有”动物），故对被告人姜某武判处拘役四个月，量刑属适当。

（二）认定情节严重应综合考虑危害后果

审判实践中，依据《刑法》第三百四十一条裁判的案件的危害后果主要包括：损害国家野生动物资源，损害生态系统，给公众造成享有美好生态环境权利的精神损失，破坏自然生态平衡、损害生态环境，破坏生物多样性和生态平衡，以及具有破坏生物多样性和生态平衡的现实风险。而在《刑法修正案（十一）》之后裁判的案件，为了回应全国人大常委会于 2020 年 2 月 24 日通过的《关于全面禁止非法野生动物交易、革除滥食野生动物陋习、切实保障人民群众生命安全的决定》，在具体案件中认定情节严重时，还应当考虑犯罪行为发生的特殊时期，以及考虑被告人的行为除破坏了上述野生动物资源、生态资源外，是否对公共卫生安全造成损害或者威胁。

本案中，被告人姜某武在宁安市某地林场施业区内采冬青草药的途中，用自制的弹弓和购买的钢珠猎捕 24 只松鼠和 3 只雉鸡，松鼠肉和 2 只雉鸡已被食用，松鼠皮和1只雉鸡冻在冰箱里。本案发生在新冠肺炎疫情防控期间，属特殊敏感时期，野生动物流窜不定，且也被证实是多种人类可能感染病毒的中间宿主。因此，被告人姜某武的行为，具有感染并传播病毒的风险，给公共卫生安全带来风险。

（三）谨慎处理涉“人工养殖野生动物”案件

此前，审判实践中对于非法出售、收购“人工驯养繁殖”的“珍贵、濒危野生动物”也被认定为犯罪，但将“人工驯养繁殖的野生动物”作为保护对象其合理性一直受到争议。2016年最高人民法院研究室《关于收购、运输、出售部分人工驯养繁殖技术成熟的野生动物适用法律问题的复函》建议：由于驯养繁殖技术的成熟，对有的珍贵、濒危野生动物的驯养繁殖、商业利用在某些地区已成规模，有关野生动物的数量极大增加，收购、运输、出售这些人工驯养繁殖的野生动物实际已无社会危害性。彻底解决当前困境的办法，或者是尽快启动国家重点保护野生动物名录的修订工作，将一些实际已不再处于濒危状态的动物从名录中及时调整出去，同时将有的已处于濒危状态的动物增列进来；或者是在修订后司法解释中明确，对某些经人工驯养繁殖、数量已大大增多的野生动物，附表所列的定罪量刑数量标准，仅适用于真正意义上的野生动物，而不包括驯养繁殖的。

《刑法修正案（十一）》新增的《刑法》第三百四十一条第三款，虽然扩大了野生动物的保护范围，保护对象涵盖了“除第一款规定以外的陆生野生动物”。但是，对是否包含“人工驯养繁殖”的“珍贵、濒危野生动物”和“其他陆生野生动物”，仍待立法、司法解释进一步确定。

（四）依据实际情况选择适用罪名

1. 危害、珍贵濒危野生动物罪与非法狩猎罪

知道或者应当知道是国家重点保护的珍贵、濒危野生动物及其制品的，为食用目的而猎捕、收购、运输、出售的行为，认定为危害珍贵、濒危野生动物罪。非法狩猎行为同时又触犯危害珍贵、濒危野生动物罪的，应根据行为性质与具体情况，以危害珍贵、濒危野生动物罪论处或者实行数罪并罚，或基于概括的故意实施了连续数个行为同时触犯危害珍贵、濒危野生动物罪和非法狩猎罪，为连续犯，择一重罪处罚，但是具体如何选择要依据具体案件的实际情况而定。非法杀害珍贵、濒危野生动物之后又出售的，属事后不可罚行为，审判实践中，一般不再另行认定为危害珍贵、濒危野生动物罪。在具体案件中，如何确定罪名，还应当依据实际情形

判定。

2. 非法狩猎罪与掩饰隐瞒犯罪所得罪

在《刑法修正案（十一）》之前，非法狩猎罪的犯罪行为仅指“狩猎”行为。而知道或者应当知道是非法狩猎的野生动物而购买等行为的，依据2014年4月24日《全国人民代表大会常务委员会关于〈中华人民共和国刑法〉第三百四十一条、第三百一十二条的解释》规定，属于《刑法》第三百一十二条第一款规定的明知是犯罪所得而收购的行为，认定为掩饰、隐瞒犯罪所得罪。在《刑法修正案（十一）》之后，第三百四十一条增加的第三款规定：“……以食用为目的非法猎捕、收购、运输、出售第一款规定以外的在野外自然生长繁殖的陆生野生动物，情节严重的，依照前款的规定处罚。”也就是说，若是以食用为目的的收购等行为，可以依据本款直接认定为非法狩猎罪，而不再认定为掩饰、隐瞒犯罪所得罪。

本案中，被告人姜某武将狩猎得到的松鼠和雉鸡自行食用，可以认定其食用的目的。黑龙江省宁安市人民政府关于划定野生动物禁猎区和禁猎期的公告，证实宁安市行政区域均为禁猎区，禁止一切猎捕活动。因而，被告人姜某武在禁猎区、禁猎期，用自制的弹弓和购买的钢珠猎捕野生动物，进行狩猎，侵害了国家对野生动物资源的保护管理制度，破坏了野生动物资源，达到情节严重的标准，认定其构成非法狩猎罪适当。

编写人：黑龙江省高级人民法院　侯婉秋

第七章　渎 职 罪

【第 408 条之一　食品、药品监管渎职罪】

53

食品监管渎职罪的认定

——李某某食品监管渎职案

【基本信息】

1. 裁判书字号

河南省内乡县人民法院（2015）内刑初字第 278 号刑事判决书

2. 罪名：食品监管渎职罪

【基本案情】

2012 年 9 月，内乡县师岗镇师岗村村民王某某在未按照规定办理动物防疫条件合格证的情况下，租赁内乡县师岗镇永青村张某某的养殖场养猪 300 余头。2012 年 12 月，因饲养和管理不善，王某某养殖场内的猪出现患病症状，并有少量猪死亡，经兽医诊断为患 5 号病，王某某为减少经济损失，在疫情发生后，未按照规定向内乡县动物卫生监督所申报检疫，私自将病死猪低价销售给师岗镇村民陈某某、郑某某，后陈某某、郑某某又转卖给湖北省襄樊市某食品有限公司的李某一，李某一将其购买的 200 余头病死猪宰杀后，以活猪形式销售给襄樊市内辖区内的 20 余个乡镇的个体商户。被告人李某某在任内乡县动物卫生监督所南动物卫生监督分所所长、内乡县畜牧兽医执法大队师岗中队负责人期间，依照《中华人民共和国动物检疫法》等法律、法规规定及内乡县动物卫生监督所的内部分工规定，负责师岗镇辖区内的产地检疫、市场监督检查等工作，李某某在履行职责过程中严重不负责任，对于辖区内的规模化养殖场未按照规定进行定期或者不定期的监督检查，亦未建立、完善动物卫生监督档案，致使王某某无证经营养殖场的违法事实得不到发现，使王某某养殖场长期脱离监管，最终使200余头病死猪流入襄樊市内20个乡镇，给人民群众生命健康安全造成重大隐患。

【案件焦点】

对食品监管渎职罪的认定。

【裁判要旨】

负有食品安全监督管理职责的国家机关工作人员玩忽职守，对发现的严重食品药品安全违法行为未及时查处，且未及时发现监督管理区域内重大食品药品安全隐患的，致使不符合安全标准的食品流入市场，造成严重后果的，构成食品监管渎职罪。

河南省内乡县人民法院经审理认为，被告人李某某作为内乡县动物卫生监督所工作人员，不认真履行动物卫生监督检查职责，致使不符合安全标准的食品流入市场，造成严重后果，其行为符合食品监管渎职罪的法定构成要件，构成食品监管渎职罪，鉴于被告人犯罪情节轻微，遂判决：被告人李某某犯食品监管渎职罪，免予刑事处罚。

【适用解析】

食品监管渎职罪，是指负有食品安全监督管理职责的国家机关工作人员，滥用职权或者玩忽职守，导致发生重大食品安全事故或者造成其他严重后果的行为，要依法定罪量刑。

一、食品监管渎职罪的历史沿革

2011年2月25日，《刑法修正案（八）》在《刑法》第四百零八条后增加一条，作为第四百零八条之一："负有食品安全监督管理职责的国家机关工作人员，滥用职权或者玩忽职守，导致发生重大食品安全事故或者造成其他严重后果的，处五年以下有期徒刑或者拘役；造成特别严重后果的，处五年以上十年以下有期徒刑。徇私舞弊犯前款罪的，从重处罚。”

《刑法修正案（十一）》将《刑法》第四百零八条之一第一款修改为：“负有食品药品安全监督管理职责的国家机关工作人员，滥用职权或者玩忽职守，有下列情形之一，造成严重后果或者有其他严重情节的，处五年以下有期徒刑或者拘役；造成特别严重后果或者有其他特别严重情节的，处五年以上十年以下有期徒刑：（一）瞒报、谎报食品安全事故、药品安全事件的；（二）对发现的严重食品药品安全违法行为未按规定查处的；（三）在药品和特殊食品审批审评过程中，对不符合条件的申请准予许可的；（四）依法应当移交司法机关追究刑事责任不移交的；（五）有其他滥用职权或者玩忽职守行为的。”

二、食品监管渎职罪的认定

食品监管渎职罪犯罪构成具有特殊性。

一是犯罪主体具有特殊性。本罪的犯罪主体包括食品安全监管部门的国家机关工作人员以及从事食品安全监管公务的未列入正式编制的人员，但不包括单位。食品安全涉及生产、销售、流通、餐饮服务等多环节多领域，而食品安全监管又往往涉及卫生行政、食品药品监督管理、质量监督、工商行政管理、农业行政等多个执法部门，加之监管部门在食品监管、认证等职责上存有交叉、重叠等现象，因此对食品监管渎职罪犯罪主体的司法认定复杂而烦琐。

二是犯罪主观形态具有特殊性。食品监管渎职罪的犯罪主观形态包括两种不同的主观形态，既包括过于自信的过失，又包括间接故意，属于复合性形态。食品监管渎职罪的主观形态之所以包括过于自信的过失，而不包括疏忽大意的过失，是因为食品监管部门的国家机关工作人员都经过职业培训，熟悉监管业务，行为人对自己渎职行为的违法性或社会危害性应有认识，只能是由于玩忽职守而不能是疏忽大意，轻信避免或持放任的心态导致发生重大安全事故或者其他严重后果。

三是刑法上的因果关系具有特殊性。本罪的客观行为主要表现为三种渎职行为，且渎职行为与危害结果之间具有刑法上因果关系的间接性。实践表明，食品监管人员的渎职行为中往往介入食品生产、流通、运输、销售、原材料提供等环节中的第三方因素而导致重大食品安全事故或其他严重后果的发生，这种间接性也体现在我国食品安全法对食品安全监管人员职责详尽而明确的规定上。玩忽职守通常表现为严重不负责任、不履行职责或者不正确履行职责的行为，甚至接受吃请送礼后，不履行监管职责或者不认真履行职责，因而产生重大食品安全事故或者其他严重后果的情况等。滥用职权通常表现为不依法行使食品安全监管权力，超越一般职权范围而实施的行为。

本案中，被告人李某某作为内乡县动物卫生监督所工作人员，不认真履行动物卫生监督检查职责：一是对发现的严重食品药品安全违法行为未及时查处；二是未及时发现监督管理区域内重大食品药品安全隐患，致使不符合食品安全标准的200余头病死猪流入襄樊市内20个乡镇，给人民群众生命健康安全造成重大隐患，其行为符合食品监管渎职罪的法定构成要件，构成食品监管渎职罪。

编写人：河南省内乡县人民法院　成延洲　杨慧文

图书在版编目（CIP）数据

刑法修正案（十一）新规则案例适用 / 最高人民法院司法案例研究院编. —北京：中国法制出版社，2021.4
ISBN 978-7-5216-1753-5

Ⅰ.①刑… Ⅱ.①最… Ⅲ.①刑法-案例-中国 Ⅳ.①D924.05

中国版本图书馆 CIP 数据核字（2021）第 049398 号

策划编辑：李小草 韩璐玮
责任编辑：韩璐玮（hanluwei666@163.com） 封面设计：杨泽江

刑法修正案（十一）新规则案例适用
XINGFA XIUZHENG'AN (SHIYI) XINGUIZE ANLI SHIYONG

编者/最高人民法院司法案例研究院
经销/新华书店
印刷/三河市国英印务有限公司
开本/730 毫米×1030 毫米 16 开 印张/20 字数/268 千
版次/2021 年 4 月第 1 版 2021 年 4 月第 1 次印刷

中国法制出版社出版
书号 ISBN 978-7-5216-1753-5 定价：78.00 元

北京西单横二条 2 号
邮政编码 100031 传真：010-66031119
网址：http：//www.zgfzs.com **编辑部电话：010-66070084**
市场营销部电话：010-66033393 **邮购部电话：010-66033288**

（如有印装质量问题，请与本社印务部联系调换。电话：010-66032926）